国家を超える社会の可能性［1］

間主観性の社会学理論

西原和久❖著

新泉社

はじめに

ここ一〇年、筆者は毎月のようにアジアを旅してきた。講義・講演・対談・インタビューなどもおこないながら、歩いたアジアの国・地域は一五を越える。とくに南京大学の兼職教授をしていた中国には、二〇回ほど赴いただろうか。この間に、長期滞在したイギリスを中心に欧米にもしばしば赴いた。

そうした〝移動〟のなかで感じ考えたことを三つあげるとすれば、国境・国籍・国民・国土といった問題群、グローバル化する世界、そして日本の閉鎖性であった。これらに共通・通底するものは「国家」である。EU諸国での経験、中国・台湾・香港での経験、そしてオーストラリアでの経験などを通して、「国家とは何か」という問題が筆者のなかでますます大きな比重を占めてきた。

筆者は、二〇〇三年の拙著『自己と社会――現象学の社会理論と〈発生社会学〉』（新泉社）の本論最終節で、筆者にとっての次の課題は「社会学的国家論」の展開である、とした。残念ながら、単書の形での展開は、少し時間が経ってしまった。国家に関するさまざまな出来事を現場において体験して考えるという経験的検討が先行したからだった。
日本のある山間の地に、七〇〇人を超える外国人農業「労働者」が来ている人口四〇〇〇人あまりの村がある。最近三年間、その村にも通っている。グローバル化時代の日本という国家と社会の変容を肌で感じたいという強い思いがあった。そして、現時点で求められているのは「脱国家的思考」ではないかと考えるようになった。

こうした経験をふまえて、社会学研究者である筆者は、あらためて国内志向の強い社会学の現状に物足りなさを感じるようになった。かつて拙著『意味の社会学――現象学的社会学の冒険』(弘文堂、一九九八年)で「社会学は面白い」と書きだしたのは当時の本音であったが、その後の日本社会学の展開に違和感をもちはじめていた。同時に他方で、この間にあらためて自分の立場を再検討しつづけたことで、「社会学の面白さ」を再確認しはじめているのも確かである。

そこで、このあたりで一度、自分の社会学的思考を世に問うて、議論を活性化させたいと考えるようにもなった。そのためには、専門書のような堅苦しさをあえて取り除きながら、しかし理論的な水準は落とさないようにして、一書を世に問うてみようと考えた。つまり、全体としての議論のまとまりに留意しながら、図表も活用しつつ、しかも理論的思考を促す問題提起的な本にしようと考えた。

その意味で、本書は、現象学的社会学、とくに「〈間主観性〉の現象学的社会学」の立場から、いま社会学および社会学理論が問わなければならないことを――なるべくわかりやすく――論じた「問題提起」の書である。そこで、あらかじめ、どこが「問題提起」なのかをここで示しておこう。

第一の問題提起は、社会学および社会学理論の研究を実証主義的に狭く閉じ込めないようにしようという問題提起である。それは、これまでの社会学理論や社会哲学がもつ豊かな土壌を掘り起こしつつ、閉塞状況に陥っている現代社会学と現代社会学理論の復権をもとめる問題提起だといってもよい。あるいは、この提起をふまえて展開される現象学的社会学を再検討し、現象学的社会学の立場からなしうる具体的な理論実践を促す問題提起だといってもよい。

第二は、やや専門的な話になるが、そうした視座からみれば、〈間主観性〉の社会学理論こそが現象学的社会学の可能性を語ることができる方向性だという問題提起である。それは、現象学的社会学はたんに主観性重視の立場ではなく、正確にいえば間主観性重視の立場であるということこれまでの筆者の考えに関連する。

筆者は社会科学的な要素をもつ社会学的思考に、人文学的要素をもつ現象学的思考を取り入れるように問題提起してきた。それが現象学的社会学、とくに間主観性に着目する現象学的社会学の立場である。だが、そこには誤解も多く、その意図するところが十分に伝わっていないという思いもあった。現象学という哲学は主観的なことを重視する点に特徴があり、したがって現象学的社会学もまた社会を構成する個々人の内面的な意味世界を重視する社会学のひとつとみなされ、間主観性論もその線上で捉えられてきた。この点はまったくの間違いとはいえないにしても、筆者がめざす〈間主観性〉の社会学理論とは齟齬がある。そこで、思い切って筆者の主張をなるべくわかりやすく提示して、〈間主観性〉の社会学を前面に押し出す試みをおこないたいと考えた。

それが、本書において、過程的・行為的な概念である「相互主観性」と、物象化され・ときに擬人化もなされる「共同主観性」との一定の区別と、間主観的な相互行為（相互主観的行為）の人際的《にんさい》（inter-subjective）な交流への読みかえといった〈間主観性〉論の展開である。この立場に立つ〈間主観性〉の社会学理論こそが現象学的社会学の可能性を語ることができる、という筆者の思いがここにある。

第三は、このような〈間主観性〉の社会学の立場から先に述べたような、グローバル化が進展する現代社会においては「脱国家的思考」が不可欠だという問題提起である。これは、私たちの思考と行動の「ナショナルな枠」を問い直す課題と密接に関係する。帝国主義化が進んだ一九世紀、国家間の戦争と競争が際立った二〇世紀を経たグローバル化時代の現在、二一世紀の現状に対応した柔軟な未来志向の社会構想が求められているのではないだろうか。グローバル化がもはや時代の趨勢として不可避となっている現在、ポスト・グローバル化時代の社会像が求められている。社会学は、こうした点において、いかなる貢献ができるのであろうか。

社会学の面白さは、マルクス・ヴェーバー・デュルケム・ジンメルなどから続く社会学の古典や準古典が示してきたように、想像力と構想力にある。そのような「創造力」の翼を大きく拡げて、共に論じ合う場を創造すること、本書の主要な狙いは、ここにある。

具体的にいえば、本書では、上述のような三つの問題提起のうち、まず第一の問題提起（社会学理論の再考）と第二の問題提起（間主観性論の再考）に焦点化し、第三の問題提起（脱国家的思考を含む社会学的国家論の再考）への道筋を明らかにすることが主題となる。そして、ほどなくして刊行予定の続編では、社会学的国家論の構図を描くつもりである。

遅々とした歩みで内心忸怩たる思いもあるが、着実に、かつなるべくわかりやすく、それゆえ枝葉の議論は可能なかぎり切り捨てて、直球を投じるようにして、この主題に一気に迫っていきたいと考えている。その成果はもちろん読者の判断に委ねざるをえないが、ともかくあらためて一歩を踏み出してみたいと思う。本書が共に考える場になれば、望外の喜びである。まずは、いま社会学が考えるべきことを、続編も意識した「社会と国家をめぐる問い」として、さっそく語りはじめてみたい。

国家を超える社会の可能性1 間主観性の社会学理論◎目次

装幀　勝木雄二

序

社会と国家をめぐる問い

――いま社会学が考えるべきこと

■オーストリアのエラスムスたち

二〇〇七年に、オーストリアのインスブルック大学で学部生に向けて集中講義をおこなう機会があった。ゼミ形式の授業で、毎回二五名程度の学生が出席した。出席した学生の国籍は、フィンランド、ドイツ、イギリス、チェコ、スペイン、アメリカ、そして本国オーストリアなど多様であった。ＥＵでは、ＥＵ域内の（各国の）大学生は、国境を越えて自由にＥＵ域内の他の大学に移動し、単位を取得できる「エラスムス」という制度が機能している。[1] ヨーロッパ大陸以外をみても、イギリスやオーストラリアの大学でも平均して四分の一程度、つまり二五パーセント程度の外国人留学生が存在している。それにくらべて、日本の学部教育の場合はどうであろうか。一九八〇年代前半の中曽根元首相による留学生一〇万人計画が二一世紀に入ってようやく達成できた段階で、今度は福田元首相が二〇二〇年をめざして留学生三〇万人計画（Ｇ30）を打ち出し、現在この計画が動き出している。[2] しかしそれが達成できてもまだ、限られた率でしかない。[3]

こうした例は、日本がいかに「閉ざされた国」であるかを示す一例に過ぎない。日本の物価高などの要因はあるにせよ、外国人観光客もまだまだ少ないし、在留外国人も、そして外国人労働者も、難民受け入れも、きわめて少ない。二〇〇八年、政府は「観光庁」を設置し、一〇年後に二〇〇〇万人の観光客誘致をめざして本腰を入れはじめたが、入国者は現時点で年間で一〇〇〇万人に達していない。外国人登録者も二〇〇万人を超えたとはいえ、いわゆる在日コリアンの人たちの数を引くと、少ないといわざるをえない。まして、日本国内の外国人労働者数は、今後の労働力人口の減少が語られているにもかかわらず、また欧米諸国とくらべてみても、きわめて低い水準である[4]。こうした点は本書の続編でも言及するが、いずれにせよ、新たな「開国」が各方面から語られる理由である。そしてさらに、こうした方向性は、日本国内の問題だけではなく、「東アジア共同体」といった形でのアジアの国ぐにとの連携の模索とも重なってくる。

筆者は、日本が今後、現在の生活水準を維持するためには、上述のような外国人労働力の導入が必要で、かつそのために「開国」する必要があり、さらにまた、よりいっそうの経済協力をおこなうべくアジアの連帯を模索すること、そうしたことが日本の「国益」に叶い、日本の「国力」が維持される、といいたいのではない。こうした見方と筆者の見解は、今後の方向性では重なり合う部分もあるが、基本のところの発想はむしろ逆であるといったほうがよい。つまり、このグローバル化時代に、あるいはこれから来るポスト・グローバル化時代には、もはや「国益」や「国力」といった「国家」単位でものを考えることはやめて、「ナショナルな枠」(近代国民国家の枠)を超えていく発想が重要ではないか、と主張したいのである。それは、たんなる思想信条ではない。これまでの歴史的社会のあり方をふまえて、いわば必然的に導き出される方向性がこのような思考の基にあるのであって、それはたんなる価値判断ではない。どういうことであろうか。社会学の視角から考えてみたい。

■社会学と市民・社会

「社会学」は一九世紀の半ばにその用語自体が生まれた、まさに「近代」の産物である。一八世紀後半にイギリスで始まった産業革命がフランスなどの大陸の国ぐににも飛び火し、しかも一八世紀末のフランス革命の影響もあって、旧来の社会構造が大きく変化していく。これまでの農業中心のあり方から、工業を中心とする資本主義が本格的に進展し、そのための労働力が農村から都市へと移動して、人びとがよりいっそう都市に集住する都市化が進む。このなかで一定の民主化の進展をともないながら、「産業者」を中心に「市民」の自覚が進んできた。とはいえ、フランス革命時に発せられた「人権宣言」(Déclaretion des droits de l'homme et du citoyen)は、市民(citoyen)の、そしてさらにいえば男性(l'homme)の、権利の宣言であった。

たしかにここには、一定程度、「市民」の自覚そして「個人」の自覚がともなっていたことは間違いないとしても、いま筆者の着目点は必ずしもここにはない。ここで着目したいのは、そのような一連の変化のなかで、「社会」ないし「市民社会」が生まれてきたことこそ、着目点である。それは、明確に「社会」が国家とは区別されて、諸個人と国家の間に、あるいは国家の内部に、「社会」が位置づけられて捉えられるようになった点である(西原・岡 二〇〇六:第一章)。近代哲学の集大成の位置にあるヘーゲル哲学がいみじくも表現しているように、家族―市民社会―国家という連関が自覚された(Hegel 1821)。そうした(市民)社会像を、筆者は「国家内社会」観と呼んでいる。

換言すれば、「国家内社会」とは、「長い一六世紀」後に成立した「近代国民国家」内部において、王や貴族、および僧侶階級ではなく、まして農民でもない、「産業者」が立ち現れてきた段階で、国家内部に位置する「市民社会」として成立した「社会」である。もちろん「空想的社会主義者」のC・サン＝シモン（Saint-Simon 1823-24）や社会学の命名者A・コントは、そうした産業者による社会改革（コントの場合は「再組織化」）に期待し（Comte 1821）、K・マルクスの場合は産業者内部で分化した階級、つまり資本家ではない労働者階級に期待する形で社会変革を構想するという違い(5)は重要であるとしても、しかしながら、いずれにおいても、基本の社会観は国家内社会＝市民社会という地平での把握にとどまりがちだという点では同じである。

■グローバル化時代の戦争と平和、あるいは市民権の問題

しかし、すでに多くが語られてきているように、一九六〇年代から明確になりはじめ、さらに一九九〇年前後から本格化する「グローバル化」という事態のなかでは、人・物・金・情報・文化などが国境を越えて移動する。「社会」が、人と人とのつながりを意味するのであれば、現代において、「社会」はトランスナショナル／脱国家的に生起・存立し、国家内社会という枠を超えて越境する人びとの集合としての「社会」が出現してきている。グローバル化とは、「経済のグローバル化」だけではない、そうした社会自体のあり方を変えていくような変化をともなった「社会のグローバル化」でもある。そして、その場合に、社会を「ナショナルな枠」に閉じこめ

て「ナショナリスティック」に考えるのではなく、人と人との交流の場としてグローバルに捉えていく必要性が生まれてくる。したがって、近代の産物であった「社会」学においても、脱近代的な時代にあっては、そして筆者の用語である今後のポスト・グローバル化時代に向けて、これまでの「社会」概念＝「国家内社会」概念が再検討されるべきときに来ている、といえよう。

さらにもう一点、筆者にとって重要な論点を記しておきたい。それは、上述のような「ナショナルな枠」内での発想は、容易に「ナショナリズム」と結びつきやすいという点である。筆者自身は、ナショナリズム全般を全面否定するつもりは――当面は――ないが、しかし「国益」や「国力」といった発想は、その擁護や増強を強く意識した場合に、国家間の戦争という形での悲惨な集団行為となってきた。それは、これまでの世界大戦を含む戦争、そしてごく最近のアメリカを中心とする戦争においても、明確であろう。(6) ナショナリズムが「戦争」と結びついて「平和」と対立するような事態を回避すべきだという考えは、核兵器のある現代においては、「べき」という個人の政治信条・価値判断を超えた命題であり、これまでの人類の経験の貴重な財産というべきものである。ポスト・グローバル化時代に向けて、この問題は決して避けて通ることはできない。

筆者自身は、このような表現が「実証科学として価値中立的な社会学」には相応しくない、というようには考えない。それは、たとえ当座は「神々の闘争」（ヴェーバー）として解きえない価値観の争いとしての論点提示だとしても、社会学は間主観的な合意を求めて「価値」を提言すべきものだと考えている。それが筆者のいう「理念理論」（後述）の一部である。たとえば環境社会学者が、環境をよくすることは科学的／学問的な課題ではなく、環境社会学は環境に関する「科学的・実証的・価値中立的な研究」だけすればよい、というように考えるとすれば、環境社会学に期待することはそれほど多くはないだろう。私たちの思考は、いかに国家間の戦争に代表される争いを超えて、平和な世界を作り出せるのかという問いと密接にかかわる。それは、とりわけ人文社会科学において重要な問いなのである。

さらに、市民、社会、国家などといった以上の論点とも関係するもうひとつの重要な問いを付け加えておきたい。それは、ポスト・グローバル化時代に、国境を越えて人びとが往き来するようになる際、そのような越境する人びとの「市民権」はどうなるのか、という問いである。「市民権」とは、ここでは「国家内社会」である市民社会の成員が享受できる権利として一般的に「国民に与えられている権利」を指すとしておこう。とするならば、国民ではない（＝国籍を所有していない）越境者である外国人に対しては、定住者であれ旅行者であれ、教育、医療、福祉、あるいは、現在の国民であれば当然享受できるような（マーシャルのいう意味での）市民権、政治権、社会権といった「シティズンシップ」（Marshall 1950）の一部が制限されている問題はどう考えればいいのか。定住者の教育の問題や意見表明の場の確保といった問題から、移動先での怪我や病気の問題に至るまで、外国人は国民とは区別され、同等の権利を享受しにくいという状況は、これまでの近代社会では許容されてきたとしても、(7) 差別的状況にある「外国人」問題は、脱近代的なグローバル化時代においては当然ながら再考を余儀なくされるべき問題である。

そして、その再考の際には、権利には義務がともない、義務を果たしていない者には権利はないといった式の「近代的」発想もまた再考されなければならない。というのも、近代の資本主義的な産業社会の論理からすれば、たとえば、その産業社会に対して「健全者」のようには貢献できない「障害者」は、効率・能率の点で劣る場合（があるといった「生産第一主義」からみた場合の話だが）、企業間・国家間の競争にとってのマイナス要因として捉えられがちである[8]。しかし実際、それで善いのだろうか。「障害者」としての生きる権利や活動の権利はどうなるのか。国家への義務や産業への貢献において十分ではない者は、権利享受においても十分ではないのは当然である、と考えられるのであろうか。むしろ、問われるべきなのは、B・S・ターナーのいうように、義務と結びついた権利という近代的な考え方、したがってそのように考えていたマーシャル流の「シティズンシップ」概念それ自体なのではないだろうか（Turner 2006a）。

■身体論からの出発

ターナーはそこから、近代国民国家時代の権利＝市民権の発想を超える「ヒューマン・ライツ」（human rights）論を構想する。人権と訳されることが多いこの語を、筆者はあえて「国民の権利としての人権」と区別する意味で「ヒューマン・ライツ」と表記しておくが、ターナーによれば、このヒューマン・ライツを基礎づけるのは、国家や国民ではない、人間に普遍的な「身体」、しかも「生きる権利」という意味では「傷つきやすさ」(vulnerability)を発想の核とする「身体」という普遍性である。筆者は、別の回路からであったが、これまでに身体に着目してきた。それは、本書でも後述するように人と人との結びつきを考える文脈や、さらには合理性批判/近代批判の文脈であった。そうした議論は、グローバル化時代において、ターナーのいう「傷つきやすさ」の議論と容易に節合可能であると思われる。

いずれにせよ、「生」にとって「身体」のもつ重みは決定的である。私が身体をもつのではない。私とは身体である。そこから生(生命・生体・生活・人生……)の世界、つまり「生世界」(Lebenswelt, life-world)を間主観的に生きる私たちの現在と未来が切り開かれる[9]。まさに現象学はここから出発する。多くの誤解にまみれてきたが、今日の現象学は言語的な意識主観から出発するのではない。出発点はむしろ身体である。より正確には諸身体の関係性である間身体性である。そうした間身体性を含む間主観性が織りなす関係性への着目を中心にして、現代そして未来のポスト・グローバル時代の私たちの生き方/行き方を問い直すための社会学理論的な作業が、本書の核心である。筆者は、本書において、読者と共に社会学することを望んでいる。そうした視線の共有をめざして、まずは現象学的社会学の基本論点を押さえる作業から出発したい[10]。

CHAPTER 1

相互行為からの出発

——現象学的社会学という視点

二〇〇八年、経済連携協定（ＥＰＡ）に基づき、まずはインドネシアから、ついでフィリピンから、看護師・介護福祉士（候補）が日本にやってきた[1]。すでにブラジルやペルー、あるいはイランや中国、東南アジアから、そして「研修生」や「技能実習生」という名の外国人「労働者」も含めれば、少なからぬ労働者が日本に来ている。一九九〇年代に入ってから、グローバル化がますます着目されるようになった。東欧・ソ連の激変や中国の改革開放政策によって、世界中が資本主義的な市場経済で動きはじめ、ＥＵが成立し、そこでの通貨統合も進んでいる。いま、世界はまさにグローバル化の渦中にある。

もちろん、グローバル化は経済や政治の問題だけではない。社会や文化も、したがって日常生活も深く関係する。私たちの身近では、日々の食卓に、ノルウェー沖、カナダ沖、あるいはインド洋からの海産物が登場し、野菜や一〇〇円ショップの品々も外国から輸入される。世界の国ぐにが日常の食生活において非常に近しい関係になった。私たち自身が外国に行く機会も増え、日本の街にも外国人の姿が目立つようになった。さらに、ある国際機関の関係者は、二〇五〇年に日本に住む人びとの四割は外国人になるという大胆な予測さえした。にわかには信じがたい数字だが、現在よりはるかに多くの外国人が日本列島に存在することは間違いない。

このようななかで問われている問題は、「外国人」つまり外国の「他者」との関係である。政治経済的には、欧米だけでなく中国や韓国あるいは東南アジアの国ぐにとの関係も問われている。一般に、言葉や文化の違いなどもあって、外国の「他者」との関係がしっくりこない場合もある。

他者を理解するとはどういうことか。私たちの他者理解のあり方に、社会学の関心が向かわざるをえない。

さて、現象学的社会学は、社会を外側から見るのではなく、日常世界を生きる人びとの内側から捉えるのが特徴であるとされてきた。だがこうした言い方では、現代社会においてこの視点がもつ射程と意義は十分に表されていない。本章では、主観、身体、行為、文化などを手がかりに〈グローバル化時代の社会理論〉への扉を開くために、他者への現象学的社会学の視線とその可能性を考えてみたい。

1　フッサール現象学の三つの文脈

まず現象学という哲学について述べよう。現象学は分かりにくい、という声をしばしば聞く。そこで本節では、枝葉を切り捨てて、その幹である現象学の核心に一気に迫ってみたいと思う。

■主観性への問いから

現象学はドイツのE・フッサール（Edmund Husserl：1862–1938）が唱えた哲学である。彼は初め数学者を志したが、数えるとはどういうことか、あるいは幾何学とは何かと考え、次第に哲学的思索を深めた。この段階での彼の考えは揺れていたが、その細かい点には立ち入らない（本書の第3章参照）。だが、問題とする「事象それ自体へ」向かおうとする彼の姿勢は生涯一貫していた。ここでは、フッサール自身がその思索過程で人間の「主観」の働きに目を向けたことだけ確認しておこう。現象学的社会学にとっても、この主観性をめぐる問いが間違いなく出発点の中心にあるので、この問いから出発するフッサールの思索を三つの文脈にまとめ、現象学とは何かを端的に述べてみたい(2)。

まずは、第一の文脈＝意識経験の文脈である。フッサールは当初、私たちの意識の仕組みや働きに関心を集中させた。意識とは何ものかについての意識である。意識は対象に向かう志向性であり、その作用と対象から私たちの主観による認識が成り立つ。通常、認識論とよばれる領域の知見である。そこでは私たちの意識や経験、要するに主観性（subjectivity）とは何かが問われた(Husserl 1950)。

だが、こうした点は心理学が探究すべき課題ではないのか。今日、心理学は実験を中心に「科学的」に心や心理を研究する。しかしながら、現象学はそうした実験的な操作を施さずに、自らのありのままの〝心〟を記述し、そしてその働きと仕組みを明らかにするといわれる。だがそれは、自然のままのやり方では十分にできない。意識して先入観を取り除きながら自分自身の自明で自然な主観性のあり方（「自然的態度」）を振り返って探究することで、「現象学的記述」が可能となる。そうした意識的な思索方法を、フッサールは還元やエポケー（＝判断停止）や「スイッチを切る」「括弧に入れる」などと表現した。それが「現象学的エポケー」である。自明性への問いと述べてもよい[3]。

その結果見いだされた知見は、ノエシス（志向作用）とノエマ（志向対象）、本質（形相）や超越論的主観性といった難解な点にも及ぶ。ただし、シュッツがかつて言及したように、本質直観といったフッサールの「不用意」な語は、現象学への誤解の原因にもなっている（Schutz 1962 : 101 = 一九八三：一七八）。またフッサールの場合、この段階での主観の議論を中心に「他者理解」を検討した内容（Husserl 1963）も、自己の主観的な経験を他者に移し入れて（投入して）他者の主観的な経験を「類推」するということ以上の説明にはなっていない。この説明では、他者とは自己が捉えた者以上のものではない。それは他者理解の問題に十分答えていない（Schutz 1966 : 72 = 一九九八：一二四）。「独我論」と批判される理由である[4]。

だがここでは、ともかくフッサール現象学が主観性つまり意識や経験から出発したこと、そのために自然的態度をいったん括弧に入れて判断停止し、ありのままの主観の働きを（超越論的に）見定めようとしたこと、そうした方向性だけを確認しておくにとどめる。問題含みの第一の文脈だが、残念なことに、現象学というとこの文脈でのフッサールの仕事だけが取り上げられる傾向があるので、問題点も含めて述べておいた。ただし、現象学の主張はここだけにあるわけではない。

現象学は何か結論を出して終わる学問ではない。むしろ、自らの主観に立ち返って物事を根源的に考え抜く思索の活動であり、そうした活動を後継者たちがさらに徹底して推し進めた一種の思索運動（現象学運動）である。[5] この点は、フッサール自身においてもあてはまる。「超越論的」とは、「あらゆる認識形成の究極的な始元へと立ち帰ってそれに問いかけんとする動機」なのである（Husserl 1954：§26）。徹底した思索の遂行によって、彼自身の生への問いも深化し、ときに彼の考え方に変化さえみられるようになる。フッサールは迫り来るナチの暴虐の危機的状況に直面し、その危機のことを考え抜いた。理性的な科学や学問が進展している（ドイツの／西洋の）地で、どうしてこのような野蛮が生じてきたのか、と。フッサールは、ヨーロッパの学＝科学・学問（Wissennschaft）の危機をその根源に立ち返って問い直す作業に乗り出す。

■生世界と間主観性への問い

この危機への思索が、第二の文脈＝危機認識の文脈をなす。この危機は、じつは近代西洋の科学という思考＝知のあり方に問題の起源があるのではないか。科学者ガリレオ・ガリレイは発見の天才であると同時に隠蔽の天才であった、とフッサールはいう（Husserl 1954：§9h）。では、ガリレオは何を隠蔽したのか。それは科学によって非合理・非科学的だとされる私たちの「生世界」（Lebenswelt）である。

ガリレオによる「自然の数学化」、一般的にいえば「数学的物理学」による世界像は限られた真理であって、私たちの「生きられる世界」とそこでの意味づけとは異なる。科学は、生世界から生じ、生世界によって支えられ、生世界に対して成果を還元するが、その基底となる「生世界」が忘却された。むしろ、合理性重視の自然（科学）主義的な態度こそ再考されるべきである。「実証主義は、いわば哲学の頭を切り取ってしまった」（Husserl 1954 : §3）。私たちの「生きられる経験の世界」を復権しなければ、理性／合理性だけがはびこることになり、科学中心主義の世界となる。フッサールは科学・学問つまり「学」という主観性の営みを、生ける人間の存在全体から問い直して、以上のように考えた。そこに主観性の問いの深まりと、人文社会科学的な問題意識との接点がみえてくる。しかし、じつはフッサールの思索はこの段階にもとどまらなかった。

　そこで第三の文脈＝意味生成の文脈が立ち現れる。フッサールは、こうした問いの追求のなかで、主観性それ自身はどのようにして生成してきたのかという問題意識をもった。つまり、科学にせよ生世界にせよ、私たちの主観性や意味はどこから生じてきたのかと問う。それらはひとりでに生じてきたのではない。他者の存在があらためてクローズアップされる。しかも、理性的な知以前の〈身体の知〉もまた着目される。それが生世界における間主観性（Intersubjektivität, intersubjectivity）の問題である。間主観性とは、簡単にいえば、ある人の主観と他の人びとの主観との関係（「間《あいだ》」）のあり方のことだが、そこには絡み合う少なくとも三つの水準がある。

①学問的・理性的な言語使用による行為者間での関係（学理知的な間主観性）
②日常言語を用いる日常世界での行為者間での関係（日常知的な間主観性）

③言語を用いる以前／以外の、主観性の発生にもかかわる、行為者間での身体レベルの基層の関係（身体知的な間主観性ないしは間身体性）

である。[6]

フッサール没後に刊行された遺稿には、間主観性の検討のために、彼が母と子の関係に着目していると述べる箇所がある（Husserl 1973 : 594）。さらに、主観性の意識的・能動的な働きだけでなく、受動的ないわば身体的側面の衝動志向性への着目もみられる（*ibid.* : 595）。フッサール自身によって発生的現象学（Genetisch Phänomenologie）とよばれるこのような「後期フッサール」の思索の側面は、残念ながら彼の生前には著作の形では刊行されなかった。[7] この面の多くは膨大な草稿の形でしか残されていなかった。ナチによる抑圧のためである。それらの刊行はようやく一九五〇年代に入ってからであり、六〇年代に本格的に注目されるようになったのである。

にもかかわらず、すでにそれ以前に現象学は一定の影響力をもって、哲学のみならず社会学のなかでもひとり歩きしはじめていた。[8] こうした事情全体に現象学に対する混乱の源がある。ただし、その草稿を早い段階で検討していた人物がいた。そして、彼によって現象学はさらに深化した。その人とは、M・メルロ＝ポンティである。

■身体と間身体性への問い

メルロ＝ポンティ（Merleau-Ponty: 1902–1961）は「行動」から問いはじめる。私たちの行動の構造は、物理的、生命的、人間的な秩序からなる（Merleau-Ponty 1942）。だがそれらは絡み合っている。知覚を考えてみよう。小さな「◦」が文の切れ目を表す。棒「I」を小さく描き、その上に小さな「・」を置いて表記すれば、「i」という文字を表す。これらは物理的秩序であると同時に、言語にかかわる人間的秩序である。知覚とは、「◦」が丸であるというたんなる刺激や素朴な模写には還元できない意味世界の出来事である。いわばそれはコンテクストのなかで生じる。身体と主観性も切り離して考えることはできない。低い高架ガードの下を車で通るとき、運転手は思わず頭を下げる。視覚障害者のもつ杖は、その杖の先で道路の段差を知覚する。身体は、高架ガードの高さまで、あるいは杖の先まで伸びているかのようだ。右手で左手をつかむ。つかむ主体である右手の位置は、つかまれた左手が主体で、右手によってつかまれたと容易に反転する。身体、それはたんなる物質ではない。主観がそこに宿るものでもない。身体は主観である。

だが、メルロ＝ポンティも気づいていたが、ここではまだ他者の問題は十分に論じられていない。「他者の存在は、客観的思考にとっては難題であり憤懣の種」（Merleau-Ponty 1945 : 401＝一九七四 : 二一一）であると述べた彼は、客観科学の手法で単独の主観から思索をおこなうだけでは、他者は理解不能であるという捉え方しか生じてこないし、「独我論」とよばれる自我を中心とした発想を超えられないと考えた。「現象学的世界とは……私の経験と他者の経験との交叉点で、それら諸経験の絡み合いによってあらわれてくる意味」なのであって、「それは主観性ならびに間主観性と切り離すことのできないもの」だと彼はいう(Merleau-Ponty 1945 : XV＝一九六七：二三、訳文一部変更)。そこでメルロ＝ポンティは、幼児の対人関係にも着目し、発達心理学の知見を参照する(Merleau-Ponty 1953)。わかりやすい対比を示そう。(9) 心理学者J・ピアジェは、子どもは初め「自己中心的」だが、やがて「脱中心化」して社会性を獲得すると考えた。だが、H・ワロンという心理学者は正反対のことを考えた。子どもは身体的存在として初めから他者を志向する社会性をもって生まれて、やがて言葉を獲得するなどして次第に自己中心的になる、と(Merleau-Ponty 1953)。

メルロ＝ポンティはワロンの考え方に近い。子どもは他者と癒合するような社会性をもつ身体的存在であり、「前コミュニケーション」(「前交通」)とでもいうべき交流を他者との間で取り交わす。幼児はまだ自己意識のような確立された主観性をもたないが、他者の視線や表情を読み取り、理解し、自らも他者に発信する。この関係は、人称的な主観性成立以前の、あるいは言語使用以前の、いわば身体的な相互行為関係であり、その意味で「身体的間主観性」つまり「間身体性」(intercorporealité)の関係である。ここから言語的な主観性が生成してくる。最晩年のメルロ＝ポンティは、人間はあたかも身体の振動を基本とする共振的な音響的存在であるとさえ示唆していた(Merleau-Ponty 1964 : 190＝一九八七：二〇〇)。他者理解の根源的基盤はこうした点にある。現代イギリスの社会学者N・クロスリーは、以上の段階を「自我論的間主観性」と区別して「根源的間主観性」と呼ぶ（Crossley 1996 : 23＝二〇〇三：五五）。

このようにメルロ＝ポンティは自然的態度を問い直し、言語を用いる主観性がまずあってコミュニケーションが遂行されるという自明性を覆す。いわば言語を用いる主観性の手前の〈生きられる関係性〉に着目したのである。自己は他者を外側から理解するのではない。初めから自己と他者はつながりをもつ。その関係性に着目したのである。その意味では、自分は自分のことだけわかり、他者のことはわからないという自明的な通念は、比喩的にいえば、自分は自分の背中を見ることができないが、他者はそれを見ることが可能だという事実を前にして効力を失う。「私」が一番よく自分を理解しているというより、他者のほうが「私」のことをよりよく理解している場合がある。少なくとも、他者理解の問題の間身体的な間主観的基層はこのように捉えられた。他者を射程に入れずに、自己を中心に発想する独我論的思考だけでは「社会」も十分に語れない。そして何よりも、主観性は間身体的な間主観的な関係のなかで形成されるものである。私たちはメルロ＝ポンティからこのような知見を得ることができる。

2 シュッツ現象学的社会学の視線

これまで現象学の諸文脈について述べてきた。だが、これはたんに哲学の問題ではない。生世界や間主観性という問題群は、日常世界を生きる私たちの問題であると同時に、人と人との関係を問う社会学の問題でもある。そう考えて現象学の知見を社会学の知見と結びつけようとしたのが、今日の現象学的社会学の創始者的存在であるアルフレッド・シュッツ（Alfred Schutz：1899-1959）である。彼は学生時代に社会科学を学ぶなかで、M・ヴェーバーの理解社会学の方法論に出会う。ヴェーバーは、主観的意味の付与された社会的行為を研究者が理解し説明するのが社会学だと定義した（Weber 1972＝一九五三）。この発想にシュッツは関心をもった。そして、ヴェーバーの行為論や方法論において不十分な論点を、フッサールなどの考え方を参照して満足のいく形にしようと考えた（Schütz 1932）。

■行為と他者の問題

シュッツはまず、ヴェーバーの行為概念を問い直す。行為には、現在進行中の行為（Handeln, action）とすでに過ぎ去った行為（Verhalten, act）とがある。ヴェーバーにはこの区別が明確ではない。さらに行為には動機があり、動機にも理由動機（Weil Motive, because motive）と目的動機（Um-zu Motive, in-order-to motive）がある。これらはすべて時間に基づく区別である。何かに失敗したとき、なぜ失敗したか自分を反省する場合を考えてみよう。反省という行為は、過去の行為を進行中の行為で振り返ることである。しかし、反省という現在進行中の行為それ自体は反省によっては捉えられない。捉えられた瞬間、それは過去となるからである。

いまの自分が自分を振り返るということは、G・H・ミードならば、現在の自我がもうひとつの自我を、つまり主我Ｉが客我Meを捉えることだというだろう（Mead 1934）。だが、主我が捉えた客我はつねに過去の自我である。もちろん、主我もつねに時間的に推移する。そこで、自分Aを捉えたとしても、それを捉える現在の自分Bは捉えられない。そのBを捉えたとしても、現在の自分Cは捉えられない。CとD、DとE、……この関係は無限に続く。つまり、現在の自分は捉えられない。しかし、以上の話は単独行為者の反省の場合である。通常、自分は自分の背中を見られないと先に述べた。厳密にいえば、自我は現在の自我を見られない。だが、同じ時空間にいる他者はどうか。自分は自分の背中や現在を見られないのに、他者はほぼ同時に現在の相手を見ることができる。[10]だから、自分のことは自分が一番よく知っているという（近代的）通念も疑ってかかるべきだろう、と繰り返しておこう。

他者理解と社会関係

私たちは他者と共に生きる。一定のコミュニティのなかでは、日常生活では困らない程度に他者を理解する。もちろん、ときには誤解や対立もあるし、裏切りや詐欺にもあう。他者を理解しているつもりが裏切られ、他者はやはり理解できないと考える。だがそれは、自分自身に対しても同じだ。しばしば自分自身が分からなくなる。だから、発想を変えたほうがよい。むしろ逆に、私たちはなぜ他者をそれなりに理解できるのだろうかと問うほうがよい。他者理解に関して、シュッツの論じる点をもう少しみておこう。

他者に関してシュッツは、対面的な他者と、いまここには不在で別の空間にいる他者、さらには過去に存在した他者とこれから存在するであろう他者とを区別する。対面的な他者の場合は相手の顔の表情は見えるし、言葉（の意味）が分からなければ聞き返すこともできる。同じ時空間で同一物を見ることもできる。共在してはいない関係の他者との間では、そのようにはいかない。もちろん、過去の他者が現在の自分に影響を与え、現在の自分が未来の他者に何らかの影響を与えるだろう。さらにここに記憶装置や情報伝達装置などのメディアの発達も絡む。だがいずれにせよ私たちは、空間的にも時間的にもこのような多様な他者と日々関係をもち、社会関係の網の目のなかで生きている。そしてシュッツは、対面的な他者との関係、つまり時間と空間を共有する自他関係（＝共在関係／我々関係）に着目した。

そこで重要なことは、空間の共有のみならず、時間の共有がなされる点である。たとえば日常会話のシーンで、自己と他者は、相手が話すときには自分がその話を聞き、自分が話すときには相手がこちらの話を聞く。両者は同じリズムで時間の流れと意味とを共有する。これは一見きわめて当たり前のように見えるシーンだが、ここには重要な論点が含まれる。シュッツは、こうしたリズムの共有という関係を「相互に波長を合わせる関係」（mutual tuning-in relationship）の例だという[11]。そして、この関係があらゆるコミュニケーションの基盤を形成すると述べ、音楽の共演なども例にあげ、音楽は概念図式によらない有意味なコンテクストであると述べる（Schutz

1964：159＝一九九一：二二二)。まさに、前節でみた基層の間主観性論とも関係する点であり、他者理解におけるひとつの知見である。他者理解の可能性は、まずもってこのような身体的共振関係に基づく。

■類型化と多元的現実

こうした関係を生きる私たちは、子どものときから身につけた知識も用いて、他者と関係を取り結ぶ。その知識は親や先生など他者との相互行為から主として言語を通して学ぶ。目の前の花をバラとよぶこと、そのバラは赤いこと、英語ではローズということ、を学ぶ。それは一種の類型化である。バラという類型を学び、後にトゲのある赤いきれいな花を見て、それはバラの類型に適合する花だと判断する。シュッツのいうように、日常言語は類型化の宝庫である（Schutz 1964：233＝一九九一：三二四)。だが、こうした知識や類型化は言語だけとは限らない。言語をまだ知らない子どもも一定の「分別」をもつ。たとえば他者の笑顔に反応し、泣き声に反応する。親しい人とそうでない人をも「識別」する（人見知り)。通常、私たちはこうした「分節」能力を共通に有している。知識と類型化の基礎は、身体能力として潜在し、一定の社会関係のなかでその可能性が花開く。主観性は、間主観的な相互行為における他者との間で成り立つ（西原 二〇〇三：六章)。その間主観的な相互行為という事態を「相互主観的」な事態と呼ぶことができる（後注（14）および本書第5章も参照)。

さらに、シュッツは多元的現実（multiple realities）を強調した（Schutz 1962＝一九八五）。私たちは、朝起きて洗顔し朝食をとるなど日常的世界の現実を生きるが、学校では1＋1＝2が正しいとされる科学的世界の現実を生きる。午後、絵画サークルで芸術の世界に浸る。夕方、久しぶりに友達と映画を見に行き、映画の世界に没入し、主人公の運命に共感・共振して悲しみや感動で涙する。夜、ベッドのなかで夢を見る。その夢の世界で他界した憧れの人に会えた。喜びに包まれる。もちろん、夢から覚めればまた、日常生活の現実が待っている。この現実では、その憧れの人には会えない。このように、私たちは日々それぞれの諸現実を、つまり多元的現実を生きている。

このことは別の視角からも語りうる。たとえば石を、科学的に、芸術的に、実用的に、場合によっては神の宿る石として宗教的に見たりする。科学だけが現実への唯一の視点ではない。それだけが「正しい」ともいえない。ものを見る視点の選択を、シュッツは関連性（レリヴァンス）という言葉で解明しようとした（Schutz 1970）。何が関連性があるのか（レリヴァントなのか）は間主観的—主観的に規定される。そしてその下で関連する類型化が働く。私たちは既存の「関連性と類型化の体系」のなかで[12]、ある視点から石にひとつの共通な現実をみる。自己理解と同様に、他者理解も基層の間主観性を含めた以上のような仕組みのなかで可能となる。

このように、私たちは多くの場合、ものをみる見方を間主観的な行為的関係のなかで身につけてきた。科学の視点、宗教の視点、芸術の視点も同様である。近現代社会においては、科学が真理の砦として考えられるかぎりで、科学的見方が支配的な現実観を構成しているにすぎない。科学が間主観的（それが物象化されたかぎりでは「共同主観的」）な真理として共有される。別の言い方をすれば、それはひとつの共通文化である。異文化では「同じ」対象に対して「異なる」の見方をする場合があることは、同一文化内での現実の見方が、その特定文化的な間主観性の場において獲得され成り立っているからである。[13] 比較文化論的にいえば、この文化の差異を強調し、文化ごとに多様な現実観を指摘することもできる。また文化接触に際して、自らの現実観は特定文化のなかでしか通用しないものだと自覚して、自分たちの見方を相対化することもできる。シュッツの類型化論と多元的現実論は、こうした他者理解論の射程の拡がりのなかで捉えることが可能である。そして、ここでもポイントのひとつは、主観性のみならず間主観性のあり方にある。[14]

3 現象学的社会学の展開と可能性

今日までの社会学の展開のなかで、現象学的社会学は、客観性を重視する立場や量的な調査研究に対して、主観性を重視する質的な調査研究を推し進めるものとして一定の評価を受けてきた。たとえばよそ者や帰郷者などが遭遇する相互行為場面の内面を描いたり、差別されたり障害をもっている人びとの、数量的な技法では捉えられない心の襞やアイデンティティを捉えたり、メディアの受け手分析などにも応用されてきた。これらは重要な点である。だがメルロ＝ポンティはいう。「現象学の最も重要な収穫とは……極端な主観主義と極端な客観主義とを接合させたことにある」（Merleau-Ponty 1945 : XV＝一九六七：二二）。したがってここでも、日常行為者への主観性への着目だけではない社会学的アプローチを考えてみたい。このアプローチは、今後の社会研究にどのように役立つのか。

■方法論への視角

シュッツの教え子のP・L・バーガーとT・ルックマンは、シュッツの考えを〝発展〟させて「現実の社会的構成」を論じ、そして日常世界の客観的側面に着目したマルクスやデュルケムと対比させて、シュッツをその主観的側面を強調した社会学者として位置づけた（Berger & Luckmann 1967）。このような捉え方は確かに興味深い論点を含むが、間主観性論を軽視して現象学的社会学の可能性を切り詰めるような見方でもある（本書の付録も参照されたい）。問題点は少なくともふたつある。ひとつは、主観性の議論はたんに日常的世界の問題だけでなく、科学的世界の問題でもあること。社会科学の方法論に論及するシュッツを忘れてはならない。もうひとつは、現象学は間身体性／間主観性に着目したが、この点が十分に活かされていないこと。それは、S・ヴァイトクス（Vaitkus 1991）やクロスリー（Crossley 1996）などが着手しているが、いわば「間主観性の社会学理論」として一種の社会理論の可能性を秘めている。

まず、方法論の問題から考えよう。かつてヴェーバーは社会科学者の認識も価値と無縁でないことを語った（Weber 1973＝一九九八）。どの問題を、あるいは問題のどの側面を取り上げるかは、研究者の価値関心に従う。価値関心なくしては研究対象の選択もできない。なぜ社会学を、なぜ工学や農学を研究するのか、それは本人の「主観」的選択である。しかしすでに述べたように、主観性は間主観性との関係のなかで捉える必要がある。また、選択された科学には研究主体が従うべきその科学なりの（間主観的な）方法論的規則があることも忘れてはならない。シュッツが、主観的解釈の公準、適合性の公準、論理一貫性の公準などの公準論を語ったのは、この方法論的側面である（Schutz 1962：43f. 1964：18f.＝一九八三：九七以下、一九九一：三九）。

さらに、ここに別の論点が絡み合う。社会学者は、社会学の視点や方法を選択し、社会学的な知をもって現実を観察、理解、解釈、分析、説明する。しかし日常生活者もいわば日常知をもって日々選択を行い、世界を観察、理解、解釈、分析、説明しあう。しかも、シュッツが強調したことだが、社会学者の仕事の大切な部分が日常生活の現実を捉える点にある以上、日常生活者が捉えるリアリティを理解することが重要となる。だが科学は科学の構成概念で、生世界の知を非科学的だと切り捨てがちだ。このことについてシュッツは、日常の第一次的構成概念と科学の第二次的構成概念という語を用いて、少なくとも社会学は、その第一次的構成概念と第二次的構成概念との適合・一致を求めるべきであると述べた（Schutz 1962：43＝一九八三：九八）。

この視点は、エスノメソドロジーの創始者H・ガーフィンケルの視点と同じである。いや、正しくはガーフィンケルがシュッツの方法論に学んだわけだが、彼もまた日常世界の解明を目指して日常的合理性に着目した。しかも、科学知が日常知を誤ったものだと捉えることは、日常行為者を「判断力喪失者」(dope) として扱うことと同じだと指摘した (Garfinkel 1967 : 66 = 一九八七:七五)。とくに社会学の研究者の学理知は生活者の日常知を捉えることに主眼があるのに、社会学はそれを怠っているというわけである。じつはこの批判は、社会を外側から「客観的」に分析しようとするT・パーソンズ (Talcott Parsons : 1902–1979) に向けられた批判であった。そしてそのパーソンズとシュッツは、かつてこの問題をめぐって手紙で議論し合った関係であった (Schutz & Parsons 1978)。

こうした社会科学方法論は、現象学的社会学が社会学全般に寄与しうる基礎論としての重要性を現在も有している。ただしそれも、間主観性論とともに考える必要がある。そうでなければ、シュッツは主観主義の方法論者に閉じ込められてしまう。くわえて、シュッツ現象学的社会学には、こうした方法論や主観性重視の立場以外に、もうひとつの注目すべき可能性がある。

■間主観性の社会学理論へ

今日「自己決定」や「自己責任」という言葉がしばしば聞かれる。日常的にも、たしかに私たちの決定は最終的に自己の決定であるかのようにみる議論もある。だが、決定に至る際に参照する多くの知識や情報は自分だけで入手したものではない。そこには他者やメディアが介在する。

どこに決定の判断の源があるのかを論じるのは難しい。人は、人とのつながりのなかで他者を考慮しつつ判断し行為する。決定の最終審は〝主体〟にあるというのは、〝近代〟的で極端で素朴である。だが近現代ではとくに主体の決定と責任が重視される。とりわけ一九九〇前後の東欧ソ連激変後の資本主義の一人勝ち状況のなかで、自己利益最大化の競争原理がグローバル化され、規制緩和、小さな政府、民営化が唱えられるような昨今の新自由主義的風潮のなかで、自己責任論などがよりいっそう強調された(15)。

そもそも、人間を単独の決定主体として捉える見方は、近代西洋で生成／強化されてきた見方である。デカルトの「我思う、ゆえに我在り」の合理的な近代的自我像とそれに基づく主客二元論／心身二元論は、「近代」の出発点の象徴的考え方である。だが現象学は、身体主観を含む主観性の生成を問題にし、その基層の間主観性の議論に辿り着いた。それゆえ、その視点は、近代の人間観を問い直す新たな視点として機能しうる。現象学的社会学が強調するのも、この新たな出発点としての自他の相互行為に基づく基層の関係性／間主観性の問題である。〈はじめに関係性がある〉。間主観性に着目する現象学的社会学は、人が他者、環境／自然と相互行為を取り交わす地点から問い直す。その研究視角は次の点にある。すなわち、社会学は現代の地点から社会を研究するが、

①どのような社会もそれが存立するためには、人びとの間で間主観的な相互行為〔相互主観

性〕が取り交わされなくてはならない。
②そして、その相互行為が意味ある形で進展するためには、人びと自身がいわば社会性をもった身体的行為者として間主観的な行動を発達させなければならない。
③しかも、現代社会の特徴を捉えるためには、それまでの間主観的な歴史的生成過程が問わなければならない。
④さらに付け加えるならば、間主観性の大前提としては、環境／自然と相互行為する生命体としての人間存在という視点も忘れてはならない。

現代社会を成り立たせる原理を考えるためには、このような発生論的問いに答える必要がある[16]。それらを順に、①社会構成的発生論、②行動発達的発生論、③歴史社会的発生論とよぶこともできるし、④は生命生体的発生論と呼んでおくことができるだろう。これらに、①G・ジンメルの心的相互作用論やエスノメソドロジーの会話的相互行為論、②G・H・ミードの（発生論的）社会心理学や発達心理学、③ヴェーバーやN・エリアスの歴史社会学などが対応し、また④には真木悠介（見田宗介）の『自我の起源――愛とエゴイズムの動物社会学』を代表とする研究などがあげられる（真木 一九九三[17]）。

もちろん、以上は研究視角の原理的な議論である。そこで、より具体的な段階に話を進めよう。近現代社会は、ほとんどのケースで国家との密接なかかわりのなかで進展してきた。ここで社会という語は、全地球的な人間社会を指す広義の場合から、アジア社会やヨーロッパ社会などのリージョナルな社会、そして国家社会、さらには地域社会に代表される局所的な場合を経て、おそらくは最小の単位として二者の関係を「社会の発端」(Simmel 1908 = 一九九四)と考える場合を含む。ジンメルのいうような「社会の発端」から記せば、「パーソナル」―「ローカル」―「ナショナル」―「リージョナル」―「グローバル」なレベルの社会がある。では、こうした各レベルが実際に問われるグローバル化時代の現代社会において、現象学的社会学はどのような方向性を提示できるのか。以下、その例となる場面を考えていきたい。

■現象学的社会学の応用可能性

その場面とは、グローバル化時代の今日、国境を越える交流の増大のなかで私たちが出会う社会関係場面、つまり私たちが外国人という「他者」に出会う相互行為と社会関係の場面である。これまで、異文化理解はいかにして可能かという問いが立てられてきた。だが異文化とは何か。この問いに対して私たちはすぐに国の違いを考えがちだ。だが、津軽の人と薩摩の人もある意味では異文化に住まう。上流社会と「下流社会」は文化やハビトゥスが異なる。ジェンダー文化の問題もある。そもそも主観をもった人はそれぞれ、すでに生まれも育ちも違う以上、異文化の人だとさえいえる。また個人は生活史の諸段階でさまざまな文化に出会う。異文化とは、考えてみれば問題の多い発想である。文化にはさまざまな内容と位相があるのだ。それゆえ、はじめから文化を異にするとした上で異文化を理解するという発想は再考を要す。文化には同一性の位相も数多くある。

たしかに、諸文化は社会学的には多様だと捉えることができる。だが、ここでは発想を変えて、私たちが「同」文化を生きるという点に光を当てよう。私たちは人として、特定の食物を摂取／排泄して生命／生体を維持し、他者と交流し、社会関係をつくり、性的関係をもち、子を産み育て、老いて死んでいく。その間、身振りや言語を用いてコミュニケーションをおこない、労働・協働・交換の経済活動をおこなう。これらのことは、その形態は多様であれ、どの社会にも一般的にみられる事態であり、人間社会における「普遍共通文化」である。もちろん、その基盤上の諸文化に比較の視線をそそぐならば、国ごとの文化のような「特定個別文化」がみえてくる。だが、異文化理解の言説はこの位相の特定個別文化（「特定国民文化」）だけを問題にしがちである（本書の第5章も参照）。

文化を考えればすぐわかるように、「ゲイ文化」や「ろう文化」の主張を含めて文化は多種多様である。さらに、多様な地域文化の問題もある。他方、グローバル化時代の今日、近代国民国家が揺らぎはじめ、国家という発想それ自体も問い直されている。そのようななかで国家意識を過度に強調するナショナリズムも登場してくる。だが、国家同士が引き起こしてきた戦争の問題も考慮に入れるとすれば、もはや今日、国家や国民文化の存在だけを中心におく発想は一面的である。国家主義は、近代社会および近代化／産業化の時代にはふさわしかったかもしれないが、情報や交通の手段が発達したポスト近代社会では、国家を超える共通文化の発想が求められるのではないだろうか。

そのように考えると、現象学的思潮はある意味で国家を超える発想をもっていたことが分かる。現象学は「特定個別文化」の層ではなく、「普遍共通文化」の層に着目し、そこにみられる主観性／間主観性や相互行為の問題を論じてきた（本書第5章参照）。しかも、その普遍共通文化の層においても、筆者自身が着目してきたことだが（西原 二〇〇三）、幼児の場合や音楽的コミュニケーションの場合にみられるように、言語以前の、あるいは言語以外の身体レベルでの相互行為のあり方にも着目してきた。現象学的思考には、「人」としての共通項、関係性、あるいは間主観性を探り出し、それらを国境を越える相互行為へと結びつけていく回路がある。その地平から、国家・国境によって分断されたなかでものを発想するやり方とは異なった方向性を考えることができる。あるいは少なくとも、「国家内社会」だけを念頭においた「社会」学を相対化することができる。それゆえ、グローバル化時代において現象学的社会学に求められていることのひとつは、国家を基盤として国際政治を論じるような国際関係（international relation）ではなく、人と人とのつながりの原点に立ち戻って国境や国籍を超えるような人際関係（inter-subjective relation）をも問うという方向性である。

こうした発想は、国家の政治家や官僚などの「公」のレベルの関係ではなく、生世界に住まう市民や庶民の「民」のレベルでの「民際関係」が重要だという主張ですでに語られてきていた(18)。

しかし生世界は、生身の身体をもつ政治家や官僚にもある。あるいは、上流社会や学問人の生世界もある。むしろ、それぞれの生世界から国境を越える相互行為を取り結んでいくことが、グローバル化時代の社会関係を豊かにするために必要ではないのだろうか。新しい現象学的社会学の視線は、間主観性を人際的な関係性と読み替え、この点を射程を入れる。それはたんに主観性だけを重視する社会学ではない、と繰り返しておこう。

まとめと展望

以上のように、現象学と現象学的社会学に的を絞ってその可能性のひとつを例示してきた。振り返れば、第一に、現象学が主観性から出発しながらも基層の間主観性や間身体性などに至り着いていること、第二に、現象学的社会学は客観主義や科学主義に対して、当初は主観主義の視点が強調されて一定の成果も上げてきたが、今日ではそれだけではなく間主観的な相互行為への着目が重要になっていること、第三にそれは多元的現実論や方法論においても着目されたが、それらが近代的な主体的／主観的発想に疑問を投げかけるものであると同時に、相互行為論的な人際関係重視の形でグローバル化時代を迎えている現代社会の今後の方向性を描く可能性をもつこと、以上三点を指摘してきた。

しかし、可能性は潜在性にとどまる。それを現実化していくためには、理論と実践の両面での活動が求められる。現象学的社会学の視点を論じたこの地点でいえることは、理論は研究者だけの専有物ではなく、日常生活者もまた日々の実践のなかで理論化と理論の現実化とを試みていること、そしてそれを顧慮しつつ今後の方向性を示すような理念や理想の考察も理論研究として重要な課題であること、こうしたことも確認しておきたい。つまり、価値中立的な近代科学的理論だけが理論ではなく、日々の実践を導く社会構想的な視点も大切な実践理論である（次章参照）。

とはいえ、このような可能性は理想にすぎず、生活者の現実は決して理想通りにはいかない。「他者」との間にはつねに憎悪や対立がある。だからまず、その現実を内側から捉えることが現象学的社会学の仕事だという主張も成り立つ。たしかに生活者にとって外国人の犯罪への恐怖、輸入食品の安全性への不安、理解できない言葉を話す人の不気味さといった「内面」の把握は、現状分析として不可欠だろう。だが、だからといって理想提示の努力を怠ってよいということにはならない。そもそも現在の無批判な記述は現状の固定化につながり、発生論や生成論も見失って過去や未来とのつながりを閉ざす恐れもある。そして何よりも、理論化は生活者自身まさに日々の実践のなかでおこなっていることでもある。人間・社会・時代に敏感な現象学的社会学は、主観性と間主観性、科学と日常、理論と実践などの複眼的発想をもって、アジアを含む他の国の人びととの連帯を求めて歩みはじめている（西原 二〇〇六c）。

本章では、主に間主観性の側面に光を当てたが、求められているのは主観性と間主観性への複眼的／両義的な視点であることはいうまでもない。ハーバーマスの説く、理想的発話状況でのコミュニケーション的行為による間主観的な合意形成の議論（Habermas 1981）は、基層の間主観性の上でのみ成り立つ討議論理に基づく主観性に無批判に依拠した間主観性の議論である。間主観性の重層性を見落してはならない。その重層性を射程に入れて、現代社会に積極的／実践的に参与しようという方向性が、本書の新しい現象学的社会学の方向性なのである。

そこで実践にも焦点を当てつつ、社会学理論をどう捉えるのかという点から、第2章以降を論じていきたい。

CHAPTER 2

社会学理論を問い直す

——理論・実証・実践、そしてアジア

本章では、理論と実証と実践という基本問題に光が当てられる。それは、日本の社会学において、とくに理論という言葉とその射程が的確に捉えられていない現状があるからだ。そこで、より立ち入っていえば、本章では、

①理論とは何か（理論の種類・範囲）、
②理論と実証との関係（実証理論）、
④理論と実践との関係（実践理論）、
③理論研究という実践（理論実践）、

以上の諸点を、「アジア」をも念頭において、筆者なりに述べてみたいと思う。まず、こうした問題設定をおこなう背景から語りはじめてみたい。

1　問いのスタンス——社会学理論とナショナルな枠の問題

■問いの背景：実践

筆者には「実践」という言葉がいつも気になる存在であった。一般的に「学問」と「実践」と

いう文脈に関していえば、学問や研究といった行為の社会的意味とは何であろうかという問いが、つねに気になっていた。近年の日本では、大学等の研究機関の「社会貢献」「地域貢献」が問われている。文部科学省の狙いがどこにあるにせよ、研究者は象牙の塔に籠もって社会貢献が少なすぎる、という現状認識があることまでは確かであろう。しかし著者自身はずっとこの現状認識には違和感を抱いてきた。この発想には、一方に学問研究があり、他方に現実社会があるという二元論がある。だがそもそも、学問研究と現実社会は別物なのだろうか。研究は社会を離れて成り立つのだろうか。とくに社会学を含む人文社会領域の研究者は、この問題に必然的に敏感にならざるをえない。「何のための学問か」「何のための社会学か」という原問題。

ところで、筆者はこれまで、「実践」という言葉を正面から論じたことは比較的少ない。その数少ない例は、相互行為を「交互実践」といいかえて用いたケースと、廣松渉の著作集（一九九七a）に解説を付したケース、および（すぐ後で述べるように）日本社会学会のシンポジウムにおける報告とそれを活字化した論文がある程度である。もちろん、毛沢東の著作『実践論』やアルチュセールやブルデューの著作などにおいて用いられる「実践」概念が、気にならないわけではない。しかしこれまで筆者の理論研究の領域に限れば、「実践」を「行為」以上の意味で用いたことは、ほとんどなかった。

だが、理論研究をおこなうことはどういうことなのか、それはどういう実践なのか、あるいは理論研究と具体的な自分の思想実践とはどういう関係にあるのか、といった具体的な問いは、つねに筆者において気になっていたのであった。さらに筆者は、近年、社会学研究者は具体的にどのような実践をおこなえるのかと問うようになった。そこで、いささか私事ではあるが、少し自らの研究の一端に触れる形で、この間の経緯を記しておきたい。

筆者にとっては面白いといえる縁で、一〇年おきに二回ほど学会という場で「実践」をめぐる報告をしている。一回目は戦後五〇年を振り返る一九九五年の日本社会学会大会シンポジウムであった。そのシンポジウムのテーマは「戦後思想と知の変貌」という題目であり、そこで筆者は「問いの実践と実践への問い——生世界を問い直す」という題で、これまでの日本社会学界での思想史的な文脈をたどり直した[2]。その報告は、社会学者という研究実践者の戦後の思索の軌跡をたどるものであって、それはいわば「後ろ向き」の報告ではあった。

もうひとつの報告の機会は、二〇〇五年の日本社会学会大会シンポジウムだった[3]。そのときも「実践」という言葉を使っている。たしかに、その一〇年前よりは経験を積んだ分、それなりに理論展開があったと筆者自身は考えているが、しかしながら、それ以上に何よりもその後「時代の方が変わった」と強く感じている。そこで、二〇〇五年後の時代の変化をもふまえて、しかも現在および未来の「実践」に焦点を当てて考察をおこなってみたい。つまり本章では、二〇〇五年のシンポジウムの報告を土台としつつも、さらにもう一歩未来に向けて踏み込んだ議論をしたいと思う。その意味で、本章はいわば「前向き」の議論である。

■問いの前提：自己から他者へ

これまで筆者は、第1章でもみてきたように、現象学的社会学を思索の中心において社会学の基礎概念を検討し、自己・主観・行為・関係・言語・身体・差別・権力・支配・制度などを問題にしてきた。とくに間主観的な発生論的視座（筆者のいう〈発生社会学〉）からなされたこうした検討は、「理論」的な視角からいえば、①日々の生世界を生きる人びとの意味世界の解明、②現代社会の相互行為論的・間主観的な存立構造の解明、であった[4]。

しかしながら、一九九〇年前後からの世界史的な変動のなかで、そしてとくに二一世紀に入ってから、筆者はあらためて問いを立て直す必要性に思い至った。その変動とは、一言でいえば「グローバル化」という事態であった。それは、「国際化」や「グローバライズする社会学」をふまえて筆者がそれまでおこなってきた「社会理論」内在的な問題状況の検討を超えて[5]、私たちの「生世界」の変容をふまえた社会学的な「理論実践」の局面を、とくに二〇〇〇年代に入って強く実感したからである[6]。そこで筆者に立ち現れた問いは、社会学理論研究者はいま、何をなすべきで、何をなしうるのか、という理論実践的な問いであった。その問いに答えるために、本章は必ずしも「純」理論的な形をとらず、自己の経験もふまえて「何をなすべきか」「何をなしうるか」を念頭におき、この問題提起への回答の方向性を明確にしたいと考えている。

さて、筆者にとって、社会学基礎概念の再検討による理論研究の成果は、次の点にあった。すなわちそれは、一方で、自らの検討の出発点であった「主観性」（subjectivity）の問題は、その主観性の基層にある「間主観性」(intersubjectivity)の問題から、諸主観性の絡み合う、より高次の位層の問題を含む重層的かつ多元的な〈間主観性〉論として、さらに問題化されなければならないという点であった。

しかしその検討過程で、間主観的(とくに間身体的)視点それ自体が、「近代」の素朴な「主体主義」と「科学主義」への批判と連結する重要な論点となりうるという知見も得た。というのも、とくに基層の間主観性(間生体性/間身体性を含む)論は、身体論を基にして、身体知を含む知の厚みを捨象することなく、自他の重層的な関係性や各人の生きられる生世界を直視し、「主体」的存在や「科学」的現実の近代性を相対化するからである。[7]

だが、グローバル化への新たな焦点化を試みている現在の筆者にとって、もうひとつの近代の特性、つまり近代の「国家主義」への再検討が問われるべき課題の中心となってきた(さらに、これと密接にかかわるもうひとつの近代の特性として、競争的国家のあり方を強いる「資本主義」の問題があるが、以下では国家に関して焦点化したいので、この問題はあらためて論じることにする[8])。この国家にかかわる論点は、「自己」に焦点化した問いから、「他者」に焦点化した問いへの移行だということができる。[9] 何よりも、近代的自我とナショナル(国民国家的な)アイデンティティの交錯する場に「他者」がいるからである。そしてここに新たな問いが立ち現れる。つまり、私たちは「他者」に対していかに向き合い、いかに応答していくのかという問いである。

この実践的な問いには、社会学理論研究者もまた、他者にいかに応答(response)していくのかという問いも含まれる。そして、この問いの核心には応答可能性＝責任（responsibility）の問題がある。筆者が現在試みてきているアジアの社会理論研究者のネットワーク構築は、このような志向のもとでの小さな試みだが、そのことについては本章の最後に述べることにする。(10) 最低限ここで確認しておきたいのは、それらの前提となる「国家」をめぐる思考の問題である。

■「ナショナルな枠」の問題

私たちはこれまで、あまりにも知の「ナショナルな枠」に囚われてこなかっただろうか（ここで「ナショナル」は、モダンのネイション・ステートつまり近代国民国家の意味で用いられている）。これまでも、欧米通でそこでの学説や理論を摂取して優れた業績を上げている人は少なくないし、そうした欧米の理論を摂取して「自国」の利益となる発展に役立てるという発想は一般的であった。だが、この「国益」的な発想そのものに問題はないのだろうか。

問題を二点指摘できる。まず第一に、欧米の理論は（アジアなどの国ぐにの）モデルとなるような先進的理論なのだろうか。歴史は欧米をトップランナーとして、そのように単線的に進むことを前提にしうるのか。そして第二に、仮にそうだとしても、その理論を「自国」の発展に役立てるという場合——それが現時点でひとつの研究目的であることを筆者はもちろん否定はしないが——、他の諸外国の「発展」の問題はどうなるのか。ここでは後者の問題に焦点化しよう。自国の発展だけを願う心性は、ナショナリズムと紙一重ではないだろうか。現代日本のアカデミズムにおいて、国際的な競争力の向上という掛け声のもと、国家予算が競争原理の下で重点的に配分されている。強いものをより強く、である。そこに一種のエスノセントリズム（自民族中心主義）があることに、関係者はあまりにも無自覚ではないだろうか。より重要なことは、研究においていかに国を超えて協力・協働していけるのかという発想であるべきだと思われるが、その点に関する関係者の意識は、希薄であるように思われる。

そこで、アジアの社会学の場合を考えてみたい。そもそも同じように欧米の社会学理論に関心をもって学びながらも、アジア諸国の社会学理論研究者の間では、「横のつながり」がきわめて少ないように思われる。別の機会にも書いたことだが[11]、理論研究の場合、とくにこの傾向が強かったように思われる。だがグローバル化時代において、「ナショナルな枠」という問題はあらゆる領域できわめて重要な問題となるのであって、学（の「界」）の領域が例外だということはない。ここにも国家が問われるひとつの契機がある。この契機をふまえて、グローバル化・国家・他者にかかわる社会学理論の諸課題に以下で言及するつもりである[12]。

ただし、そのためには、以上で何度か触れてきた「理論」や「実践」に関して、筆者なりの視点をまず明示しておくべきだろう。

2　理論と方法の意味――社会学理論の重層性、あるいは理論・実証・実践

■理論の諸相

さて、ここでは「理論」（theory）はかなり広義に捉えられている。専門書的な回りくどい表現をさけて、あえて『広辞苑』（第五版）の記述を用いて、理論とは「個々の事実や認識を統一的に説明することのできる普遍性をもつ体系的知識」としておく。そこで筆者は、社会学理論においては、以下九つの（下位）理論が含まれると考える。その狙いは、シュッツのいうように、日常の第一次的（＝日常知識的＝常識的な）概念構成体を、学問という第二次的（学理的な）概念構成体の視点から切り捨てないという点にある。[13] どちらの概念構成体の形成自体も理論化という「理論実践」（theorizing practice）をともない、あえていえば、それらの理論実践を闘わせて検討することこそ、理論研究に求められていることだとまず述べておきたい。その上でさらに、理論は理念を含むことを強調したい。まだ到来していない社会を理念的に構想することも理論実践のひとつである。それを隠蔽して中立を装うのではなく、自らの理想を自覚化・対象化することこそ、ヴェーバー価値自由論の核心のひとつだったと筆者は捉えている（西原 二〇〇三：二一四）。そこで、さまざまな理論レベルを整理した表1を参照願いたい。[14]

表1　理論の3位相

	前提的認識的側面	理念的体系的側面	方法的規範的側面
C群	⑦社会批判論としての理論	⑧将来社会構想としての理論	⑨構想実現論としての理論
B群	④概念枠組論としての理論	⑤規則類型命題としての理論	⑥調査方法論としての理論
A群	①日常処方知としての理論	②基層的世界観としての理論	③秩序構成論としての理論

ここで、表1にあるように、横の欄のA群を「基層理論」、B群を「中範囲理論」、C群を「理念理論」と呼びたいと思う。ただし、若干の注釈が必要だろう。叙述の便宜上、B群→A群→C群の順で簡単に言及しておこう。

B群：中範囲理論（middle-range theory）

今日の日本社会学においては④⑤⑥、つまり社会分析ための前提としての概念枠組である④、調査実証研究の因果的・機能的な分析等に基づく実証命題を核とする⑤、そしてそのための統計的・調査技術的な方法論の⑥、以上の三つが「理論」研究の中心にあると考えられている、と筆者は判断している。[15]R・K・マートンの「中範囲理論」はこのレベルにある（Merton 1949）。

A群：基層理論（fundamental theory）

しかし、そのB群の理論の手前に、A群の①②③、つまり日々の生活経験に基づく日常的な生活知見としての①、これまでの社会哲学的知見などをも含めた歴史的に受容・継承されてきた日常的社会像である②、そうした営為

（doxa）それ自体の方法的・反省的な認識論（episteme）を含む日常世界の社会構成の方法論（エスノメソッド）でもある③も、また理論に入れることができるであろう。

ただしとくに③に関して付記すれば、私たちの世界認識の方法（method＝メタ・ホドス＝道に従うと同時に、跡をたどるという意味合いがある）を問うこと、すなわちこれまでの物の見方・考え方・行動様式を批判的に検討することもまた、ひとつの理論的営みである。それは、旧社会の呪術・宗教から、近代以降のメディアや学校などにおいて日々営まれている。そしてそれが高度に遂行された学問論（Wissenschaftslehre）は、反省的・再帰的な社会批判的・方法論的営みであって、そうした再帰性がギデンズなどによって強調された近代社会の特性である（Giddens 1999, Beck et al. 1994）。

C群：理念理論（ideal theory）

さらに、C群の⑦⑧⑨も理論である。つまり、現在の社会の全体的骨組みなどを考察するための基盤となる社会認識の⑦、そして将来社会を理念的・体系的かつ規範的に考察する⑧、そして現代社会への批判的方法（critique）に依りつつ社会構想の実現を具体的にめざす、広い意味での方法論的で運動論的な構想たる⑨も、それぞれ理論的営為である。方法は「社会学的認識」のたんなる技術的な「道具」としての方法論に限定されるべきではない。社会構想実現の実践活動の可能性の条件とその射程の吟味の上に立って、具体的な社会構想実現への道を考えることは、現に多くの社会学研究が「実際には・潜在的には」おこなっていながら（それなくして調査結果の解釈も成り立たない！）、価値中立性の名のもとで表明を押さえられてきた領域であり、社会学の理論研究領域の「究極」にあるものである。それゆえ、これらも「理論」のうちにぜひ含めたいと筆者は考えている[16]。

なお、しつこいようだが、下段のA群①②③と上段のC群⑦⑧⑨の「理論」群を欠いては、中段のB群の④⑤⑥の「理論」がそもそも成り立たないだけでなく、かりに狭くB群だけが「理論」だとされれば、それは土台と構想力を著しく欠く貧弱な内容となる点を再度確認しておきたい。だからこそ、三群が揃う「理論」の意義がある。とくにA群もC群も、これまでのように理論の〝背後仮説〟などとして不可視なものとして取り扱われるべきではなく、私たちの理論実践全体を捉える不可欠なものと考えるべきである。そして何よりも、「理論」研究、ひいては学問研究の意味の再確認は、繰り返しなされるべきだと述べておきたい。

■理論の諸相と理論形成の問題

なお、以上の議論をふまえつつ、ここで「理論の諸相と理論形成」の問題にも言及しておきたい。理論は現実からしか生まれないが、しばしば理論は現実離れしているともいわれる。あるいはまた、現実を検討するためには理論が不可欠だともいわれる。こうした言われ方は、いずれも一理あるだろう。理論はどこかの雲の上にあるものではない。社会学の初学者のなかには、学びたての理論を使って現実を切ろうとする人もときどきみられるが、理論はそれが形成されてきた歴史的な現実や文脈がある。それを無視して、分析の道具としてだけみると的外れとなる場合がある。いずれにせよ、理論は神から与えられたものでも、自然に生まれてきたものでもない。そこには現実との激しい格闘があって、そのなかから生まれてくるものだという点を忘れないようにしたい。それは生活者がもつ理論であっても同じだ。

以上のことをもう少し方法論的に言い直してみたい。まず、生が直面する現実の事態がある。生を営む人にとって、それが「問題状況」を構成する場合に、人は問題意識をもち、探究しようとする。そこで、観察が始まる。そしてそれを必要に応じて記述する。それは、備忘のためであったり、他者に伝えるためであったりする。もちろん、まったく無前提の観察などはありえないが、そしてそこにはいくつかの問題点もあるのだが、いまは触れないことにする（詳しくは、本書第5章で論じる）。そしてさらに、必要に応じて、たんなる観察と記述だけでなく、現実をその構成要素に分解するなどして分析し、さらにその結果の解釈をふまえて総合をも企てる。じつはそうした分析、総合、解釈などの過程が、様態やレベルはさまざまであれ、一種の理論化の作業である。そうした作業を経て、一定の命題（言葉で整理したひとまとまりの言説）が生じたとすれば、それが——ここでも様態やレベルはさまざまであると述べておくが——理論となる。こうした生まれた理論が、これまでには得られなかった知見であれば、それは新理論となる。

そのような理論が、日常知としての基層理論、学理知としての中範囲理論、さらには理想知としての理念理論に大きく分けられることはすでに触れておいた。ここで今度は、そうした各位相の理論に関して、もう少し言葉を費やしておこう。

基層理論は、日常知であり、それが共有されれば社会常識でもあるわけが、その源は、生命・生体がもつ身体知に基づく日常実践が基盤にある。観察の端緒もじつはそこにあるわけだが、身体知はもう少し複雑である。それはこれまでの知の歴史をハビトゥスとして内自化している場合には、それにも影響されるからだ。とはいえ、ここでの論点は、そうした知の歴史を形づくっている近現代の源泉は、科学的な学理知、とくに社会学も含む社会科学知にあるという点だ。科学知は、たとえ追試によって「検証」されたとしても、だから絶対に正しい（真理）とはいえない。現実はいわば無限であり、追試は有限である。科学の言説が誤りのないものとする考え方は、新たな神の誕生に近い。近代科学とそれを支える理性が、それまでの古代・中世的な神に代わって、新たな神の位置を占めることに関して、F・ニーチェは強い嫌悪感を示した。神の言葉には誤りがない。信じるだけだ。科学は神ではない。それゆえ科学の命題は、「そうではない」と批判し反証しうる点が重要だ。つまり科学は「検証可能性」がポイントなのではなく、「反証可能性」が保証されるところにこそその営みがあるとする人もいる（Popper 1934）。穿った見方のようだが、重要な点である。科学が未来を語るのは、予測であって予言ではない。

しかしながら、科学という営みを実践する人びとは、なぜそうするのか。そこに山があるからだという人もいるだろう。しかしながら、多くのケースでは、問題状況であった現実を観察し記述し、解釈し、分析し総合する、つまり理論化をおこなうのは、未来を展望するためである。社

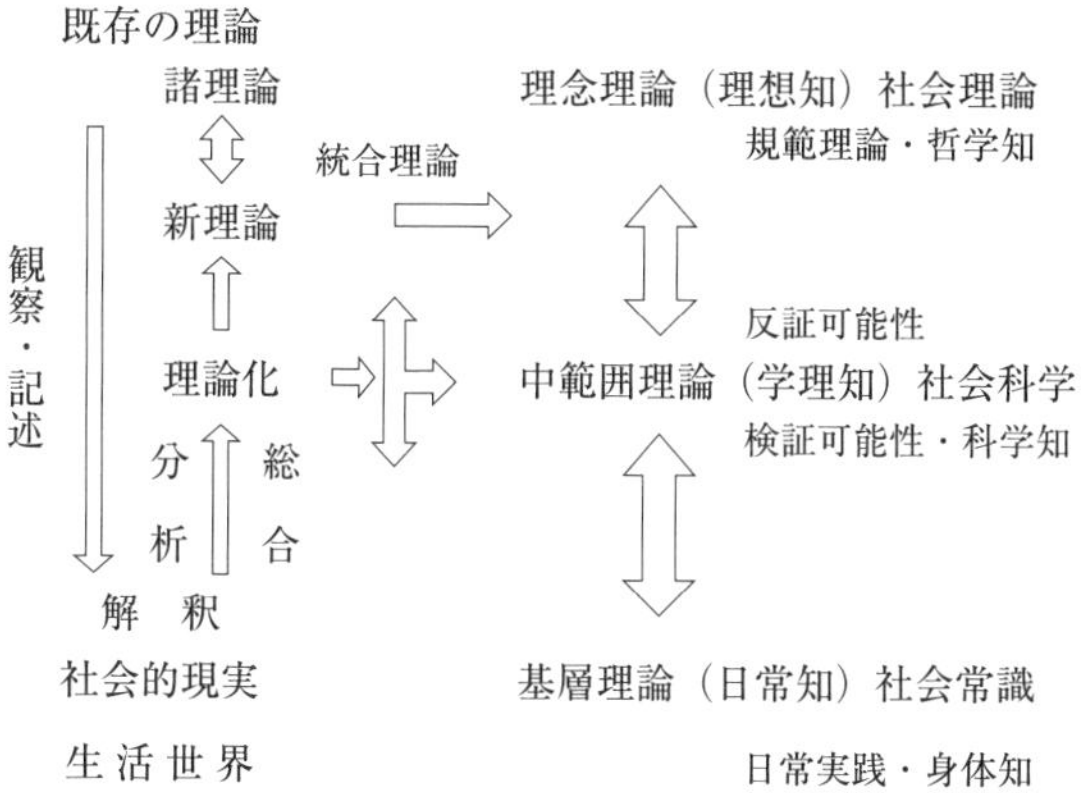

図１　理論化と理論の諸相

会科学においても、いまの問題ある社会を変えたい、あるいはさらに悪くならないよう維持したい、などといったモチベーションがある。であれば、どうなればよいのか、どうすべきなのか、どういった状態が理想なのか、といった「理想知」が当然探求される。

それが理念理論である。もちろんそれはたんなる願望ではない。それは、基層理論や中範囲理論をふまえた社会理想を語る哲学を含む社会思想をさらに精緻化した社会理論である（ここで社会思想とはいまだ主観的・観念的な段階の理論段階で、社会理論とは客観的・体系的な理論段階であるとしておく）。このような理念理論は、昨今の学界レベルでは「規範理論」（normative theory）と語られることが多いが、それは「〜すべし」というニュアンスが付きまとうので、ここではむしろ主体的に理念を語る側面に焦点を当てて「理念理論」と称しておく。

以上が、筆者が念頭においている「理論の諸相と理論形成の問題」への簡潔な答えである。もちろん、こうしたシンプルな表記には問題点も少なくなく、厳密な論理の上では成り立たない点もあるが、この点は第5章においてさらに述べると記したので、ここではこれ以上触れない。むしろここでのポイントは、理論化が実際のさまざまなレベルでおこなわれている点、そして厳密さをたとえ欠いたとしても私たちは生きるために理論化をおこなっている点、そして何よりも理論は現実と決して無関係ではない点の明示であった。

以上のことを図に表しておくとするならば、図1のようになる。

■理論と実証と実践

以上のように、筆者としては「理論」を――「理論化」ももちろん現実との格闘が当然のプロセスであって――「実証主義」的に狭く理解するつもりはない。[17] もともとコントにおいても、「実証的」(positif)とは、「積極性」から「建設性」や「厳密性」「愛他性」をも含むかなり重層な実践的概念であった。あるいは、ヴェーバーの価値自由論にともなう議論を引き合いに出せば、私たちの認識は「価値関係的」である。さらにカント風にいえば――実証なき理論は空虚であると同時に――理論なき実証は盲目である。理論と実証は、少なくとも相互に基礎づけ合う関係として、いわば車の両輪のように、社会学研究において不可欠な作業であること、このことはいうまでもないであろう。

ただし「価値」に関していえば、もうひとつ重要な論点が語られねばならない。それが「実践」(praxis)の問題である。より一般的にいえば「理論と実践」の問題である。この古くて新しい問題をどう考えるかは、理論の内包と外延にかかわり、かつ実証の問題ともかかわる。そこで、「実践と対になった理論」に関する筆者の視点を示しておこう。それは次の点にある。すなわち「理論と実践」の関係は、少なくとも、以下の四つからなると考えられる。つまり、

(a)「実践に基づく理論形成」をベースにして、
(b)「理論形成のための実践」をおこないながら、
(c)「実践活動のための理論」を検討しつつ、
(d)「理論に基づく実践活動」を遂行する、

という諸点である(ただし、(d)「理論に基づく実践活動」それ自体は、ここでいう「理論実践」の境界的なケースであるとしておきたい)。

ここでは、理論と実践が――理論と実証と同様に――分かちがたく結びつく「理論＝実践」ないしは「理論実践＝実践理論」全体が問われている。換言すれば、それは「何のための学問か」「何のための社会学か」という冒頭で掲げておいた「原問題」を、「自己と他者とのよりよい関係性の構築のため」、つまり「生世界における間主観的な相互行為のあり方の追求のため」と捉え

る筆者の視座とかかわるのであって、狭い近代科学主義的な意味（フッサールが「自然主義的態度」と名づけたもの、つまり「生世界」を忘却した学）において「科学的方法」だけが理論的価値をもつとは捉えない視座である。ここで現象学の祖フッサールの言葉を引いておきたい。

「『数学と数学的自然科学』という理念の衣（中略）、この理念の衣は、一つの方法にすぎないものを真の存在だとわれわれに思いこませる。つまり、生活世界で現実に経験されるものや経験可能なものの内部で、もともとそれしか可能ではない粗雑な予見を、無限に進行する『学的』予見によって修正するための方法を、真の存在だと思いこませるのである」（Husserl 1954 : 89h）。

この点をふまえて、総括しよう。「生活者」でもある社会学者が「社会学にできること」（当世風にいえば「社会貢献」だが）を考えるのではない。社会学研究それ自身がひとつの生なのであって、社会学研究者である生活者が問題である。社会学研究の実践的意味を考えるとき、このような視点を手放すわけにはいかない。社会学研究者も教育研究活動を含めて、日々さまざまな実践活動をおこなっていることを再確認しておきたい。そこで、この論点を次節で、さらに具体的な事例を交えつつ考察してみたい。

3 社会学理論とポスト・グローバル化時代への実践的課題

■社会形成的な理論実践

本節では、前節の「理論実践」といういわば理論内在的な論点をふまえて、(あえて)ここで「社会形成的理論実践」というカテゴリーを呈示しておきたい。つまり「理論＝実践」(とくに上述の(a)～(d)全体にかかわる事項)のなかから、あえて現実社会の変革(ないしは維持)を目指す具体的・運動論的な「社会形成的な理論実践」を、ここでの論点を明確にするために切り出しておきたいと思う。それは、換言すれば、上述の「理論」分類のC群に深くかかわる論点である。

ただし、「理論」をめぐるこのような議論に関連して、もう一言だけ付け加えておきたい。理論と実証と実践の問題は——概説書では今日ある程度自明なものとして語られるとしても——実際の社会学研究や社会学教育の現場では、うまく両立(ないしは鼎立)しているかどうかという点にかかわる。むしろ、戦後の日本社会学の展開のなかで、(戦前との対比において明確化された)「実証科学」としての社会学が強調されるあまり、「調査実証研究の重視＝理論学説研究の軽視」といった傾向が顕在化し、この両者が時には敵対的関係にさえあるというのが現状ではないだろうか。今日、二〇〇四年度から「社会調査士制度」が本格的に始動した日本の大学の社会学系において、カリキュラム上でも人的にも、調査実習系授業にかなりの比重がおかれ、理論学説研究が「それは哲学・思想の問題だ」などとされて軽視されているように思われるのは、筆者だけの杞憂であろうか。[18]数量的な調査実証系研究の意義も十分に認めているつもりの筆者としては、もちろんそれが杞憂であることを願いたい。

さて、以上の回り道もふまえた上で、社会学理論がなすべきこと、なしうることは何かについて考察してみたい。そのためには、現状分析の一端にあらためて立ち入るべきだろう。今日、グローバル化が急速に進展するなかで、社会学もそれに対応せざるをえなくなっている、今後予想される「他者」とのさまざまな出会い、たとえば日本国内への「他者」の移動の増大、あるいは日本国籍所有者の諸外国への移動にともなう「他者」に出会う機会の増大、こうした点に社会学はどう対処すべきなのか。つまりそれは、私たちの日々の食卓に世界の食材が並ぶようなグローバル化時代に、社会学自身がこれまでの閉じられた「ナショナルな枠」を超え出て、いかに事態に「応答」するのかが問われているといってよい。

だが、グローバルな事態の把握は、かなりの理論的・抽象的な構想力や想像力を必要とする。本書の続編では、「グローバル化と国家」の問題として少し立ち入って論じるが、ここでは欧米諸学説の「輸入」や「本土化」[19]といったレベルを超え出て、グローバル化時代およびポスト・グローバル化時代に社会学理論がなしうることは何なのかをまず示しておきたい。端的に述べれば、それが脱国家的でグローバルな「理論実践」、つまり新しい社会形成的な理論実践であるように思われるのである。

■先行学説の誤読を超えて

ここで深く立ち入るつもりはないが、今後の議論の見通しを立てる意味で、以下の点に簡潔に論及しておきたい。すなわち、より狭く学説研究に限定すれば、社会学理論の現在の課題としては、一種の「自己点検」、たとえば日本社会学における「誤読史」の検討が必要ではないかと筆者は考えている。日本社会学史の文脈では、とくにスペンサーやコント、あるいは形式社会学導入期以降の戦前の日本社会学、および戦後日本の社会学理論の諸潮流を形成してきたパーソンズやシュッツ、そしてハーバーマスらの統合的な社会学理論を経て、ポスト構造主義やポストモダンの議論も日本社会学史においてはかなり恣意的に解釈されてきた。導入的な言及にとどまるとはいえ、この点に関してさらに述べておきたい。

たとえば、戦前社会学の制度的確立期の一八九〇年頃の極端な国家主義に基づくコント理解や、戦後の一九七〇―八〇年代頃の主体主義や機能主義（科学主義）などのバイアスに基づいて、シュッツの〈間主観性論〉、フーコーの〈国家権力論〉、ルーマンの〈近代批判論〉などを見落とす形での彼らの学説の受容は、おそらく「誤読」の歴史である。現在はあらためて、その読みの「クリティーク」が必要だと筆者は考えている（西原 二〇〇四）。

すなわち、後期シュッツが基層の「間主観性」に大いに着目していたこと、そしてフーコーにおいては（機能主義的な）「権力」論ではなく「主体」の問題に関心がおかれ、「主体形成」の諸関係の複雑な束をつくり上げているその諸条件に関心があったこと（だからこそフーコーは「抵抗」を語りえた）、あるいはルーマンのシステム論のひとつの狙いが、「主体主義」批判を媒介にした「近代批判」にあること、こうしたことは戦後日本の社会学界においては、十分に捉えられてこなかったのではないか[20]。いつの時代にも、ある意味では時代制約的な読みが不可避ではあるが、同時にその読みの相対化もまたつねに求められている。ただし、本章では「後ろ向き」の議論に立ち入ることは控えると述べておいた。むしろ、こうした言及から予想される帰結を先取りする形で[21]、それを以下の「前向き」の議論に活かしていくことにする。

■理論実践＝実践理論

そこで、筆者が問題としたかったのは、次の事柄だった。すなわちそれは、理論と実証の——ある意味で不毛な——対立を超えて、社会学は「理論実践＝実践理論」レベルで、何をなしうるかであった。そのひとつの課題が、現代の社会学理論もまた「日本の大学教育の場での社会学研究」というアカデミズム内部で完結するのではなく、さまざまな「他者」といかに向き合うのかという点にあった。とくにそれは、①国内外の日常生活者、②国内外の社会学研究者、さらには③国内外の他の研究分野にかかわる人びとに対して、現代の社会学理論はどのように応接し、どのような寄与をなしうるのかという問題である。つまり、筆者がここでいう「理論実践＝実践理論」の、そしてとりわけその「社会形成的な実践行為」の具体的中身にかかわる問いである。

端的に述べよう。それは、たんに社会学の理論的知見をどのように「政策」に反映させるのかといった視角だけでなく、その社会学的知見を媒介として、日々これらの人びと（国内外の「他者」）といかに「共生」「協働」「連携」「連帯」していけるのかという問題である。そしてとりわけ現代では、日本の隣人たちとの「共生」や「連携」といった問題が具体的に存在している。このような問題に対して、社会学理論は何をなしうるのか。

結論を先取りすれば、おそらくこの問題への問いに応えるためには、社会学の理論研究においても、さまざまな共生・協働の試みや共同研究実践の試みがなされなければならないということである[22]。そしてこの点こそが、筆者が「理論と実践」という題目を掲げ、なおかつ「アジア」という言葉を副題の一部に掲げた主な理由である。グローバルな視点とローカルな視点の間に、たとえば東アジアといったような広域のリージョナルな層とナショナルな層とを組み入れた、「グローバル」―「リージョナル」―「ナショナル」―「ローカル」に、さらに「パーソナル」な層を加えた五層の位相を検討することである[23]。

より一般的な言い方をすれば、以上の問題は、グローバル化が日常化・一般化したポスト・グローバル化段階において、脱国家的な越境者（たとえばネグリのいうマルチチュード）が増大し、近代国民国家が問われ、ナショナリズムやシティズンシップも問い直され、情報社会や地球環境といったグローバルな諸問題も抱える社会のなかで、私たちが、さまざまな「他者」たちとグローバルに共生・協働・連携・連帯していく際の、その応答可能性＝責任（responsibility）の問題である。では、そのための具体的な実践（＝社会形成的な実践という活動）とは何か。以下で、その方向性の明示のために、あえて主要点のいくつかを取り上げておきたい。

■ポスト・グローバル化時代の社会学理論と実践的課題

そこで第一に、上述の「応答可能性」に対するひとつの回答は、グローバライズする社会学研究者との「共同研究」の重要性であるといえる。つまり、可能なかぎり脱国家的に社会学者間の協働や共同研究を追求すること。それは個人レベル、研究会レベル、ＮＰＯレベル、大学レベル、学会レベル、そして国家レベルなどで可能となるだろう。このような試み（とくにアジアとの協働の試み）は日本社会学においてこれまで十分であっただろうかと問うてみると、答えはかなりネガティヴである。(24) そこで、現代の社会学理論研究者がまず試みなければならないのは、「成果の共有」以前の、何よりも「問いの共有」であろう。そしてさらに、いま社会学理論研究者に求められているのは、社会学理論研究者独自のアクチュアルな社会貢献であり、そのための関係形成をめざす、社会学理論に独自の理論実践であるように筆者には思われる。

だが第二に、「理論実践」を日々営む生活者としての社会学理論研究者にとっては、そしてまた広く生活者一般にとっても、次のような方向性がいっそう必要ではないだろうか。それは、国際政治や国際経済あるいは国際法といったようなマクロ／インターナショナルな領域だけではなく、まさに人と人との関係のなかで日常生活を営んでいる現代人の間主観的な生世界での「脱国家的」な交流の可能性の追求である。この点を標語風に表現すれば、すでに述べたように、次のようにいえる。「国際（international）交流」から「人際《にんさい》（inter-subjective）交流[25]」へ、である。

私たちは、間主観的な（シュッツは「間人格的な（inter-personal）」という言葉も使っている）関係性の構築へと視線を転じながら、ポスト・グローバル化時代を生きる人びとの連帯を「ナショナルな枠」に囚われずに、いかに具体的に構想し、構築していくのか。それが、国家を必ずしも前提としない脱国家的な間主観的＝人際的な交流への「理論実践＝実践理論」的な課題である。

第三に、しかしながら、これ以上は言葉だけで語るような領域ではないと言い添えておくべきだろう。それこそ、この問題は、理論実践＝実践理論、とりわけ「社会形成的な理論実践」の問題だからだ。だがあえて、それを標語風にいいかえれば、「ローカルに囚われず、差異にも囚われず、各自の立場から可能な、グローバルに広がる小さな交流の積み重ねと、その交流の制度的な裏づけの確立」を、いかに具体的に実現していくのかという実践的課題である。そのためにはもちろん、少なくとも、次の論点が射程に入れられなくてはならない。

①国境国籍の柔軟化・市民権適用の拡大
②帝国的グローバリズムの批判・防止
③暴力批判・核廃棄──平和維持の促進

④教育（とくに社会言語系教育）の充実
⑤多言語間の通訳・翻訳システムの確立
⑥情報・通信システムのいっそうの拡充
⑦環境保護・保全システムの設定
⑧トランスナショナルかつユニバーサルな人権・福祉体制の確立
⑨自由と平等の最大限の確保
⑩ＮＧＯ／ＮＰＯ活動の積極的な展開

ただし、第四として述べれば、その際いちばん肝心なのは、このような方向性を共有するための、基礎場面での相互主観的状況の実現（「人際交流」）であろうと繰り返しておきたい。この基礎場面でこそ、「新たな間主観性の問題」が問われると筆者は考えている。つまり、具体的な理論実践の場面で問われているのは、上述したような「間主観性」を「人際性」へと読み替える「社会形成的な実践行為」の方向性と可能性である。そこで、考慮されるべき点は——すでに前章で触れてきたことだが——次の点だと考えている。すなわち、脱国家的な交流においては、「異」文化理解の対象としての他者の「特定個別文化」ではなく、「異」（差異）の手前の／中の、「同」の認識にかかわる「普遍共通文化」への着目である。[26] つまり、かつての「同化論」でもなく、「文化多元主義」でも「多文化主義」でもなく、さらには「異」文化理解という文化の「差異」を大前提にした上での理解でもなく、それらの手前の／それらの中の、「同」の認識に基づく理論実践である[27]。

こうした志向は、じつは現象学的思潮が追求してきた「間主観性」の認識論的・存在論的・実践論的な問いと通底する。認識・存在・実践を通文化的な方向で考えてきた「現象学」的社会学は、「普遍共通文化」的な間主観性の関係性に着目してきた。それは、メルロ＝ポンティの言葉でいえば、前交通（pre-communication）的に生きられる「間身体的」な交響性（Merleau-Ponty 1953, 1962）をひとつの土台としつつ、デリダの言葉を借りて言えば「他者の歓待」に基づく応答可能性＝責任の視座である。「理論実践＝実践理論」とくに「社会形成的な理論実践」の方向性がもつ重要性と必要性とがここにあると、とりあえず（言葉で）語っておくことができる。

アジアという問い

社会学理論はいま、ナショナルな枠の内部でのローカリティの問題を含みつつ、身体・自我・アイデンティティといったパーソナルな問題領域からローカルな問題をふまえ、かつナショナルな枠を超えて、リージョナルそしてグローバルな問題領域へとトランスナショナルに視野を広げるべきときである。それゆえ、「国家内社会」というこれまでの「社会」概念に徹底した批判的考察を加えて、「社会学的国家論」の再検討に理論ターゲットを絞って戦略的に追求すべきだ、と筆者は考えている。こう述べるのは、この「社会学的国家論」という主題が、身体論的な暴力論／権力論と交錯し、さらにポスト・グローバル化時代に対応する間身体性をふくむ間主観的な相互行為である脱国家的な「人際交流」の追求とも密接にかかわる拠点となりうるからである。それが、以上で触れてきた「広義」の社会学理論にいま求められている緊急な課題のひとつであり、かつまた筆者の現在の課題のひとつでもある。

もちろん、「国家とは何か」といった問いは、実証科学の方法だけではなかなか捉え難い。それは、多様な現実を通観する社会学的想像力を要する領域である。それゆえ、上述した各「理論」レベルをふまえながら、それら諸理論がもつ構想力と「社会形成的な理論実践」という理論的な実践力が、いま求められている。そのためにも、あくまでもひとつの具体例的な「戦略的実践」ではあるが、これまで十分な関係をもつことができなかった日本と韓国・中国の社会学理論研究者をはじめとして、アジアの社会学理論研究者間のますますの交流が求められているという点について、結びにかえる形で、以下で簡潔に触れておこう。

このアジアの交流には、すでに多くの問題を抱えると思われる「近代の知」の地平を超える一契機となる可能性があり、またアメリカナイゼーションを基調とするネオリベラリズム的なグローバリズムに対処するひとつの可能性も秘められている。もちろん、この視点がたんにEUやNAFTAの動向に対処するための「リージョナリズム」であったとするならば、それはただ「国家」をずらして拡大させるだけの試みであろう（西原 二〇〇三：二八四）。そうではなく、国家や国際という発想を超えた「人際」的な「横のつながり」を、「民」のレベルだけでなく、あらゆる機会を捉えて展開するような実践への志向をもった動きこそ、肝要である。たとえば、歴史学者は歴史学者として、政治学者は政治学者として（猪口 二〇〇五）、社会学の理論研究者は社会学理論研究者として、「国」にだけ依拠する形でなく、「人」にも、いや「人」にこそ依拠する形で（つまり「人際交流」的に）展開する社会形成的な理論実践が求められている。

そしてもちろん、アジアの先には「世界」がある。その先をグローバルに見据えて、まずは「隣り」の人びととのリージョナルな交流を深めるのは現実的である。それゆえ「アジア」は当面の目標ではあるが、しかしその先に世界を指し示すという意味では、あくまでもひとつの「記号」である。世界の六割の人口が集中しているとはいえ、話をアジアだけに限定する必要はない。だが、アジアから出発するには、それなりの現実性と可能性がある。現実の人際交流の深まりに基づいた、アジアから世界へ、である[28]。

そうした理論実践＝実践理論は、しかしながら実際には始まったばかりだといわざるをえない。いまは、そうした作業を、地道に継続することが最も大切な時期かもしれない……。以上のように、通常の学術論文風な記述をあえて崩して述べた理論や実践への視角と、それにかかわる課題と実践の課題と方向性とを例示したところで、ひとまず本章を慌ただしく閉じておきたい。次なる課題は、そのような理論実践のために、社会理論の深化の方向性を示しておくことである。

CHAPTER 3

近代の特性と近代批判の系譜

――現代社会への現象学的視座

本章のねらいは、筆者が構想する現象学的社会学の社会理論の視座から、現代社会における意味の問題にも言及して、現代社会研究への基本視点を呈示することにある。つまり、本章の焦点は、現代社会学において筆者なりの社会理論を展開する際の基礎的事態を問い直すことにある。そして、このことは次の二点にかかわる。すなわち、①概念的問題：現代社会を「社会理論」的に問うということは、社会学の歴史で問われてきた〈個人か社会か〉という方法論的論点も含む「個人」と「社会」といった「近代」の基本概念の問題とかかわる点、②現代的問題：現代社会を問うということは、社会学における焦点が人間に絡む事象にあるかぎり、近代的人間観の根底的な理論的・哲学的な検討ともかかわる点、である。以上の二点に関連して、まず「意味」を中心に前提となる三点への言及をおこなってから、上述の問題を考察してきたい。

1　意味への視座という問題——意味の諸相と近代

問題設定の前提：意味の諸相

まず前提となる第一点目は、本節では「意味」という言葉を掲げて、①の概念問題に言及する点にかかわる。本章の立場は、意味に着目する以上、〈個人か社会か〉の二者択一のうちの個人に比重があるようにみられるかもしれない。しかし、それは正確な見方ではない。私たちは「意味へと宿命づけられている」（Merleau-Ponty 1945：XIV＝一九六七：一三）としても、むしろ本章の立場は、端的にいうならば、現代社会を考えようとすることは、社会が人びとの相互行為から成り立っている以上、意味とかかわる間主観的な相互行為的（＝相互主観的）な視座こそが不可欠であるとするものである。その上で本章は、「近代」の地平における意味的な相互行為と相互行為環境の変容、およびそこから展望される現代社会研究への視座の再検討が主題となる。

第二に、ここで「意味」とは、相互行為を営む人びとがかかわる次の三つのレベル、すなわち体系的な「学問思想的なレベル」、時代の社会意識にも影響を受ける「日常意識的なレベル」、さらに気分や感情といった情動面を含む「身体感覚的なレベル」において用いられる術語であると述べておきたい。それゆえ、ここで「意味」は、①学理知的な意味、③日常知的な意味、③身体知的な意味という三つの意味が絡む、と大まかに図式化しておくことができる。ただし、学理知的な領域も、理念理論と中範囲理論と基層理論に分けられるという点はすでに前章で触れてある。

第三に、本章では現代社会を問題とする以上、グローバル化や資本主義といった時代地平的な相互行為環境が議論の前提的土台となる。それが、上述の②現代的問題である。ここでの問いに秘められた焦点は、近代性＝モダニティのなかで、モダニティを再考しつつ、いかなる方向でモダニティを超える変動の視座を実践的に据え直すかという点にある[1]。したがって、現代社会をいかにして中範囲理論的に捉えるかということは、むしろ二次的な問いになる。というのも、本章の②現代的問題という問いにおいては、人びとが生きる現場に根ざした事態からモダニティを超える発想を考えていくことが焦点となっており、そしてそこには「科学」的な問いそれ自体を問い直す試みも内包されているからである。つまり、基層理論と理念理論の追求である。

■近代という地平

さてそこで、本章での「意味」に関する理論の大枠について議論をしておきたい。本章の立場は、現代社会それ自体はいまだ「近代《モダン》」という時代地平の上で展開されている社会であるとともに、そこにおいて人びとの意味世界は大きく変容しつつあるという点にある。「近代」においては、日常意識の上でも、かつての前近代社会と異なる意味地平が出現した。近代的な思考は、教科書的にいえばデカルト的二元論から出発し、イマニエル・カントを経て、G・W・F・ヘーゲルにおいて体系化されたといわれる。また、そうした思潮はカール・マルクスにおいて逆転させられたという言い方もある。その場合はとくに、マルクスをどう読み、どう評価するのかという点も問題化できる。この最後の論点に関しては、もう少し言葉を費やしておきたい。

たとえば、所詮マルクスは近代的（モダン）な枠を超えることはないと考えたり、あるいは逆にマルクスとマルクス主義とを明確に区別してマルクス自身の知見こそ救出すべきだと論じることもできる。実際、こういった諸言説が今日までの社会理論でも語られてきた。さらに現在でも、世界では（とくにアジアにおいては）マルクス主義は決して無視できない力をもっている。本章はマルクス談議に深入りするつもりはないが、現代社会への視座を問おうとする際に、社会学に対するマルクスないしはマルクス主義の影響力への考察は不可欠である。本論でマルクス（主義）に少なからず触れる理由である。

もちろん、マルクス主義のいわゆる史的唯物論ならずとも、歴史が発展段階的に変動してきたという見方は、オーギュスト・コントの「三段階の法則」やハーバート・スペンサーの「軍事型から産業型へ」を代表例として社会学草創期にみられ、その後もタルコット・パーソンズのネオ進化論的パースペクティヴ（Parsons 1964）やユルゲン・ハーバーマスの晩期資本主義論に至る歴史把握（Habermas 1973）、ニクラス・ルーマンの環節分化、階層分化、機能分化といった歴史把握（Luhmann 1992）などにもみられる思考である（西原 一九九四）。だがそうした〝誇大理論〟にはここでは立ち入らない。それ以上にここで着目したいのは、次の点である。すなわちそれは、そもそも社会の歴史が語られる前提には、日常知的にも学理知的にも、「社会」が「ソレ」として表象され、まなざしの対象になるという視点の変容が必要である、という点である。そしてそのためには、近代において「国家」「社会」「個人」が分節されて自覚される事態がひとつの要件であった。

この意味変容の出現が、それまでの西洋中世的な都市と農村共同体を基盤とする社会構成とは異質な――資本主義的体制とその担い手たちの出現に帰すことが可能な――社会構成の変化に求められる点にはそれほど異論はないだろう。都市民を中心に、いわば第三身分としての（資本主義の担い手でもある）市民層の形成によって近代市民社会の形成がみられ、それによる国家社会の再編＝危機に対応した「社会学」が西欧において自覚的に成立したという議論も一定の妥当性をもつ（阿閉・内藤編 一九五七）。まず、市民社会と社会学から考えよう。

■市民社会と社会学

市民社会は一面で、ヘーゲルが『法の哲学』でおこなったように、国家の役割が強調される文脈で「欲望の体系」として逆規定された側面を忘れてはならない（Hegel 1821）。かくして「国家」と「社会」の分離は、「個人」の自覚をともないながら、国家統合（近代国民国家としての再編）と社会統合（国民国家内の市民社会の進展）の両面から展開されてきた。その際、合理的思考や合法的支配の進展を含む社会の全般的合理化過程が、官僚制（的支配）化という趨勢をもともなって「近代化」として進展してきたことも、ヴェーバーとともに認められてしかるべきであろう（Weber 1920, 1972）。

そうした変動において、社会学という学問も、実証科学的な学理知として認知されてきた。だが科学としての社会学は現在、少なくとも両面の傾向をもつ。今日ますますその言説が声高に語られるように、一方で社会科学全体が「役に立つ」学問・科学として要請されていると同時に、他方では生活者の狭く不確実で曖昧な日常知からなる意味世界は「非科学的」なものとして「実証科学」によって等閑視されがちだという面である。

だがそうした両面の傾向は、結果的に社会研究にマイナス面をもち込むものではなかったか。

現象学の主張点のひとつはここにあった。「意味基底としての生世界」の忘却という問題である。私たちは、出発点において忘却という負の側面をも内包した営みとして、中範囲理論的な「科学」およびその一翼としての「実証的社会学」もまた存在していることを自覚しなければならない。とくに学校システムを中心に制度化した知の体制が普遍化する現代社会において、「科学的」営みがもつ意義と限界にどこまで研究者自身が敏感でありえるのかは、知識社会学のみならず、おそらく社会学全般の学的営為の基本的留意事項であるべきだろう。まず本章の導入部分で、以上の点を再度、問題提起しておきたかった。

2 意味をめぐる問いの焦点——近代の意味転換と現象学の系譜

近代の四つの特性

さて「近代」という意味地平に関しては、I・ウォーラーステインのいうように、近代社会の成立を世界システム生成の時期である「長い一六世紀」に意味変容の時期を求めるのか、あるいはもっと短いスパンで、社会と知のあり方を中心にM・フーコーのように古典主義を経た一八世紀末から一九世紀のはじめ頃に求めるのか、その差異にはここでは立ち入らない（Wallerstein 1974 : Foucault 1975）。むしろここでは、今村仁司やU・ベックなどの述べたように、それらを第一近代と第二近代としつつも共通の「近代」として括る際にみられる共通な意味地平にこそ着目したい（今村 一九九四：Beck 1994）。そして、前章で簡単には言及はしてあるが、そこに通底する近代的な知の主要なあり方を、少なくとも次の四点にまとめてみたい（西原 二〇〇七b）。

①**主体主義**：まず、思惟する自我＝主体を第一義的に自覚し、同時に、そうした自我＝主体ならぬものを「対象」としてまなざし、客体視するような「主客二元論」に象徴される「近代哲学思想」の成立。

②**科学主義**：それゆえ、その主客の「客」（客観・客体）を対象化し、そこに規則性・法則性を見いだし、それらを解明して「主」（主観・主体）のために科学的、技術的に役立てるという「近代科学技術」の成立。

③**国家主義**：そして、「客」に対して「主」たる理性的な人間を、人格・人権に絡めて視座の中心におくヒューマニズム（という人間〈中心〉主義）を〝理想〟として、印刷術等の技術発展を背景に、国家語や歴史神話などの共有知を有する「国民」からなる「想像の共同体」を仮構する「近代国民国家」の成立。

④**資本主義**：最後に、資本を中心に、合理的な経済諸活動の組織化と大規模な生産・流通等に基づく経済活動だけでなく、あらゆるものを商品化する活動を基調とした、自由かつ私的な利潤追求の競争原理からなる経済社会システムである「近代資本主義」の成立。

だが、今日の比較的新しい思潮において、たとえばポストモダン論において、近代的な知や主体観が批判の対象とされてきた。またたしかに、環境問題の自覚化とともに、ある種の人間中心主義や科学の限界もみえてきた（Scharping & Görg 1994）。さらにEUにみられるように、近代国民国家の脱国家的な変容も指摘できる。にもかかわらず、そうした思潮や動向は時代的ムードを超えてどこまで現代社会分析の基盤の議論たりえているのか。それらはむしろ、資本主義のグローバル化を――しかもアメリカ中心のグローバリズムに象徴される現代社会の様相を――呼び込む誘い水であったとすら解釈できるかもしれない。この点の検討のために、以下ではまず、社会変動とも根底において深くかかわる「近代批判」言説を、その現場において問われた内容に即して焦点化してみよう。

近代批判の系譜

近代批判は、社会科学への影響力を考えるならば、マルクスに端を発するということができる。近代的な主体概念に依拠する形のいわゆる初期マルクスの疎外論的構図は、いちはやく自らの手で「関係主義」の方向へと転換させて、マルクスは主客二元論の超克を指向した（廣松 一九六九）。とはいえ、その方向性は疎外論のなかにさえも部分的に見て取ることもできる（後述の3節参照）。マルクスの活躍は一九世紀中葉のことであった。

さらにF・ニーチェにおいても、理性的・理論的なアポロ的なものに対して自然的・芸術的・

陶酔的な生成を問うディオニュソス的なものへの期待がみられた。それは一九世紀の第4四半世紀あたりからみられた近代批判の傾動であった。さらに二〇世紀のナチズム体験において、理性（＝道具的理性）批判をふまえたミメーシス（模倣）概念を柱に自然との宥和へとむかうT・アドルノらの視線も明らかに近代批判を試み、場合によっては「文明」それ自身をも否定するかのようなラディカリズムであった。[2]くわえて、ポストモダン論と並んで、あるいはそれと交差しながら、二〇世紀の前半から中盤にかけて本格化するもうひとつの近代批判の系譜が着目される。それが現象学の思潮の系譜である。[3]

■現象学の近代批判

そこで再び、現象学的哲学の祖E・フッサールの近代批判の思索に着目しよう。まず数学者として出発したフッサールは、数の意味を追い求めて論理主義に到達する（Husserl 1968）。理念的（イデアール）な存在として「意味」は、いわば論理の世界にあるというわけだ。だがその論理主義は、たんなるイデア主義、つまりプラトンのようなイデア界に真理が存在すると考える立場ではない。むしろ主観の働き（意識能作）にこそ秘密がある。一九一三年に刊行された『イデーンI』においては、その意識経験が問われた（Husserl 1950）。自然的態度（日常意識）を括弧に入れて、意識経験の形相（本質）を取りだそうとしてフッサールがそこで論じたものは、ノエシス―ノエマからなる「志向性」（Intentionalität）であった。だがこの志向性という発想は、一面では意図（intention）にかかわる主観主義的残滓をもち、能動的な行為をも予想させて、必ずしも主客二元論を払拭するものではなかった面も合わせもつ（廣松 一九九七b）。

しかし、フッサールの「転向」はいわば予期せざる外的情況の変容によって強いられた。それが、ナチズムの出現である。ナチの理想のなかに、失われた共同体の回復という「故郷」を見いだし、一時的とはいえナチズムへ傾斜した教え子のM・ハイデガーによって大学での研究すらも困難になる状態のなかで（この点については本書の付録を参照されたい）、フッサールはよりラディカルに問いを立て直す。こうした「危機」はなぜ生じたのか、と。そして、このヨーロッパにおける学問と人間性の危機をめぐるフッサールの思索は一定の成果をみる。

その成果は、前章でも一部を引用しておいたが、ガリレオ・ガリレイのように自然には数学の言語が書き込まれているとみた近代科学に代表される近代知のあり方への批判、つまり手段であった数学的物理学に範をとる思考が捉えたものを「真の実在」とする「理念の衣」が機能し、そこである重要な点が隠蔽されてしまったという批判点にあった（Husserl 1954）。

ここでの要点は、科学、より正確には自然主義的態度において覆い隠されてしまったもの、「発見の天才であるだけでなく、隠蔽の天才でもあった」ガリレオにおいて封印されてしまったもの、それが「生世界」だという点にある。「忘れられた意味基底としての生世界」という表現は、フッサールの『ヨーロッパ諸学の危機と超越論的現象学』にある小見出しである（Husserl 1954：§9）。科学という学理知的な自然主義的態度ではなく、日常知的な自然的態度の復権こそが、後期フッサールの着目点となった。そこには強烈な近代科学批判が内蔵されている。しかも、さらに進んで後期フッサールがラディカルに問い直そうとしたのは、能動的ではない「受動的な志向性」のあり方であり、個人主観が生成される「間主観的」なあり方であった（西原・岡 二〇〇六参照）。それが、筆者が本書第1章で述べてきたフッサール現象学の第三の文脈「意味生成の文脈」である。

だが、後期フッサールの思索の多くは当時、草稿の段階にあった。その後期フッサールの思索から多くを学んだのが、モーリス・メルロ゠ポンティだったわけである。[4] メルロ゠ポンティの議論の核心は、身体への着目、とくに間身体性論にあり、その裏づけ作業としての乳幼児段階の発達心理学への注目は早くからみられた（Merleau-Ponty 1942）。それは、換言すれば、言語以前の社会関係への着目である。つまり、私たちの言語的な意味や理性が立ち現れる以前／手前の相互行為過程と、人びとの言語的交通においても機能する「前交通」としての「癒合的」な対人関係のあり方である。いわば人と人とを結びつけるその〈前社会性〉こそが、メルロ゠ポンティの探究の核心であったのだ（Merleau-Ponty 1953）。そこでは、現代社会学において一面化されて語られるような「生活世界」ではない――いわばその学理知的／日常知的／身体知的な生世界全体をも萌芽として含み込む発生論的な――「生の世界」＝「生世界」が、自然的態度の内実として問われたのだった。

■社会と文化への問い

したがって、自然的態度とは、たんなる日常生活における常識的世界にみられる事態でもなければ、言語的世界たる日常世界での個々人の主意主義的／主体主義的な主観性へのたんなる着目でもない。それはむしろ、人間に関する（特定個別文化と対比される）普遍共通文化的な概念構成であった。一九六〇年代以降の現代社会学において、パーソンズの機能主義に対置された「意味学派」のひとつの代表としての主体主義的／主観主義的なシュッツ現象学的社会学という了解は――筆者がたびたび指摘してきたように――この点からみてきわめて「一面的」な了解ではなかっただろうか（西原編 一九九一、西原 一九九八、二〇〇三）。

むしろこうした現象学的思潮の問いは、そもそもの〈前社会性〉とそこから展望される「社会生成」の問題領域――それらをまとめて〈原社会性〉の問題領域と呼んでおく――を指し示すものだ。人と人とを結びつける相互的な他者定位という生成的な「社会的なるもの」（the social）への着目といってもよい。それはコミュニケーションを可能にするものへの問いでもあり、時代制約的な自我や主観や主体の発生・生成を問う視座でもあった（西原 二〇〇三）。

したがってそれは、復古的な古い共同体を夢想するハイデガー的なアナクロニズムではない。近代社会以前の古い共同体が、近代における自我の確立とともに個人化し私事化する人びとの集列体（サルトル）として大衆社会化するなかで、いかにしてその社会の秩序を確立するのかという大衆社会論的な問いでもない。またそれは、一方での生活世界と他方でのシステムへの分化といった歴史認識上で、生活世界を拠点にいかにして理性的な行為のもとで社会統合とシステム統合とを調和させるかというハーバーマス的な問いでもない。さらにそれは、個人の自己決定を前提に、公共的なルールやシステムをいかにして立ち上げるかという公共哲学的な問いでもない。じつは、こうした問い自体がすでにある種の個人主義的前提、つまり自立した自律的な個人、理性的な人格的存在者としての人間を自明視しているからである。

■〈原社会性〉への問い

（過去の）記憶をもち、（未来の）表象をいだきつつ、（現在において）合理的に自らの行為を企図し実行する知性的／理性的な人間という像は、一種の「近代」的人間像であろう。そしてその「近代」が問われるに値するならば、同時にそれを支える人間像も問われてしかるべきであろう。しかも、そうした問い直しは、いまある現実の具体的な存在地点から、いまある事態を存立させている基盤の事態への「下向法」的な抽象化をおこなう以外にはないと当座はいわざるをえない。そしてそれが問い直しである以上は、より抽象的な〈原社会性〉の現場から「上向法」的な概念的再構成を経ることによって、「社会的なるもの」をあらためて具体的に問い直す理路に進まなくてはならない（後述）。そうした「社会」をめぐる「下向」と「上向」の概念的な知的運動こそが、現象学的社会学における社会理論の重要な課題のひとつであると筆者は考えている（西原 二〇〇三：終章）。

以上の点からみれば、現代社会学は私たちの存在それ自体を〈原社会性〉論という平面でどこまで問いつめた議論をしてきたかを問い直す必要があるだろう。少なくともこの問いの共有を、「社会」の「学」としての「社会学」は、とくに現代社会学は、どこまで踏み込んで論じてきたであろうか。他者とかかわらざるをえない「社会的存在」としての「人間」の間主観的である人際的（inter-subjective）な側面を、その歴史的変遷とともにいかに現代社会学が的確に捉えることができるのかということこそ、議論の生命線である。

だからまず、諸行為者間のいわば如実の日常性を問い直すためにも、問い直しを怠り事柄を見誤ってきた「誤解」の社会学史こそが問われなくてはならないだろう。以下、本章で試みようとするのは、ここでも再度そうした「誤解の社会学史」を問い直しながら、現代社会研究への当面の視座を捉え直すことである。

3 意味社会学の視線——発生・生成の形式への問い

■意味社会学と機能社会学

ここで、本章の論述に関して起こりうる誤解をあらためて払拭しておきたい。日本の社会学において「意味学派」という系譜が存在したし、いまも存在する。それは、日常生活を営む人びとの主観性を重視する立場であると語られてきた。その歴史的経緯の把握には大きな誤解はないが、しかしその系譜はすでに半世紀ほどの年月を経過している。その間に研究の進展も著しい。「意味学派」に一括される現象学的社会学もエスノメソドロジーも、またシンボリック相互作用論なども大きく進展している。これらの「諸学派」の変遷をここで逐一論じることは紙幅が許さないし、筆者自身もすでに「意味社会学」の系譜として何回か論じているので（たとえば西原 二〇〇三：三章）、ここでそれを全体として論じることはしない。だが、本章で展開する議論と関連している部面では、繰り返しを厭わずに言及せざるをえない。

「意味社会学」全体がヴェーバー理解社会学以来の主観的意味に着目する社会学として注目されたのは、前述のようにパーソンズ批判の文脈においてであった。パーソンズの「機能社会学」は、変動論なき均衡論であって保守的思考だという批判とともに、何よりもその社会学には生きた人間が見えない「人間なき社会理論」である、といった批判においてであった。前者の「変動論なき均衡論」という批判に関しては、その後日本の社会学者が機能主義の変動論を考察し進展させてきた（たとえば吉田 一九九〇）だけでなく、パーソンズ自身も社会進化論的視座にコミットしている（たとえば Parsons 1966および本書第6章も参照）。

では、「人間なき社会理論」という批判はどうであっただろうか。パーソンズ社会学は、過剰に社会化された人間像を有し、人びとの付与する主観的意味や解釈過程を軽視したパラダイムであり、要するに日常性や主体性を省みない誇大理論に過ぎないという批判は比較的早くからもあった（Mills 1959）。だが、この批判の背後には、人間はロボットではなく、主観性をもって主体的に判断・行為し、社会自身を修正・変革する存在であるというヒューマニスティックな人間観が存在したといってよい（西原　一九九四）。

■統合的社会学理論と二元論

こうしたヒューマニスティックな主張は、「意味社会学」の支持者だけではなく、真摯な統合的社会理論家によっても一定程度評価され、社会学史のその後の流れを生み出していった。いちいち詳述はしないが、J・ハーバーマスしかり、A・ギデンズしかり、P・ブルデューしかり、である。ハーバーマスが、パーソンズ学派の流れを汲むシステムという概念を一方におき、他方でシュッツとルックマンから「生活世界」という概念取り入れて対置させ、言語行為論を基調に「コミュニケイション的行為の理論」をうち立てたこともよく知られている（Habermas 1981）。

だがその際、現象学的社会学は、包括的な社会学理論の一部を形成するために、マクロ社会学との統合をめざすミクロ社会学として切り詰められ、統合の対象とされた。いわば、各々を短く切り詰めて、そして統合させるというやり方である。この点では、エスノメソドロジーもシンボリック相互作用論も同様に扱われた。ここでは、〈個人か社会か〉あるいは〈ミクロかマクロか〉などという古くて新しい問題も問われる。筆者としては、記述の図式的方便として、こうしたミクロ・マクロ問題的議論を否定するものでは決してないが、出発点としての視座としては、このような二元論を基本的に拒否する。この点に関してはもう少し補足の言葉が必要であろうと思われるので、いったん話をもとに戻して考察し直そう。

別の機会にすでに述べたことだが、筆者は、社会学の基本的なアプローチを、次の四つにまとめることができると考えている。それは、現象論、構造論、機能論、発生論、である。現象論は、社会の出来事（いわゆる社会現象）の正確な記述・再構成に努める。構造論は、構造という語の多義性を内に含みながらも最大公約数的な表現を用いれば、社会の骨組みを解明する。機能論は、構造的システムをその存立要件たる機能面からみつつ、社会にとってある社会事象がもつ正機能・逆機能などの種々の機能を解明する。そして発生論は、文字通り社会の発生と生成を論じる。

こうしたアプローチのなかで、二〇世紀初期の社会学には十分みられたにもかかわらず、現代社会学において著しく欠如しているのが「発生論」である。これが筆者の現状認識である（西原二〇〇三：序章）。それは、おそらく――現象論は当然の前提として論じられなければならないとして――パーソンズのいわゆる機能社会学が、社会学のなすべき仕事として機能に焦点化しすぎたことにも一因があろう。共時的視点が優位な機能主義全盛時代のなかで、通時性に着目する発生や生成への問いは等閑視された。

■発生論の視座

さて、現代社会学への問いとしての発生論という場合、前章でも触れたように、筆者自身は主に三つの位相に論及してきた。（前章と逆の順序で記すが）まず第一に系統発生的ともいえる相の歴史社会的発生論、第二に個体発生的ともいえる相の行動発達的発生論、そして第三に相互行為的な関係発生的といいうる相の社会構成的発生論である。なお、第四の生命生体的発生論に関しては、現代を論じるここでは言及を控えておく[5]。

第一の相は（第四の相とともに）人類の〝進化〟にかかわる事項でもあり、社会学が直接に関与できる段階にない部面もあるが、しかし歴史社会的な面では重要な位相である。第二の個体発生的な相については、社会学は子どもの「社会化」（socialization）といった論題でそれなりの蓄積をもっている。さらに、第三の相互行為による社会構成的発生論は、ジンメルから最近の例でいえばエスノメソドロジーにいたるまでの相互行為による社会構成を論点としてきた（西原 二〇〇三）。なお、この各位相間の関係に考察を加えれば、個体発生的な行動発達論は、社会構成的発生をともなうし、社会構成的発生も時間的な歴史社会的な発生を土台としている。さらに、系統発生的な歴史社会的発生に関しても反復的な個体発生的な行動発達が必須であり、社会構成的発生が系統発生的な歴史社会的発生に関与することはいうまでもない[6]。

しかしながら、実際問題として、学問の分業体制が確立している現在において、社会学者が霊長類学者のようにゴリラやチンパンジーの観察を日々おこなうことは不可能であるし[7]、また歴史家のように過去の出来事の実証的検討に没入する日々を送ることも難しいだろう。だが社会学者は、それらから少なからぬ知見を得ることができる。同様に、乳幼児を扱う発達心理学者の知見を私たちが参照することは、相互行為の発生と生成を問う際に重要な知見を社会学者に与えてくれるはずだ。それは、人類学の知見が、あるいは精神分析学の知見が、あるいは哲学や経済学や数学的な統計学などの知見が、要するに他の学問諸分野の知見が社会学に役立ってきた歴史と何ら変わらないはずである。その場合、数学や経済学だけが特権的でないのと同様、哲学もまた特権的であるわけではなく、いずれにおいても学際的・越境的な検討が問われているのである。

■社会学における発生論

では、社会学が他の学問諸分野に与えることのできる独自な知見とは何か。筆者自身は、社会学研究における対象への焦点を、関係性・日常性・現代性・事実性に求めてきた（西原・保坂編二〇〇七）。この四焦点を一フレーズで表すならば、社会学とは〈現代の日常的な相互行為とその関係性のあり方に関する社会過程に焦点化した研究〉ということになろう。これは、社会学説史的には、社会学を「相互作用の形式」ないしは「社会化の形式」にみたジンメルの系譜に近い。しかしながら、これまでの教科書的社会学史は、ジンメルを「形式社会学者」として無内容な形式論者と誤解してきた（とくに戦前はその傾向が著しかった）。だがジンメルの「形式《フォルム》」への問いとは、むしろ相互行為の現場での「日々刻々と発生する」社会を形成する原理を論じた発生論的問いである（Simmel 1908）。ジンメルが、社会の生成を説いた発生論者として扱われる場面は、いままで意外に少なかったように思われる。(8)

ちなみに、ヴェーバーとともに現代社会学の祖として語られるE・デュルケムに関しても一言付け加えておこう。個人意識には還元できない集合意識に焦点を当てたデュルケムは、しばしば「社会実在論者」とみなされてきた。もちろん、その側面は否定できないとしても、晩年近くの「宗教生活の原初形態（formal←フォルム＝形式）」を論じるデュルケムがなそうとしたことは、集合的な（「相互行為的な」と置き換え可能である）「沸騰」状態における制度の生成の議論であった（西原 二〇〇三：一一章）。ここにさらに、ヴェーバーやF・テンニースやG・H・ミードなどを付け加えることは控えるが、少なくともこのように現代社会学の草創期の社会学者たちは、社会の発生や生成を論じることで、しかもその際に人と人との行為のヤリトリの関係、いわば「人際関係」の基本形態、つまりさまざまな相互行為のあり方に照準することで、その時代の社会を、時間間比較の意味も込めて社会学的に研究してきた。だから端的に、このような社会学は〈発生論的な相互行為の学〉である、というべきであろう。

　現象学的社会学は個人に着目するミクロ社会学だと語られてきた。しかしそれは「誤解」である。あるいは正確な言い方ではない。現象学的社会学が社会学である以上、それはむしろ〈相互行為〉に着目してきた学問だというべきである。しかも、現象学が「始元に立ち返る」発想であるならば、現象学的社会学は発生論的な相互行為論を学の基軸とするといいかえることが可能だと筆者は早くから考えてきた（西原 一九九四：第六章）。現象学的社会学は、よくいわれているようなたんなる〝主観主義〟ではない。もちろん、現象学的社会学が主観や意識に着目してきたことは間違いないが、その視線の矢印の先には間主観性論、すなわち〈原社会性〉論的な間主観的発生論から議論を組み立てる社会理論がある（西原 二〇〇三：一章）。

それゆえ、より適切に表現するならば、現象学的社会学は「発生論的相互行為論」を視軸に、間主観的／相互主観的な社会生成に眼を向けて現代社会研究をしてきたといえる（西原編 一九九一）。その意味を込めて、本書は、「間主観性の社会学理論」と簡潔に表記してある（なお、本書の第5章も参照されたい）。この点を意味変容の視座を中心にして、さらにその視線や方法に関して敷衍して論じておこう。

4 現代社会への視座——生世界をめぐる現象学関連の社会理論

■マルクスの発生論

ここで、やや意外に思われる言い方をあえてしてみよう。発生論的相互行為論を視軸とする間主観性の社会学理論の視線は、じつのところマルクスの視線とも重なってくる、と。[9] そこで本節では、マルクスの方法に関する議論を取り上げて、その発生論的思考に言及してみたい。もちろん、ここで取り上げるのは、原始共産制を仮構し歴史を段階論的に発展してきたと普遍化する社会の捉え方（史的唯物論）の議論ではない（西原 一九九四）。また、下部構造が上部構造を決定するといった類いの経済一元論的な社会構成体論でもない。むしろここでは、ロシア革命以降に〝発見〟された文献を含めて論じられてきたマルクス研究の知見をふまえて、二、三の方法論上の例を示しつつ発生論をめぐって考察してみたいのである。[10]

まずは、疎外論である。若きマルクスは『経済学・哲学草稿』第一草稿で知られた「四重の疎外論」を、つまり人間の、①生産物からの疎外、②生産活動からの疎外、③類的存在からの疎外、そして④人間からの疎外、を展開していた（Marx 1944b）。この一八四四年の草稿に関しては、すでに肯定的・否定的に多様な議論がなされてきた。しかしここで筆者は、具体的・歴史的で日常表象的な物的現象面の「生産物からの疎外」から、歴史的な活動形式をとる「生産活動の疎外」を経て、さらに一段抽象度を増した自然的・精神的な「類的存在からの疎外」、そしてきわめて抽象的な人間の「人間からの疎外」にいたる、マルクスの議論の水準に着目してみたい。

もちろん、この草稿の執筆後に、若きマルクスは「人間性とは、……その現実性においては、社会的諸関係のアンサンブルである」とした有名な「テーゼ」を書き残しており、人間なる〝実体〟を単純に想定しているわけではない点は注記しておきたい（Marx 1845）。だが、その点を念頭に置いてみても、先の四重の疎外論は、〈具体的なものから抽象的なものへ〉の水準をもふまえた記述になっており、しかもその第四規定は上述の三つの規定の「帰結」で、その焦点が人と人との関係に着目する水準になっている。[11] そこでマルクスが不十分ながらも試みようとしたのは、「〜として」日常意識にみえている表象可能な具体的・歴史的な行為的現在を、いったんより抽象的・基底的な形式の相互行為次元までたどり直し、それが背負う歴史社会的な「形式」を追い直すことで、現在の社会の成り立ちとその仕組みの存立を問うことであった、と述べることもできよう。

■マルクスの行為論

その上で、今度はその相互行為次元に着目しよう。この原基的な次元で核となるのは、何よりも「交換」という相互行為である。マルクスによれば（Marx 1867）、そこで人びとは、等価という表象をもって交換という（経済）行為を取り交わすのではない。交換という相互行為が成立することで、それは結果として等価の交換だという帰結（の表象）が生じるのである（高橋 一九八一）。つまり、マルクスのこの視線においてはじめにあるのは、人びと相互の Verhalten（関係行動）である。マルクスは「関係」（Verhältnis）論のひとつの出発点をここに求めた。したがって、最終的に『資本論』も、交換の場面での等価をめぐる「価値」論が実質上の出発点になっていた。人と人との関係が物と物との関係として立ち現れる物象化過程がそこで問われたのである。

こうしたマルクスの「方法」を的確に示したのが、『経済学批判要綱』「序説」の「経済学の方法」（Marx 1857-8）であった。そこでマルクスは〈具体的なものから抽象的なものへ〉とたどり直す「下向法」を示し、そして得られた抽象的次元での原基的なものからさまざまに歴史的規定を受ける具体的な水準にたどり直す「上向法」を示す。『資本論』の構成にみられるように、交換過程から、生産過程・流通過程などを経て、最終的に（未完とはいえ）階級という具体的・構造的な側面にまで議論を上向法的に展開するのである。それは、本章の用語法を使えば、まさに具体的な社会現象から間主観的な発生論的相互行為のレベルまでいったん下向した地点から、具体的（関係的・日常的・現代的・事実的）なものへと論じ直す「批判的」方法である。いまある現状を実証科学的に追認して論じるのではなく、そうした現状の実証科学的カテゴリーをも発生論的に批判・検討する視点、それがマルクスの一貫してとった「経済学批判」の道であったといえよう。

■生世界論へ

もちろん、アルケー（始原・端緒）をどこにとるかは難問である。マルクス自身も「生命活動」（Lebenstätigkeit）をしばしば語る（細谷 一九八五、加藤 一九九九）。私たちとしても、生命・生体という「生」は当然一つの出発点として考えざるをえない。もちろん、社会学としてこの問題を考えようとするかぎりは、むしろ生命・生体の「間」の関係から出発すべきであろう。現象学的用語法を採用するならば、「間生体性」や「間身体性」こそ出発点であるといってよい。つまり、その間生体的・間身体的な生世界の現場からもう一度問いを立て直すこと、これが間主観的な発生論的相互行為論の視点である。この視点を現象学の「生世界」（Lebenswelt, life-world）という用語と関係づけてさらに言及しておこう[12]。

生世界、より一般的にいえば生活世界という概念は、フッサールによって提唱され、シュッツによって社会学にもたらされて以降、急速に「社会学化」された。そもそも社会学自体が日常生活の世界を主たる対象領域にしてきた経緯があったが、とくにこの社会学化されて受容されたこの「生活世界」概念に関していえば、その結果、この概念は批判の棘を抜かれてしまったように思われる。先にみたように、フッサールの生世界概念はそもそも近代の「意味忘却」状態の「科学」との対比において、「意味基底」としての「生世界」の復権という文脈で論じられていた。しかも生世界はあらゆる実践的形成体を含むものであると同時に、（メルロ＝ポンティが示唆したような）私たちの間身体的な「生」の世界（生世界）でもある。そこで、この生の世界を「生の生産と再生産」という視点からみていくことも重要な問いとなるし、そこから日常的な相互行為と日常的な表象とが交錯する（相互主観的な）生成場の探究も重要な問いとなる。

社会学においては、だが残念ながら科学批判や生成の場としての生世界の意義は——日常意識、常識の復権などとして科学的言説に対する批判的視点はみられたにせよ——比較的軽視されてきたように思われる。そこでは、生世界概念が、人びとの現存の日常生活世界（の擁護）という水準でのみ捉えられて「社会学化」されたのである。

■現象学的マルクス主義

ところで、「生世界」を核とする視座は、社会理論の水準で、たとえばマルクス主義の社会理論との関係で論じようとする現象学の系譜、つまりいわゆる「現象学的マルクス主義」という系譜とも関係していた。その点にも、生世界論の議論との関係で一瞥しておくことにしたい。もっとも、「現象学的マルクス主義」といっても――マルクス主義と同様――その特徴を一色で描けるような確固たるものがあるわけではない。しかし何らかの点で、現象学とマルクス主義の結合を図ろうとする点では共通している。

たとえば、一方の極に、マルクス主義は意識理論を要請するといったメルロ＝ポンティの言明があり（Merleau-Ponty 1955）、他方の極には、前述語的経験の発生論と行動や運動の物質性とを関係づけて弁証法的唯物論を展開するといったT・D・タオの試みが存在する（Thao 1951）、そしてその間には、現象学の生世界概念をマルクス主義の社会構成体論でいう「土台」（「下部構造」）に対応するものとして〝唯物論〟化することによって、マルクス主義を現象学的に再構成するというP・ピッコーネの主張もあれば（Piccone 1971）、現象学が描こうとした（日常的な）生世界での意識のありようは疎外された意識＝虚偽意識であり、ブルジョワ・イデオロギーではあるが、それはそれとして明示化することで一定の社会学的意義をもつというH・ルフェーブルの主張もあるし（Lefervre 1966）、そこまでいわなくとも、ハイデガー現象学の議論とかかわらせて「本来的」な可能性全体を生きる個人を求めて、「にせの具体性」の破壊をめざすK・コシークの考え方もみられた（Kosik 1967）。さらには、社会を「生活（体験の）世界」（die Welt des（Er-）Lebens）（いわば Er-Lebenswelt）として了解しようとするI・スルバールのような現代の現象学者もいる（Sruber 1977）[13]。

しかし、以上のような現象学的マルクス主義の発想は、言外ですでにほのめかされてきたように、一定の限度内で意識経験の学としての現象学の意義を認める式の論点や、マルクス主義の空隙を意識哲学としての現象学で埋める式の発想は——問題提起としてはたいへん興味深いが——、現象学理解という点でもマルクス理解という点でも問題であると思われる上に、社会理論の新たな成果という点ではめぼしい点はそれほどなく、それらは一種の折衷主義的言説になっているように筆者には思われる。

■統合的社会学理論への批判

そこで、この箇所で、以上と同様にある種の折衷主義とさえ思える統合的な社会学理論における現代社会論を一瞥しておくことも意味のあることだろう。パーソンズの機能社会学をうける形で、ルーマンもハーバーマスも——その理論形態は異なるにせよ——ともにシステム論的思考を前面に出す。しかも両者において、社会の機能分化という共通論点は彼らの歴史観のひとつの基調をなす。

ハーバーマスを例としてみておこう。彼は、現代社会には（市場と国家の）システムと（公的・私的な）「生活世界」との分化がみられるとする。ここにハーバーマスの社会変動図式、高度文化以前から高度文化的・近代的な階級社会、とくに後者の近代階級社会における自由主義的資本主義から組織された資本主義へ、そして現代の「晩期資本主義」といった歴史記述を重ねてみると（Habermas 1973）、現代社会における生活世界はむしろ、一方で理想的コミュニケーションの在処のように美化され、他方でシステムによる植民地化の場として貶められる。そこでは、社会全体の見取り図はうまく描けるようにみえるが、この折衷的な議論においては、間主観的な「生世界」論のもつ科学批判的な意味合いと間主観的な発生論的思考の多くが消失する。

こうした問題点は、バーガーらの「現象学的社会学」においても散見されるものである（Berger & Luckmann 1967）。すでに触れたことではあるが、バーガーとT・ルックマンは、日常世界という社会的現実の構成をヴェーバーやシュッツらの主観的世界論とマルクスやデュルケムらの客観的世界論の弁証法的統合として描く。そしてそこから、歴史は螺旋状に弁証法的に変動・進展するという歴史観を紡ぎ出す。だがそこには——バーガーにおいて力点のあった、宗教を中心とする世界の意味づけ、つまり「聖なる天蓋」論でのカオス・コスモス・ノモスという図式（Berger 1967）はたしかに刺激的ではあったが——主観や客観の成立に関する議論はきわめて希薄である。また、ルックマンは「見えない宗教」（Luckmann 1967）として宗教の世俗化という変容を説くが、バーガーもそれに対して批判的であったように、「宗教」という主観的世界を一般化するルックマンのこの議論は、ちょうどパーソンズがその「収斂論」においてマルクス主義をも「市民宗教」として位置づけた点にも似て、宗教概念を広く取りすぎているように思われる。むしろ、そこでは宗教の世俗化を導いた科学の世俗化とその歴史社会的文脈こそ、十分に問われるべきではなかったのかと問題提起しておきたい（この面でのパーソンズの仕事に関連する点は、本書第6章も参照されたい）。

資本主義的社会化のグローバルな進展のなかで「故郷喪失」状態の「寄せ木細工」的な多元的世界像を取り結ぶ「私事化」された日常意識をもつ人びと＝「故郷喪失者たち」に対して、科学に代表される世界像を含めた一元的な情報空間が新たな「聖なる天蓋」として作用している、[14]というのがむしろ現代社会の一断面であろう。

そこで、次章ではあらためて、とくに主客二元論を越える発生論的な間身体的・間主観的な発想――それはメルロ＝ポンティやシュッツもみていた「間主観的な生世界」と深くかかわる点を取り上げてみたい。[15]ただし、クロスリーのいうように、メルロ＝ポンティの間主観性論は社会理論を展開するための適切な哲学的位置であるが、メルロ＝ポンティはその議論を「社会理論や社会研究や社会批判のための効果的な図式へと進むための十分な概念用具を与えてはいない」（Crossley 1996 : 76＝二〇〇三：一四三）という指摘は、たしかに的を射ている。だとするならば、その展開は後続の人びととの仕事だというべきで、その出発点もここで確認しながらさらに議論を先に進めたいと思う。

CHAPTER 4

現代社会存立の発生論的基底

——間主観性の社会学理論の前哨

前章でも触れたように、社会の生成を問うときの端緒の問題は非常に難しい。少なくとも、マルクスやミードなど多くの理論家が前提にしたのは、生命活動であった。それは、じつのところ、前提以上の重みがある。何よりも生および生命活動を保証するものとしての〈原社会性〉の機制に私たちは目を向ける必要がある[1]。私たちの出発点は紛れもなく、自己―他者関係という相互行為の水準であるが、筆者自身がすでにしばしば指摘してきたように、自己―他者関係という言い方自身、二者関係においてすでに自己と他者の成立を前提にしているようにとられるならば、もっと直截に――誤解を受けやすい表現ではあるが――諸生体間の社会関係と表現したほうがよい場合もあろう。そうした「生」世界レベルの間主観的で相互行為的な社会関係のあり方（相互主観性）のなかに、結合と分離のさまざまな「力」（たとえば「共振」や「暴力」）が働く（西原 一九九八）。こうした事態をふまえて、間主観性の社会学理論の構図を描く前段となる基本視座を本章では論じてみたい。

1　間主観的な意味空間の構図――身体から制象まで

■三者関係モデル

まずここでは、次の点にこそ目を止めておきたい。それは、一者においてもすでにそこに「全体的社会事実」（モース）があるとか、単純な一時点の二者関係は原基的モデル（マルクスにおける「交換」）ではありえても、それらは必ずしも「社会像」（社会表象）の基底的な出発点ではないということである。「ヒト」が「人間」になるのは、もうひとつの不可欠な関係の「形式」が加わらなければならない。それが「三者関係」である（西原 二〇〇三：一章五節）。

この関係は、空間的にここにはいない不在の第三者を包含する概念であると同時に、時間的な概念でもある。現在のAとBとの二者関係において、たとえばAが時間的に自らの過去のAを回想的に想起し、未来のAを予期的に表象するかぎりにおいて、そこにも三者関係があるという時間的論点をも内包している。この時空間における三者関係という相互行為のあり方が、生世界およびそこでの社会表象を考えるときの間主観性の基底的事態である。まさに二者的な「相互」という語を一部で用いつつも筆者が「間」という言葉を上位概念として用いて intersubjectivity を（「相互」主観性だけではなく）「間」主観性という総称を用いるゆえんでもある。とはいえ、そのことを可能にする個体の生体的機制は、回想と記憶、表象と予期である。[2]

脳の進化に裏づけられて記憶を著しく増進させたヒトが、不在のものを表象可能にした点は大きい。「生」のために必要な他者と他物についての表象は、第三項を表象する契機としての象徴（シンボル）をも同時に可能にした。シュッツのいう目印（自己に主観的に思い出させるもの）や指標（ある自然事象が他のそれを指示するもの）という記号は、彼のいうように必ずしも間主観的前提を必要としない場合もある（Schutz 1962＝一九八三）。しかしながら、社会を考えようとする場合は、シュッツのいうサインやシンボルを介する「他者」との関係が問われる(3)。

他者たちは、愛の対象であったり畏怖の対象であったりする。他者たちとの広義における交通・交流は、生の基本軸である。他者たちとの交流と絡んで――さまざまな議論があるにせよ――言語が生じたことはいうまでもないだろう。しかし言語の生成と同時に、「言語と意識は同い歳」とマルクスのいうように（Marx & Engels 1845-6）、高次の（言語的）意識、高次の言語的交通が可能になる。

しかし、繰り返して確認しておけば、言語自身も三者関係的な相互行為から生じてきたのであって、その逆ではない。人は言語における類型化作用によって、対象をあたかも物（自然物）に対するかのように「～として」物象化し固定的に把捉する。自己の成立もそうした類型化的分節に負う。シュッツが類型化を重視した点が思い起こされるべきである（西原 一九九八：Ⅵ章）。

制度論・再述

もし「社会」を人為的な社会制度や社会規範の成立をもって特徴づけるならば、ここにおいて「制度化」の議論も不可欠となる。だが、この制度化の基本も間主観的なものである。しかも制度「化」を論じる場合には、まずもって発生論的な相互行為の反復的持続が、さらには「制度」を表象する言語を核とする象徴（シンボル）の存在が不可欠である。一定の表象ないし象徴能力の上で、言語が間主観的で相互行為論的（相互主観的）に成立することはすでに触れた。制度が制度としてより規範力をもって表象されるには、それ自体相互行為的生成に与った言語的表象の力に多くを負う。その象徴的表象によって捉えられる制度を、筆者自身は「制象」と名づけているが、その制象の具体例が国家表象や社会表象である（西原ほか編 一九九八、および西原 二〇〇三：一二章）[4]。「制象」として物象化されて人びとの共有知となる〈制度〉は、相互行為からなる間主観的関係性が物象化され自存するものとして人びとに象徴的に共同認識された「共同主観的」な存在である（本書の第1章の注（14）参照）。

そうした「制象」自体は、発生論的にはすでにして間主観的で相互行為的（相互主観的）なものである。核となる言語がそうであるし、さらに言語が使用面でも間主観的で相互行為的なものであることもいうまでもない（Crossley 1996）。なおかつ、こうした制象が規範力をもつということも、じつはそれが一種の集合表象として間主観的に共有され（前述のように、その物象化された側面は「共同主観的」なものだ）、しかも他者によるサンクションという相互行為を要件とする。さらに制象拘束的な相互行為とは、社会拘束的な相互行為であり、それは他者による拘束のことであるが、その核に身体的物理力（暴力）による拘束力の発動があることも忘れてはならない（西原 二〇〇三）。その前提において、言語的世界それ自体も、一定の拘束のもとで高次化される。その程度はさまざまであれ、私たち人間社会の生世界とは、そうした象徴的意味をも所持するよう「宿命」づけられた世界である。

情報制象空間
（象徴）
広域生活空間
（交流）
国家表象空間
（支配）
生活組織空間
（協働／闘争）
日常生活空間
（結合／分離）
間身体性空間
（身体的意味）
間生体性空間

図2　生世界の意味空間

■生世界の意味空間

この生世界から科学も生じてきた。くわえて、科学的知見が（学校などの生活組織空間を媒介に）逆に日常知の重要な一部をなすようになった「近代」の延長線上に、グローバルなインターネット空間をふくむメディアの情報制象空間的な拡がりをもった現代社会があるという今日の「生世界の意味空間」は、本章における意味空間の基本構図のひとつの側面である。生世界とは、最広義にはあらゆる実践的形成体を含む。そこで、本章の「生世界」という基本的社会空間の把握は、図2のように大まかに示しうる。

さらにここで、物象化的な制象世界へと至る生成論にとって、ジンメルがおこなった集団論や支配論における興味深い議論を思い起こしてもよいであろう。ジンメルの集団論は、すぐ前で触れた三者関係がポイントとなる。二人集団は一人欠ければ消滅してしまう。三人の関係であれば、一人が抜けても集団は存続する。しかも、たとえばその集団外に排除された者からは、その集団を客観的に外部から「集団」として（象徴化的に）表象可能である。この議論は、支配論においても同様である。他者を一人が支配する形式（一人支配）から、民主主義のような多数者が支配する（多数支配の）論理への転換においては、民主的には多くの場合「多数決の原理」が用いられるが、多数決は、少数者も「多数者の一つの意思」の存在という物象化的な存在を認めることによって客観化的に成立する（杉本 二〇〇二）。客観視する物象化の機制の上で、国家表象、社会表象の存立も語られなければならない（なお、以上の「生世界の意味空間論」を「間主観性論の諸相」として捉え直す試みに関しては、次章を参照されたい）。

■フーコー主義を超えて

ちなみに、法という現象もまた、〝天命〟たる一人支配に近い形の絶対的な支配者の啓示に基づくようないわば〝神定法〟から、自然法を経て近代になって多数者の意見としての〝人定法〟として機能する。もちろん、後者の法自体も「自然なもの」という資格を付与されて妥当性といういっそうの重みをもつにせよ、法は規範力をもつものとして正当性を認知されて存立する。しかし、この認知は必ずしも自動的になされるわけではない。そこには、このことに利害をもつ人びとのイデオロギーのもと、法を順守しなければ一定のサンクションが加わるという暴力の政治学が働いている。もちろんフーコー流にいえば、近代はこの政治学を規律のいわば道徳的内面化という統治技術を用いて高度に精緻化してきたことは間違いない（Foucault 1975）。しかし、その内面化システム（たとえば学校教育システム）においても多様なサンクションをともなう「暴力」が存在していることを見落とすべきではない（西原 二〇〇三：一〇章）。フーコーは国家暴力装置を否定しているのではなく、アルチュセールの教え子として、それを前提にして身体にまで浸潤する微細な権力の作動状況を解剖してみせたのである。近代のパノプティコン（一望監視）の施設は、誰が建て、誰が維持しているのか。「国家」の力を軽視すべきではない。

だから、権力とは暴力を用いないことだといったような安易なフーコー主義者に追随するのではなく、むしろ議論の出発点に立ち戻り、幻想の共同性（虚偽意識）の内面化を組織化された暴力装置の存在を背景に強制する国家の問題（国家表象と国家暴力の問題）として考察する必要があろう。グラムシ流のいわゆるヘゲモニー論も、本来そうした射程をもった議論上にあるものとして考察することができる（Crossley 2005 : 113ff.＝二〇〇八：一七〇以下、参照）。

近代において社会は——先に触れた論点をここにおいて完全なものにすれば——二重の意味で「発見」された。「社会」表象は、近代の新たな産業形態・組織の再編のなかで、一方では国家がその統治の対象として表象するものとして、他方では自覚化されはじめた個人や人格（の自由）がその個人と（そしてまた国家とも）対立するものとして表象されはじめることによって生成した。しかしながら、法を含め、こうした個人や国家や、そして社会それ自身も相互行為のなかでの表象物としてより明確に形を与えられつつ、間身体的・間主観的な諸力の交錯する過程のなかで作動している点を見落としてはならないことを繰り返しておこう。こうした論点をふまえながら、科学に裏打ちされた「技術社会化」と連携する資本主義における「消費社会化」「情報社会化」「国際社会化」といった時代の傾動のなかで、現代社会をどのように考えていくことができるのか。この点を次に論じてみよう。

2 現代社会の存立——近現代を問い直す視座をめぐって

■意味変容を問う視座

社会学の社会理論は、一般的にいえば、現代社会に至る歴史把握と現状認識、そして予測理論であろう。だが歴史は創造される、二重の意味で。つまり歴史はアクチュアルに現時点でいま相互行為的に創造され、さらに現時点でいま間主観的に解釈（想像＝表象）される。そこでも、「いま」まさにパフォーマティヴになされる相互主観的な相互行為が要諦である。

そこで、現代の私たちの相互行為とそれを取り巻く環境に言及しておこう。すでに前章で触れたように、近代は人格的な個人という行為主体を創造した。そしてそのことが同時に科学的思考を随伴した点にも触れた。くわえて、科学技術が私たちの時代を推し進めていることもしばしば行間で指摘されてきた。それは、科学が一定の知の意味システムのなかで力をもち日常化してきたことを意味する。つまり、科学が日常的な生世界に侵入して日常的思考自体が科学化されてきただけでなく、生きるための術（art）が高度な科学の技術（technique）に支えられる社会になったことをも、それは意味する。いいかえればそれは、近代の学理知の日常化と物象化という意味変容に基づく社会編成の変化である。

しかもそこに、西洋近代と〝東洋〟の問題が複雑に絡み合うと付け加えておくことができる。

西洋近代が自己を東洋との対比において捉え、しかもひるがえって東洋自身がその表象を受け入れつつ西洋との溝を——「近代化」を通して——埋めようとしながらおこなう活動のなかで、「意味変容」が現実化する（竹内 一九九三）。ただし、西洋と東洋の問題、あるいは「オリエンタリズム」は、たんなる思考の問題ではなく、近代化とともに日々の相互主観的実践のなかで捉え返されなければならない[5]。

もちろん「近代」化を強力に推し進めた事態は、ヴェーバーのいうような合理化であるとか、組織における官僚制化であると表現もできるが、基本にあるのはどの社会にもみられる生にかかわる物質的かつ間身体的な生産と再生産の機制である。「近代」は、端的にいえば、階級制と工場制という生活組織空間的な基盤をもちつつ、労働力商品をも駆使した「自由」競争に理念的・表象空間的な基礎をもつ「資本主義」という相互行為的関係性と、それに対応する意味の網の目でもある。少なくとも現時点においては、一方に勝者を他方に敗者を産み出す競争原理に基づく意味的関係システムが、科学技術の革新をいっそう促し、情報社会化や国際社会化、そして消費社会化をも推進してきている。

■現代社会の変容の諸相

この点を、行為者とその行為環境を軸に、一方で精神と身体とを、他方で社会と自然という軸を——説明の便宜上——交差させて論じてみたい（図3参照）。この図は、国際的な視野も射程

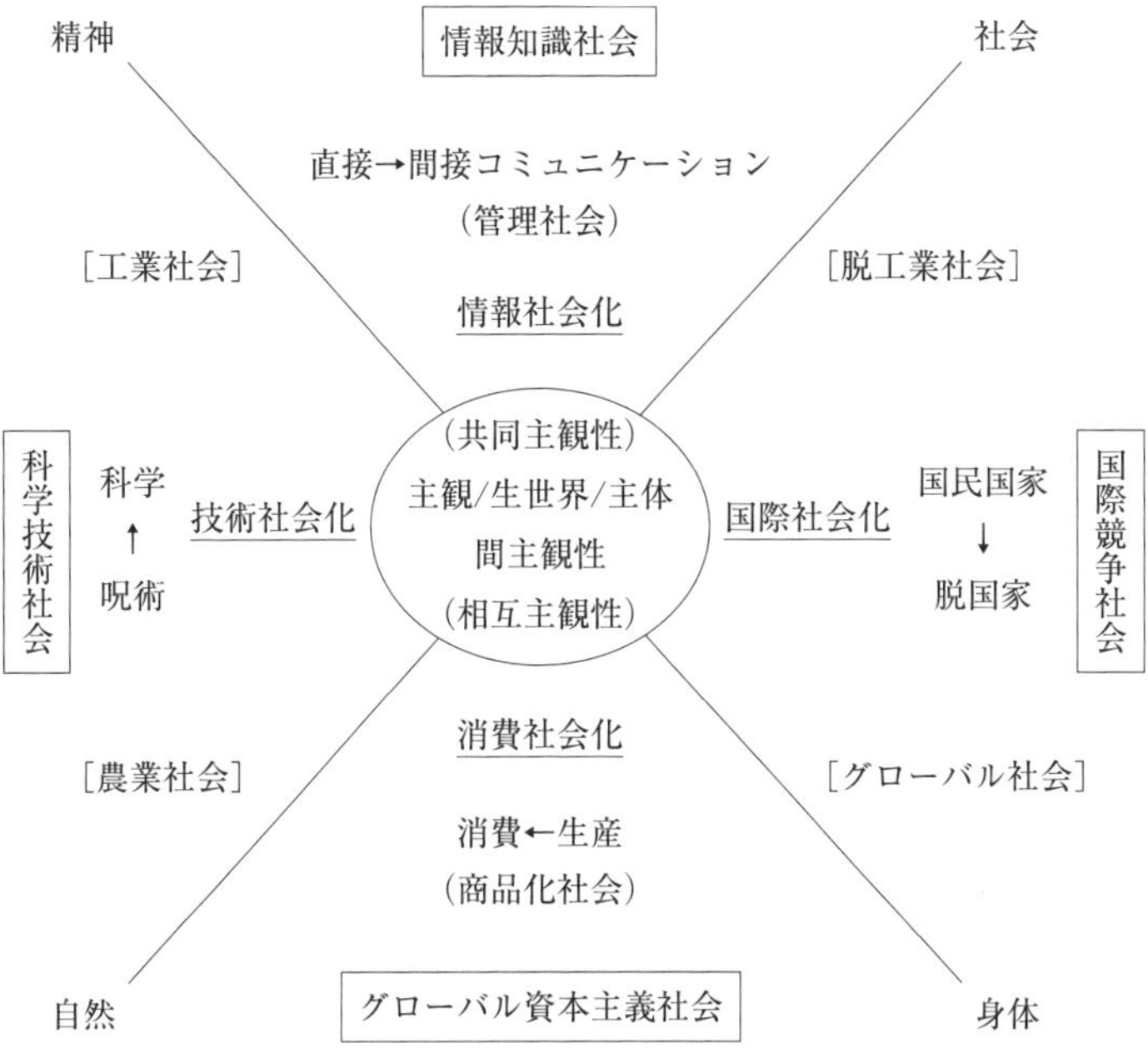

図3　現代の社会変容の諸相

出典：西原（2004）に基づき新たに作成

に入れて、近代（近代化）の延長線上にある現代社会の相互行為および相互行為環境を図示したものである。[6]

この図が示しているひとつのポイントは、（図のなかに書き込まれていないが）合理化とそれに並行する個人化／私事化の傾動のなかで、一九九〇年前後から明確な形で崩壊過程にあるとされる社会主義の後の時代＝ポスト冷戦時代の、科学技術に支えられた自由競争を基本とする資本主義の基本原理——新自由主義的な「競争原理」——が、グローバルな規模でシステマティックに拡大していることである。また、この図式に、さらに学校社会化（そのひとつの現象形態である学歴社会化）、医科学社会化（その具体的現れとしての高齢社会化）、高速社会化、都市社会化、世界都市化、そして何よりも、自然環境の劣悪化（自然破壊）などの変動を書き込むことができる。しかし、ここではこれ以上、この便宜的な説明図式に立ち入ることは控えておこう。本章の狙いはむしろ、現代社会の存立への間主観的な発生論的視座に対する基本的論議にこそあるからである。

すでにたびたび触れてきたように、一般的にいえば、社会は間主観的な相互行為によって相互主観的に形成され、その所産は相互行為に影響する。しかもその内容は、近代の主客二元論に立脚した共同主観的な知への変容に、つまり相互主観的な生世界の意味変容をともなっていた。学理知は日常知に侵入し、身体知の一角をも変容させる。身体や間身体のリズムも変容する場合がある。それは、環境汚染が身体に浸潤するケースに端的に現れている。さらに企業の時間管理などを、リズムに影響を与える例としてあげることもできる。だがいずれにせよ、間身体のレベルからの関係・環境のありようが変化している。そうした事態にあって、発生論が語りうることは何か。

■ヴェーバーの宗教社会学

少なくともそれはまず、生世界（図3におけるすべての集約点としての円環中央の生世界）があらゆる実践的形成物を含むものとしてある、そのあり方に再度目を向けることである。そこにおいては、変動の真の主体探しが要諦ではない。問題はまずそこでの〈幻想の主体〉が複雑に交錯する相互行為の場をいかにして社会学的に分析し、その絡みを解きほぐすことが可能かという点にある。それは、諸行為の現状の社会的機能だけを分析するものではない。むしろこの交錯がいかに成り立ってきているのか、その生成と存立の仕組みこそ問われるべきものである。換言すれば、時間を射程に入れた社会の発生論と存立論こそが、未来を展望する現代社会論としての資格をもつ。そしてそのひとつの有力なアプローチが、意味生成とかかわる間主観的な相互行為と相互行為環境の社会的歴史を語ることだ。私たちはそのひとつの古典的モデルを、ヴェーバー宗教社会学にみることができる。

プロテスタンテトの倫理の、情動をも射程に入れた主観把握が、ときに第三者的にみて「意図せざる結果」(「資本主義の精神」の形成)をもたらすことに関与したというヴェーバーの分析(Weber 1920＝一九八九)は、当事者たちの意味的な相互行為を第三者から見る視点の帰結として描き出された。もちろん、ヴェーバーには必ずしも三者関係的な視点が明示的にあったわけではない。むしろ出発点は個人の社会的行為にあった。しかも、その個人(行為)に関する明言された内容は一見するところ素朴であった。にもかかわらず、彼の方法論の議論も——視野を拡大してみれば——三者関係的な議論として読むことが可能であるのと同時に、筆者がかつてその解釈替えをおこなったように(西原 二〇〇三：一〇章)、彼の記述からはいくつもの発生論的視角を汲み出すことができる。カリスマや情動的行為の発生論的議論や第三者としての観察者＝研究者のあり方をめぐる方法論が恰好の例である。

つまりそこで、出発点としてカリスマをもつ（とみなされる）行為者との情動的な一体化や闘争が描かれたり、研究者と社会的行為者たちの三者関係的な行為把握が論じられたりした。それらは発生論的相互行為論のひとつのモデルたりうる。残念なことに、その指摘自体がヴェーバーの主眼では必ずしもなかったが、最終的に彼の提示したモデルは〈幻想の主体〉の形成史として読むこともできる。なぜなら、「カリスマ」という非日常的な表象のみならず、目的合理的行為や価値合理的行為で、研究者および／あるいは行為者が合理的と想定する幻想的＝表象的な共同主観的事態を含むとみなしうるからである。さらに、ヴェーバーにおいて国家へのまなざしもまた行為に還元される。(7) 彼の仕事自体が社会学における現代社会の発生と存立のモデルたりうる大きな可能性を示唆している。それが、発生論と方法論を含めて示唆される三者関係論と意味的行為者の問題であったのではないだろうか。

■関係への着目と〈原社会性〉の位置

私たちはここで、社会学者のもうひとつの例としてエリアスの仕事――ここでは十分に立ち入れないが――注目できる。彼自身もまた、社会関係の「編み合わせ」や「フィギュレーション」といった関係構造を示す術語にみられるように、こうした相互行為論的な関係性にきわめて敏感であったことが、筆者の主張する間主観的な発生論的相互行為論という関係主義的立場にきわめて近いことが見て取れる。(8) 他者に配慮して、感情をあらわに表に出さずに内部にしまいこむことは、内面的な〝心〟の生成を促す「文明化」過程の例であると同時に、その関係主義的な立場をよく示している（Elias 1939, 1991）。エリアス自身の言葉を使えば、まさに「社会発生」（Soziogenese）が問われたのである（Elias 1939）。

間主観性の現象学の登場のあと、あるいはポストモダン論やある種の言語論の登場のあと、歴史をつくる「主体」を安易に提言することはもはやできない。主体はいったん正当にも解体された。だが言語が主体であるとは言い難い。発生論的には言語は相互行為の所産であるからだ。むしろ、あえていえば間主観的な相互行為（相互主観性）という関係的事態こそが主体である。では、こうした布置状況のなかで、現代社会学がなしうることは何なのか。学としての社会学が、相互行為論や社会関係論として他の学問に知見を提供することも重要である。日々の暮らしのなかで生きる環境の保全等に対する適切な政策的提言の必要性も、もちろん否定するつもりはないどころか、とても重要なことである。また、生きていく上での社会生活上のさまざまな知恵としての社会学的知見も重要であろう。

だが同時に、学としての「社会」学の基本が相互行為や社会関係をめぐる問題の考察であるとするならば、いま社会学に求められているもののひとつは、これまで十分に問われてこなかった〈原社会性〉の問題である。少なくとも未来を展望する現代社会研究も、「外部」や「高み」から変容を論じるのではなく、相互行為や社会関係の変容の質をこそ問い直し、そのことで科学技術的変動のなかで生きる私たちの社会的な「生世界」を問い直すこと、このことが求められている[9]。とくにグローバル化が進展し、他国籍の他者たちとの交流が進展する現代においては、あらためて相互行為のあり方こそが問われているのである（西原 二〇〇七d）。それは、国内に閉じこめられてきた「社会」概念それ自体を再考する契機ともなる。

そしてそのためには、現代社会学では軽視されがちな古典的社会学者の業績の厚みからも大いに学ぶ必要がある。そこにはプリミティヴではあれ、高みから客観的に統計処理され数値化された社会の相だけではない、生きられる経験に根づいた社会学的把握がみられる。またそこには、さまざまな「意味」の解読の試みも内包されている。

マルクス、ヴェーバー、ジンメル、ミード、シュッツ、エリアスなどの問いは意味への問いを内蔵していた（西原 二〇〇三、参照）。本章ではこれ以上彼らの議論を追う紙幅はないが、〈原社会性〉をめぐる社会学的構想力を内包する彼らの社会学的業績をふまえながら、現代社会に関して何がしかを語り出すことはできよう。技術社会化、情報社会化、国際社会化、消費社会化などの現代資本主義社会の競争原理のなかでみられる変化の目立つ現代社会において、私たち社会学徒がたどるべき思考線を、「社会」概念の再考と合わせて、結論に代える形で論じておきたい。

3 グローバル化時代の「社会」への問い——国家内社会を超える人際交流

■現代社会の諸相

かつての没個人的で個人拘束的な共同性から、相互行為環境が現代都市にみられるような集列性（サルトル）へと変化したなかでの新たな〈原社会性〉の構想は、古い共同体の復権ではもはやありえないだろう。では、情報社会化という事態はどうであろうか。そこには新たな民主制への期待もある。だがメディア環境への過剰な期待は、「現実」の社会の仕組み自体の根本的な変容をともなわないかぎり否定的に考えざるをえない（佐藤 一九九六）。それは基本的に、本章の文脈からいえば、メディアの背後にあるのが暴力に代表される間身体的な「現実政治」であるからだ。身体性の欠如の問題は、身体的制約を乗り越えるものであると同時に、身体性というアクチュアリティを欠くことにもなる（西原 二〇〇二、参照）。

もちろん、身体性を欠く傾向にあるこの情報社会化（ネット社会化）の、にもかかわらず物質的な交通のあり方について、その可能性の再検討も当然必要だろう。今日では外国にいても、本国の家族・知人と携帯電話、Eメール、テレビ電話などが可能だ。そのことが脱国家的な移動を促しやすくなる。それは、時空的に私たちの生世界を大きく拡げる可能性がある。だが、メディア自体に過剰な期待をかけることはできない。問題はアクチュアリティをもった〈原社会性〉の把握にこそある。そこに、グローバル化時代における国境を超えた新たな間主観的な関係の可能性の地平がある。すでに触れてきたように、移民、難民、亡命、就労、留学、観光、そして国際結婚などの、著者のいう新たな〈人際交流〉のグローバルな展開がみられる。そしてそれは、身体の「傷つきやすさ」に依拠したグローバル化時代の脱国家的な「ヒューマン・ライツ」という新たな発想ともつながる（Turner 2006a）。

一方で消費を喚起し、他方で消費の快楽を愉しむ社会への変化、すなわち消費社会化のなかで見失われているものは、交換関係・生産関係・流通関係といったより基層の間主観的な相互行為の関係性（相互主観性）である。こうした関係性の忘却は、生世界の豊饒さ（つまりその深さと多義性と重みと強さ）の忘却でもある。その連関・関係への（倫理的ではない）社会学的な想像力の復権は、現代社会学にとって必須のことであるといってよい。だが、資本主義の一人勝ち状況のなかで（かつてマルクーゼが警句を発したような）質の一次元化の進行（新自由主義的な言説の一般化）に——たとえその状況でローカリティが自覚されるにせよ——私たち自身が寄与してはいないだろうかと問う必要がある。

■グローバル化と「社会」概念の再考

ただし、近代国民国家の国境を越える移動と交流、つまり従来の国民国家内に閉じられた「社会」の概念の再検討がここでのポイントである。関係性の豊饒化の機会としての国際社会化の下での脱国家的な〈人際交流〉の進展という事態を前にして、私たちはどこまで生世界の関係性の質を高める方向で議論できるだろうか。それが未来の展望につながる要石である。

現実のグローバル化の傾向は、肯定的にせよ否定的にせよ、押しとどめようもない変化である。だとするならば、むしろそれを脱国家の方向に活かしていくことこそ要諦となろう。EUの実験、国境を越える外国人労働者の移動などの事例は、ターナーのように「ヒューマン・ライツ（人権）」概念を国民国家内にとどめないこと（Turner 2006a）、アーリのいうように「社会」概念自体も国民国家内にとどめないこと（Urry 2000）、を示唆している。そして、すでに述べたように、筆者の立場からいえば、社会科学による中範囲理論的な知の様相だけを偏重しないこと。実際、移民、難民、亡命、就労、留学、観光、そして国際結婚などにともなう移動で、自国の外に出るチャンスは増大している。そこにおいて、言語は重要な問題だが、言語以前の・間身体の問題も重要である。〈原社会性〉の関係性の根底にまで立ち返って、相互行為の身体知的、日常知的な「社会発生」のレベルを考えることの意義がここにある。

しかも、この社会発生は「ナショナルな枠」にとらわれる必要はない。外部からの科学的な、かつ視点の閉じられた比較社会学的な「国内」的視点ではない、むしろ内発的でもありうるハイブリッドでトランスナショナルな関係性のあり方こそ、脱国家的な相互交流（＝人際交流）的な展開の可能性ではないだろうか。そうした社会学的な実践的関与こそが「社会発生」を考える核心に位置づけるべきときが、現代という時代なのではないだろうか。もちろん、それは中範囲理論的なレベルを排除するものではない。いやむしろ、その成果である相互行為論的な関係性を活用しつつ、これまで国民社会に囚われてきた社会学を超えていくことこそ重要であろう。そしてそのためには、国内的な社会概念（「国家内社会」概念）を、アーリの示唆するように、「移動」を柱にしたトランスナショナルな交流をも包含する「社会」概念へと転換していくことが求められるであろう。社会の実質は、「ナショナルな枠」をも超えた日々の間主観的な相互行為という実践のなかにある。

だが、こうした志向をこれまでのような「自律した個人」の「公共性」論に収斂させるべきではない。それは「自律した個人」、あるいは流行りの言葉を使えば「自己決定」や「自己責任」の神話に依拠したある種のイデオロギーであり、かつ国内的に閉じられた議論だからである。むしろ、その種のカテゴリー自体を問い直す想像力の翼は、「ナショナルな枠」を超えた人間社会のアクチュアルな〈原社会性〉の回路へと立ち戻る形で拡げられるべきではないのか。そのためには、生世界的意味空間での間主観的な発生論的相互行為への着目という回路が必須である。そうした回路への還帰の歴史は、戦後日本社会のなかにも存在していた。その代表例が、一九六〇—七〇年代の身体論、そして九〇年代の発生論である（西原 一九九八：Ⅱ章）。だが、こうした回路への徹底した模索を妨げてきたものは何か。結論だけを述べれば、そのひとつは——本章の文脈でいえば——主客二元論という「近代哲学思想」のもとで優勢となった「近代国民国家」の枠内での、「近代科学技術」的な「実証主義」の言説ではなかっただろうか。

■問いの深化へ

非言語的なもの、文学的なもの、哲学思想的なもの、あるいは――コントのいうように神学的なものや形而上学的なもの――が、実証科学によって否定されてきた。その否定の素朴さは正しかったのか（実証主義論争！（Adoreno, et al. 1969））。さらに現代社会学と切り結ぶ現代思想に日を向ければ、私たちの学理知がヴィトゲンシュタインのいう一種の言語ゲームであることは認めるとしても、しかし言語ゲームが言語以前のものを問うてはならぬという言説に横滑りするならば、それは現状維持的な議論の平滑循環回路を巡るだけだ。むしろ、言語ゲームを徹底させることで言語以前の生の地平を照らし出す試みこそ、重要なのではないだろうか。

本章の立場からいえば、マルクスが指摘したような私たちの現在ある概念（カテゴリー）それ自体がじつは時代制約的だということを、徹底した言語ゲーム論は示していくことが可能なように思われる。たとえば、医科学社会化のなかで、骨折という概念それ自体が時代制約的であったとされるかもしれない（上野・西阪 二〇〇〇：一七四以下）。そうした歴史的に物象化され共同主観化された言語意味自体に敏感でありながら、それを譲ることのできない「生」の地平に立ち戻って問い直すこと、そしてそこから社会学それ自身の言説をも批判的に問い直すこと、このことが現在の（そして学としてつねに求められる）課題であり、そしてそれが間主観性の社会学の主要な仕事であろう。

そのために、現代社会にアプローチする際の視座と想像力の翼のありようを呈示しておくことが本章の議論であった。さらに問われうるのは、現在そして未来において、国境を越えて拡がるグローバル化時代の相互行為の現場での関係性、たとえばその相互反映性や、それを機縁とする自己反映性、そしてそうした相互行為的な意味に基づく機敏かつ柔軟な相互主観的〈意味〉の創造性である。筆者は〈脱自的・脱国家的な人際交流への胎動〉を読み解くのが現代社会学の喫緊の課題のひとつだと考えている。そのことを保証する相互行為環境の前提的基本は、個人を前提とした私事化された社会でもなければ、その国内成員の要求の最大公約数的な最適解を求めるナショナルな公共性でもなく、あるいはまたその並存情況を認めた上でのローカルな部分的「共同性」の復権でもなく、相互行為を可能にする（前社会性的な社会性を含む）脱国家的な〈原社会性〉の理路にある（西原 二〇〇七b）。

この理路の問い直しこそが、社会の発生と生成の議論、したがって――一見、遠回りにみえるが――今後の社会理論と適切な実践を包含する社会学研究へと導く鍵となる視座であると筆者には思われるのである。[10]

CHAPTER 5

身体・他者・暴力・国家

――間主観性論の社会学理論的展開

本章の狙いは、グローバル化時代の現代社会において、社会学とりわけ社会学理論が、間主観性の社会学理論としていかなる展望を有し、いかなる役割を果たしうるかについて、これまでの議論をふまえて考察することにある。とはいえ、こうした大きなテーマをここでも無前提で語ることはできない。本章がめざしているのは、グローバル化時代において間主観性の社会学理論がもつ意義と役割に焦点を当てながら、現代社会学において問われるべきことが何なのかを積極的に——それゆえ誇張も辞さずに——提示することである。

1　社会学における理論の位置・再考——問われるべきことの現在

■理論・再考

まず、最初に「理論」に関して再度論及しておきたい。すでに触れているように、筆者は理論をこれまでの社会学で一般に語られるよりも「広く」理解するようにしている。[1] 繰り返しをいとわずいえば、本書で理論とは、社会学的研究の主要な対象であり、かつその研究の土台ともなる（A）「基層理論」、狭い意味での科学理論を指示する（B）「中範囲理論」、そして社会学研究の成果をもふまえた未来構想の理論である（C）「理念理論」からなっていた。[2]

このように筆者が考えるのは、次のような筆者の社会学理論観[3]に由来する。すなわち、ここで述べておきたいのは、理論とは、経験研究を導く仮説（作業仮説）に基づき、検証を経て研究知見をまとめ上げた上での仮説命題（一般命題）のことであるとはいえ、中範囲理論的な狭い理論観には限定されないという点である。少なくとも「仮説」という点では、中範囲理論（ないしはその範囲内での経験的一般化の帰結として示される一般命題）であっても、あるいは基層理論や理念理論であっても――経験に基づくひとまとまりの知であるかぎりでは――「理論」であり、そしてそれらがつねに「仮説」であるという点では差異がない。実証的な中範囲理論とていくつかの前提の上で成り立っている仮説命題に過ぎない。中範囲理論だけが理論だとする特権性はない。このように筆者は考えている。こうした指摘は、すでに科学哲学の領域では常識に属する。次に言及することになるK・ポパー（Popper 1934）やT・アドルノら（Adorno, et al. 1969）のことを思い起こしてみればよいだろう。彼らに示唆も受けながら、筆者なりに簡単な具体例を示してみたい。

■科学主義批判：素朴帰納法の誤謬

たとえば、「家族とは何か」「家族の本質は何か」といった点を研究する場合、頭で考えるのではなく、まず実際に家族を観察せよ、と語られることがある。きわめて当然に思われるこの語りには、しかしながら重要な論理的欠陥がある。つまり、そもそも家族とは何かがわからないのに、どうしてその研究対象である〝家族〟を選別し観察することができるのであろうか。ここに最初の「論件先取の誤謬」がある。……だが、そのようなことを述べていたら経験的研究はいっさいできないではないか、といわれるであろう。

そこで、百歩譲って、いや千歩譲って、ではともかく〝家族らしきもの〟を取り上げて観察し、そこに共通にみられるものを取り出す（抽象する）ことにしよう。そうすれば、問題は少し解消するかもしれない……。しかし、それも幻想である。おそらく、Aという家族らしきもの、Bという家族らしきもの、Cという家族らしきもの……の観察において共通するものは、厳密な意味ではおそらく無限といいうる数があるだろう。そのなかから、家族にとって「本質的な共通点」を取り出すことが重要だとされる。そして「共通の本質」が取り出せたとしよう。しかしその際、家族にとっては、どの共通性が「本質」的だったのかという判断が入る。そこでもすでに「共通の本質」が論件先取されている。家族の「本質」を知りたいのに、「観察された複数の家族らしきもの」に「共通」にみられる「本質」を取り出すということも、明らかにもうひとつの「論件先取の誤謬」である。

とはいえ、ここで筆者は科学批判をおこないたいのではない。[4]そうではなく、素朴な実証科学への信仰、科学至上主義を批判したいだけだ。おそらく、すぐれた社会科学研究者にとっては、上記のような論点は十分に知られていることであり、その点をしっかり認識した上で議論をしているであろうが、ともすると私たちは科学「絶対」主義的な言説に出会う。社会学は経験科学、実証科学であり、常識や哲学とは違う、と強調される。[5]率直にいえば、その言い方自体に筆者はさほど違和感はない——それは社会学観の違いに帰着するだけだからである——が、そこからさらに進んで、理論は所詮空論であり、哲学は科学と相容れない、あるいは数字で実証できないものは科学的ではない、といったような「暴論」が現れてくると、首をかしげたくなる。よくいわれるように、数量化によってこぼれ落ちる質的内容がある、といった指摘を超えた問題がここにはある。つまり、科学研究という相互行為的営みのもつ意味にあまりにも無自覚である点[6]、そして、シュッツのいうように、科学的現実もまた「多元的現実」のひとつであるといった点（Schutz 1962＝一九八三）が顧慮されない大きな問題性である。科学的営為によって「科学的現実」が構築される面は無視されるべきではない。

もちろん、科学とは何かをここでこれ以上立ち入るつもりはない。ここでは、ポパーが示唆したように、科学研究の知見を批判的に論じ合える場の確保と、予言的な一〇〇パーセント確実だという一種の形而上的言明（来年一月三日に必ず大地震が起こる式の言明のみならず、「明日は雨が降るか降らないだろう」という必ず当たる言明をも含めておく）ではない、経験的・実証的な知見を批判的に検討し合う（反証可能な）協働行為、つまり間主観的な相互行為こそが「科学」を構成するとだけ述べておこう。科学はその点で、いわゆる形而上学的なイデオロギーとは異なる。その協働行為の場における科学的営為は、積極的になされるべきである。

■社会学の焦点と視点

さて、話を元に戻そう。このように考えてくると、理論は、これまでなされてきた社会学研究をふまえた上で、もう少し広く考えられたほうがよいと示唆しうるだろう。この点との関連で、筆者自身の社会学観をここで示しておきたい。筆者自身は機会あるごとに記しているが、社会学は、「社会」を学的（学問的・科学的）に探究するものであり、その主要な対象は人びとが織りなす「関係性」であり、しかも法や経済や政治などの既存の領域に限定されない社会生活場面の「日常性」がその関心の中心にあり、さらにその焦点は歴史をふまえて「現代性」に合わされて、そのようにフォーカスされた対象を「事実性」に基づき検討するものである。[7]ただし、ここでいう「関係性」とは何であるのかという点から、「事実性」とは何かという点に至るまで、問うべき論題は少なくないが、ここでは紙幅上から割愛せざるをえない。[8]

そして、急いで若干の補足も加えておくべきだろう。「社会学とは何か」をその歴史的展開をふまえて論じようとする場合、上記以外にもいったん区別しておくべきいくつかの位相・視点が――少なくとも四つ――あると思われる。つまり、「事実性」を追い求めるために、社会学の視点には、主として、

①まず、研究対象に対する（演繹を中心とする）理論的アプローチと（帰納を中心とする）実証的アプローチがあり、

②さらに、定性的か、定量的かという方法論的視角もあり、
③くわえて、現象論・構造論・機能論・発生論という社会学研究時の基本視角[9]もあり、
④そして、社会学の対象は、ミクロから（メゾを経て）マクロなものまである。

とくに④の場合、いわゆるミクロ－マクロ・リンケージ問題という論点（Alexander, et al. 1989）や、現代社会に即して敷衍すれば、パーソナル、ローカル、ナショナル、リージョナル、グローバルな位相があるという着眼点もある。そして現在、グローバル化する社会において、グ、ロ、ー、カ、ルな視点が求められていることもすでに数多く指摘されている。[10] ただし本章のここで、グローバル化それ自身に言及するにはまだ早すぎるであろう。ここでは、あくまでも実際の社会学的研究の展開をフォローしつつ、社会学の焦点と視点を語ってきたに過ぎない。ということは、今後、これまで考えられなかったような独創的な研究視点や位相がさらに立ち現れるかもしれないという事態／期待が、言外に含意されているといってよい。

〈原問題〉への還帰

さて、このような歴史的現状をふまえるとすれば、本節の小括として結論的に次の問題に言及できる。すなわちそれは、「現代社会学よ、原点に立ち返ろうではないか」という論点である。では、ここでいう「原点」とは何か。それは、何のために社会学の研究をおこなうのか、社会学

と現実社会との関係はいかなるものか、社会学は何に役立つのか、といった価値や規範に関連する〈原問題〉である。社会学は、コントの〝ポジティヴ〟な精神をもって歴史的にみて近代社会の自己反省の学問として登場し、社会の現状を的確に理解しようと務め、そしてその知見を活用して現在および未来の社会に役立つべく〈どのような社会が望ましいのか〉を論じ合う学問ではなかったのか。

そうだとするならば、社会の現状をいかに適切に把握できるかを論じ合い、競い合うと同時に、いかに未来の社会を構想していくのかということが、社会学の重要な課題であろう。その課題は、具象的・具体的に政治に生かす形で「公共社会学」を構想することであったり（Burawoy 2004）、抽象的・理念的に社会構想を論じ合うことでもあったりするであろう（見田 二〇〇六）。したがって、〝社会学は実証科学であって、理念や価値判断を含めてはいけない〟式の素朴実証科学観に立脚した狭い社会学観をとるのではなく、社会学は何を目的として社会と関係し、どのように実践的に社会とかかわるべきかといった点がいまあらためて問われていると述べておきたい。

とすれば、社会学の理論は、筆者が先に示したA群（基層理論）、B群（中範囲理論）、C群（理念理論）の理論まで含めるべきであって、A群やC群の理論を「背後仮説」などと簡単にいってはならない。それは前述したように、そもそも社会学的諸命題はどこまで行っても仮説なのだからといういわば搦め手からの消極的論点だけではなく、それらの命題からなる諸理論全体が社会学研究の意義や目的にかかわる重要な論点だからである、と繰り返しておこう。その点への十分な配慮がなければ、社会学はますますアカデミズム内に自閉し、社会には役に立たない学問だといわれつづけるであろう。

さて、このような社会学（理論）観のもとで、それでは社会学理論研究に当たって筆者自身はいま何が具体的に問われるべきだと考えているのか、この点の前段となる論点を次節で論じてみたい。

2 社会学的想像力としての相互行為世界——グローバル化時代の間主観性論

■グローバル化の風景と背景

まず、起こりうる誤解を払拭しておきたい。ここでは、広く捉えられた社会学理論によって、あらかじめ歴史の法則性などの議論をするつもりはまったくない[11]。社会学は、現状への透徹した分析から話を始めるべきである。そこで、筆者も現状分析に言及することから議論を始めたい。すでに前章で触れたが、筆者は、基本的な「現代社会の構図」を、近代の主客二元論の発想と実践を核として資本主義化と社会合理化とが進展するなかで、近年著しく科学社会化、情報社会化、消費社会化、国際社会化が進行し、科学技術社会、情報知識社会、高度消費社会、国際競争社会が立ち現れていると捉えている[12]。そして何よりも、こうした動きに沿う特徴的な事態が「グローバル化」という趨勢である。

現代はグローバル化の時代である。それは、アパデュライが描く新たなエスノ風景・メディア風景・テクノ風景・財務風景・観念風景を包含しながら、多様な形態で立ち現れてきているが（Appadurai 1990）、いずれも国家の既存の発想を超える動き――その撤廃（脱国家化）や強化（再国家化）の方向性、あるいは分権化やローカルなエスニシティの強調も含めて――とそれに絡まるグローバルな動きが顕著な時代である。つまり、ここでグローバル化とは、国民国家を基本単位とする国際化とは区別されて、[13]人・物・金・情報・文化などが国境を越えて脱国家的に移動しつつグローバルな関係性をもつようになり、かつその変動にともなってさまざまな事態が出現する変化のことである。

もちろん、このようなグローバル化という変化の始点を、一〇世紀前後まで辿り直そうとする発想もあるし（Sen 2002）、「長い一六世紀」以降に着目する議論もある（Wallerstein 1974）。あるいは、一八世紀に時代の大きな変化をみて、その後の時代を狭義の近代とみなして議論する視点（Foucault 1975）もあれば、いわゆる帝国主義時代こそ「離陸期」とみて論じる見方（Robertson 1992）もあるし、一九二〇年代頃から一九六〇年代の多国籍企業の活躍がみられる時期への着目（伊豫谷編 二〇〇二）や一九八〇年代のネオリベラルな流れ、さらには一九九〇年前後の社会主義世界の激変期などに、グローバル化の本格展開をみる見方もある（西原 二〇〇七b）。また、グローバル化という事態を、推進したり、懐疑したり、あるいは変容だと捉えたりする立場などもあるが（McGrew 1998）、いまここでは、これらの論点を検証する場ではない（本書続編、参照）。

■発生論的相互行為論・再考

ここで確実にいえるのは、科学技術の進展にともなう情報社会化情況をふくめて「交通」手段が劇的に変化する背景のなかで、たとえば旧ソ連・東欧の激変、ＥＵの成立や通貨統合などにみられる形で、近代国民国家がいずれにせよ問い直されている一九九〇年以降の新しい時代が、「新たなグローバル化」の段階にあるという点である。そしてこの段階で、社会理論として社会学理論が問わなければならないのは、まず次の点であった。すなわち、このような現代社会は、

①どのような歴史社会的な経緯を経て出現してきたのか（歴史社会的発生論）、
②どのような社会連関のなかで相互行為の担い手は個々人のレベルにおいて――インターパーソナルに――生成してきたのか（行動発達的発生論）、
③どのような間主観的な相互行為（相互主観的行為）の集積としていま存立しているのか（社会構成的発生論）、

という問いであった。これらは問うに値する発生論的問題である。それは、私たちの生に直接かかわる問題でもあるからだ。

広く解釈すれば、①に関しては、古典的にはK・マルクスやM・ヴェーバーが、比較的新しいところではN・エリアスやA・ギデンズなどが論じていた。②に関しては、古くはC・H・クーリーやG・H・ミードが、そして現在も現象学的社会学やシンボリック相互作用論が中心的議論のひとつとして論じている点である。③に関しても、やはりヴェーバー以来の社会的行為論の伝統が取り扱い、相互行為やコミュニケーションを論じるT・パーソンズやN・ルーマンの業績のみならず、現象学的社会学やエスノメソドロジーなども論じてきた論点である。

もちろん発生論的な機序としては、この三つの視点のうち、どこが基点かを決めることは難しい。そこで本章では、論述のためにはとりあえず任意の出発点を定めざるをえない。ここでは、原初的・社会的な出発点に重きを置きながら、②、③、①の順に議論してみたい。ただし、それはたんに便宜的な出発点というだけでなく、後述することになるが、いま問われるべき社会学的課題を——筆者の用語である間主観的な発生論的相互行為論の立場から——指し示す予備作業かつ再確認作業でもある。

さて、私たちは身体的存在として社会的世界に生まれ落ちる。そして、まずは養育者を中心に近親者たちと相互行為を継続的にとりかわしつつ、社会文化的な行動様式と言語を習得する。とりわけ後者の言語習得と人称獲得は、自省する自己の存在と周囲の社会関係の拡大的把握に通じていく。こうした②の原理的なメカニズムの基本について筆者は別稿で示しているので、ここでは立ち入らない（西原 二〇〇三：二六二—二八六）。それ以上にこの②においては、①の発生論に由来する歴史社会的なものの関与があることはいうまでもない点、およびそれと同等に要となるのが、社会は間主観的な相互行為（相互主観的行為）の連鎖によって成り立つとする③の事態だという点である。

そこで③の社会構成的な原理的なレベルの考察をさらに進めよう。社会関係は、相互行為が持続しないかぎり維持できない。ちょうど、ある発話が他者の発話を誘発し継続するかぎりで対話が成立するのと同様に、行為がパフォーマティヴに連携することで、つまり相互行為が連鎖することで現実化し、関係の存立を担保する。[14] その意味で、社会とは決してスナップ写真のようなものではなく、つねに相互行為において時空間と共に生成・推移する過程的な社会実践態である。そして、そうした相互行為を基本的に支えているのは、紛れもなく私たちの生ける諸身体である。

身体と間身体の問題

前述したように（本書第2章）、社会学はこれまで、身体の問題を社会成立の自明な前提として看過し、身体に焦点化する研究は少なかったように思われる。しかし、グローバル化時代の社会学理論にとって、身体は背景的前提や出発点の自明性を超える大きな意味をもつ。つまり、身体への着目が逆に現在のグローバル化の問題に対処する鍵ともなると筆者は考えている。この論点に進むべく、もう少し議論の展開のための地ならしをしておきたい。

社会学の対象が、私たちの生きる現代の社会関係の探究であることはすでに触れた。その際、私たちがこの世に生を与えられて存在し、相互行為し合っていることは大前提である。しかし、その相互行為のあり方は時代と共に変化する部分もある。小さな共同体のなかで、意味喪失に陥ることなくローカルな場で一生を終える農夫の例をヴェーバーはあげていた（Weber 1973 : 594 = 一九三六：三五）。だが、現代社会における相互行為者は、意味と格闘しつつ、かつてとくらべられないほど空間的に広がる場で生活している（前章の図2を参照されたい）。移動のための交通手段も、通信技術としての交流手段も飛躍的に進展し、実際に交通手段を利用して広域的に移動する人びと、交流手段を活用して広範にコミュニケーションをおこなう人びとも飛躍的に増大した。このことを否定する人はいないであろう。実際、海外渡航者は二〇〇〇年の約七億人が二〇二〇年には一五億人になると予想されている。この変化は、一九世紀末や二〇世紀初頭の変化とくらべても、あるいは二〇世紀中盤頃までの世界の変化とも質的に異なっているといえよう。こうした変化を適切に移動論として社会理論に組み込む必要がある。

しかし、社会の大きな変化の一方で、もちろん基本的にはさほど大きな変化をともなわない間主観的な相互行為の基層的事態もある。その形態はどうであれ、いつの時代にも、生命体として生きながら、人びとが社会生活を営みうる程度に相互理解をおこない、生（life）のための協働的な関係を築き上げている点などがその例である。現象学的社会学の言葉を用いると、そこには時代汎通的で通文化的な生世界（life-world）での「間主観的な関係性」（intersubjective relationship）がある。とくに言語——いかなる言語であれ——を用いた相互行為連関が形づくる社会関係は、まちがいなく「間主観的」な出来事である。その上で、このような相互行為連関による社会関係のひとつとして、近代においては科学言語を用いる科学の世界、つまり科学者共同体および科学的協働世界が出現するようになったことも間違いない。ちなみに、科学的現実とは、近現代社会で一般化する多元的現実のひとつであった。

発生論のさらなる展開へ

だが、このような変化と不変性の重層性にもうひとつの——重要だが現代社会学ではあまり光の当てられていない——論点が加わる。すなわち、言語を必ずしも前提としない、あるいは言語を媒介しない情動を含めた身体的間主観性からなる相互行為的世界がある点だ。日常的にはある意味で当然とされるこの相互行為は、たとえばパーソンズが取り入れた精神分析学の例などがあるとしても（Parsons 1964）、社会学の理論構築のなかでは十分に対象とはされず、社会学の基礎理論レベルではこれまで等閑視されがちであった。社会学理論が、自らの理論構築において、積極的に身体を考察の射程に入れた例は意外に少ないというのが筆者の見解である。

もちろん、A・ゴフマンのように身体的相互行為の諸相を分析する研究は存在するし（Goffman 1959）、J・オニールのように身体をその政治性や経済性に着目しつつ社会学の視点から論じたり（O'Neil 1985）、さらには医療社会学は言うに及ばずスポーツ社会学からのアプローチなどもあるが[15]、身体性の問題を間主観的な相互行為論の基礎理論のひとつとして考察しつつ、社会理論としての社会学理論に組み入れている発想は少ない。

むしろ、この方向性をもっていたのは——主観主義と捉えられがちな面があるが——現象学的哲学者やそれに近しい社会哲学者たちであった。代表例が、すでにしばしば触れてきているM・メルロ＝ポンティやG・H・ミードである。もちろん、単独の身体の能力にだけ焦点を当てる研究は、社会学から距離があるといわざるをえない。その点、メルロ＝ポンティやミードは、むしろ相互行為という関係性のレベルから議論を展開したゆえに、社会学にきわめて近い業績とみることができた（西原 二〇〇三：一章および八章、参照）。とりわけ、彼らの議論には、筆者のいう間主観的な発生論的相互行為論、とくに行動発達的発生論からみる社会理論の原型がある（Merleau-Ponty 1953；Mead 1934）。この点に関してはすでに筆者はしばしば示唆してきたので、ここでは簡潔にその先の構図を提示しておくべきだろう。

筆者は、歴史社会的発生論（①）を背景に、行動発達的発生論（②）をふまえながら、原理的・論理的な意味で社会構成を論じようとする社会構成的発生論（③）が、相互行為の連鎖という時空間的連続において不断に関係を維持している側面に着目してきたことを指摘してきたつもりである。それは、すでに触れたように部分的にはエスノメソドロジーの業績とも重なるものだが、この側面はしかしたんに「関係存立」の例示を繰り返すだけではなく、その関係それ自身が物象化されるメカニズムも組み込む形でさらに展開される必要があった（西原 一九九八、二〇〇三）。それが現実社会の実像に近づく道だからだという単純な理由からだけではない。物象化は、間身体的相互行為にも覆い被さり、それを変形し、新たな意味層をつくり出すものであって、言語的な相互行為をより基層の事態からなるものとして描き出す可能性をもつからである。それを筆者は主に、制度の発生論の場面で描いてきた。

以上のことを別の言葉で分かりやすく表現すれば、それは間身体的記憶を含む記憶の力にも依拠して、相互行為場面において間身体的活動それ自身が調整されつつ持続するということである。だがそこで、モニタリングやリフレクシヴィティなどと語って、進化的かつ自己言及的・自己閉塞的なニュアンスを過度に強調すべきではないだろう。それは、身体同様に均衡や退化や消滅をも含み、さらに他者とかかわる間身体的活動の認知行動的側面それ自体が独我論を越えた関係性のレベルで間主観的な相互行為場面に影響を及ぼすからである（たとえば、二者関係における二者間での親密化が第三者の排除に繋がる場合を再度想起願いたい）。

そのような点に留意した上で問うておくべきことは、より基層の認知行動の機制についてである。それは根源的差異化から始まる。いいかえれば、それは間生体的／間身体的な類型化的分節という機制である。つまりまず、ある対象に関心が向かうこと自体が、内発的であれ外発的であれひとつの種の（他と共通の）生命体としてのヒトの類型化的分節の発端例である。だがこの分節は、歴史社会的には言語的相互行為世界における分節に浸食され、変容され、水路づけられている。そこが過去の相互行為の蓄積に基づく歴史社会的発生論（①）のかかわる（行動発達的発生論の）基層の場である。そして、その具体的展開として、前章でみたように近代という時代において、きわめて重要な歴史社会的変化が生じ、それ以降、現在まで私たちは近代という地平をベースにして現代社会生活を営んでいるといってよい。このように述べることで、①の歴史社会的発生論に立ち戻り、本節の出発点であったグローバル化時代の現代社会の構図を語ることができる。

そこで、原理的・論理的な議論はここまでとし、こうした間主観的な発生論的相互行為論に関する原理的な議論を、これから先はもう少し上向させて現代社会論的に具体的・具象的に考えてみたい。そのためには、基層の身体的な類型化的分節に言語的な類型化的分節が重畳された場面を出発点にしながら、現代の社会において生じている間主観的事態を論じていきたい。

3　社会学的間主観性論から国家論へ——「界」の概念にも着目して

■界という概念

さて、こうした類型化的分節との関係では、私たちは現代社会学理論のひとつの用語に注目できる。それは、ブルデューの「界（champ）」の概念である。とくに日本語の「界」という言葉は、俗界から天界を含む世界の界であり、政界、財界、官界、学界からスポーツ界、芸能界などといった界をも包含する日常語でもある。もちろん、間主観的な相互行為からなる「界」はその外部をもたない自己閉鎖的なものではない。この界という概念の外延は、界内部の上下関係を含む社会関係の問題のみならず、外部との相互浸透や外部に対する支配や権力の問題にも及ぶ。とくにこの相互主観的世界は過程的なものであって一定の「場」としての界を構成するが、それは（社会学的な伝統用語である）社会集団や社会組織の問題を越え、身体的な類型化的分節から言語的な表象レベルの類型化的分節を含みつつ、その内外とのさまざまな交通／交流をも誘発する。界の内外で、結合と分離、そして上下関係という、間主観的な相互行為（相互主観性）からなる新たな界が重層的に展開される。その最大の界はグローバルな「世界」である。

そして、ここであらためて着目したいのは、この「界」概念の内包である。ここで界とは、反復的で固定的な社会関係やいわゆる社会集団、あるいは共同体や社会組織などといった複数の伝統的用語の差異を消去する形で一括して、ある特性を際立たせるものである。その特性とは何か。ブルデューにおいて、「界とは社会的マクロコスモスの内部の自律的なミクロコスモス」であり、ここで「『自律的』とは『自分固有の法、ノモスを持つ』ということである」（Bourdieu 2000＝二〇〇二：一二二）が、「ノモス（nomos）は『分割する』を意味する némo から派生した語」で、「見方・分け方の根本原理」である（Bourdieu 2000＝二〇〇二：一二一以下）。あるいは見方（vision）と区分（division）の原理であるといってもよい（Bourdieu 1987＝一九九一：九〇）。要するに、「隣のミクロコスモスでは通用しない、それ固有の評価基準が作用する世界」である（Bourdieu 2000＝二〇〇二：一二二）[16]。そうした原理に基づく「力の場としての界」（「闘争」「競争」

……）がブルデューによって界の理論の具体的展開として示された（Bourdieu 2000＝二〇〇二：一二〇以下）。この「分割」に基づく諸力の重層的な場こそ、ブルデュー理論における界概念のひとつの特性であった。

しかも、その重層的である界においては、さらなる特性もまた立ち現れている。[17]最も広い場としての界は、現時点で文字通りグローバルな世界であると述べたが、その内部に、政界や宗教界などでの対立や、科学界での競争、日常世界での争い事、さらには日常と科学と宗教の対立など、多様で重層的な場面がある（「多元的現実」）。私たちの言語的分節が、重層的な界の重なり合いのなかで展開されることはいうまでもない。その重層性を、現代社会のなかで解き明かし、乗り越えていく視線が社会理論に求められている。

ただし、このような分節が言語的分節だけにとどまらない点が、すでに触れられてきた点である。私たちの身体にかかわる生命界への科学技術的営為に関する問題も、現代社会において喫緊の事態となっている。すなわち、一方で、生命の操作にみられる変化は私たちの生命概念を変えるほどの技術となりつつあり、他方で、生命それ自身を一瞬にして消滅させるだけの核兵器の技術もある。科学技術が私たちの「自然」の生に新たな変容をもたらしつつある。科学界の相互行為のもつ社会的意味は重要であり、競争を旨とする現状の学界の内外における闘争場でも、この問題性には無自覚なようにもみえるが、[18]いま筆者が着目したいのは、ここでももちろんそのような素朴な科学批判ではない。

■間主観性論の社会学理論的展開

科学が、とりわけ近代科学的な医科学が見落としてきたのは、個体としての身体への着目のゆえに、身体と身体の関係性という「非物質的」なあり方だったのではないだろうか。離人症や統合失調症（かつての分裂病という名も同じであるが）といった医学用語は、人の個体の内部だけのまとまりを連想しがちであったように思われる。もちろん、すぐれた精神医学者は、これらが関係の病、間の病であることを指摘してきた（木村 一九八八）。しかし、精神や身体の個体的まとまりを自明とする強固な近代的前提のもとでは、このような間身体的な関係性の指摘は十分に生かされてこなかったのではないか。それを思索のなかに生かして何とか社会学理論化しようとしてきたのが、現象学的思潮であった[19]。ここで詳しく繰り返すつもりはないが、主観性への着目が現象学の出発点の特徴だとしても、現象学の至り着いている地点は、間主観性の問題である[20]。それをふまえて簡潔に、一部の繰り返しもいとわず、社会学理論的に展開される〈間主観性〉論の整理をおこない、その社会学的インプリケーションをここで確認しておきたい。それは次のようにまとめられる。

【間主観性論の相互主観的位相】

（1）**間生体性**：間主観性論の最基層には、間生体性のレベルがある。それは、私たちの生命生体的なレベルであって、そこでの相互行為はいわば群れ合う生（群生）が形成する群体であり、生体的生世界であり、そこにみられるのは種としての共通の行動様式である。とはいえ、このレベルはむしろ生物科学や生態学的学問が主に取り扱う領域である。だが、一個の生体は単独では生じないし、それ単独では社会を形成しない。また単独で世代を超えた歴史を形成することもない。つまり、間生体性なしに社会形成はありえない。

（2）**間身体性**：間主観性の実質的基層には、間身体性のレベルがある。それは、私たちの身体感覚的レベルであって、そこでの相互行為はそこに集う人びとが形成する集体であり、間身体的世界であり、そこにみられるのは各身体を通底する普遍共通文化である。もちろん、身体は、日本語の「身」（身内、身銭、身の程、身を切る、身に余る……）という言葉に表されるように、すでに社会文化的な規定を受けている。ブルデューのいうハビトゥスが論じられるのは、このレベルである。その点からもわかるように、間身体性は社会を考える出発点となるということは、間身体性なしに日常的な主観性も成立しえない上に、科学的な間主観的世界も成立しえないことを含意する。したがって、科学的営為それ自身も、間身体性を含む間主観的事態を基盤としている。

（3）**間主体性**：さらに、間主観性論には、意識をもった主体のレベルがある。強い自己意識をもつのは近代の特性とはいえ、日常処方知を駆使して一定地域でそれぞれの家族や親族の組織およびいわゆる地域社会における団体（自治体・学校・企業など）を形成し、一定の境界をもった日常生活世界を形成する。そこにみられるのは種々の特定個別文化（地域に照準して表現すれば、特定個別地域文化）である。とはいえ、そこに間身体的な身体感覚的生世界も深く関与し、そのような間身体性を含む間主体的で間団体的な相互行為は、時空間世界を分節しつつ、さまざまな「界」を構成する。

【間主観性論の共同主観的位相】

（4）間団体性：間団体性については「界」の議論で実質的には触れているので、団体の種差への言及よりもここでは最も重要な（間）団体、つまり国家について触れる。すなわち、間主体的で間団体的なレベルのなかで、各団体をも統括する国家の体制（国体）が形成される。もちろん、国家形成には、（続編で詳述するが）都市国家や中世国家、そして近代国民国家などという歴史類型が存在しているとしても、近代国民国家はとりわけ間主観的に形成された（＝共同主観的な）国家表象をもって各々の国民生活世界を形成している。そこにおいては、国家ごとの特定国民文化がみられる。そのような国家表象をともなう国体的存在は、物象化され擬人化されて、最近ではひとつの〝アクター〟と表現されることがあるが、しかしそれはあくまでも国民生活世界に住まう人びとによる制象的事態と国家の支配層（執行機関）の思惑が一体となった歴史的制象であることには、注意すべきである。とはいえ、物象化・擬人化されたアクターとしての共同主観的な国家＝国体が、これまでの社会学の上限をなす境界であって、最大の界であった。

（5）**間国体性**：しかし、そうした国民生活世界がグローバル化のなかで大きく変容してきていることはすでに周知のことであり、本書もそこに着目している。各国体は現在、EUを代表とするようなさまざまな形の（地域）統合体を志向し、いわば間国体的な統合レベルを模索している。これはある意味で「拡張された国家」といえるが、しかし近代国民国家の狭い枠は超えつつある。そうした広域空間的な脱国民国家的な世界はこれまでの生世界の枠の越境も含意するので、そのような越境交流世界が日常化し、そこに特定の個別広域文化がみられるようになる可能性がある。もちろん、歴史的にも西ヨーロッパ文化、東アジア文化圏などのような特定個別広域文化がみられたことは指摘するまでもないであろう。しかしながら、いまこの間国体的な世界における最も着目すべき動きが、グローバル化という変動に下支えされ、かつグローバル化への対応策にして促進要因でもあったということは重要である。今日のグローバル化は、これまでの界面（たとえば近代国民国家の境界面）を大きく揺るがしつつある変動である。

（6）**間統合体性**：最後に、このような間国体的で間統合体的な動きは、国連や国際規約に象徴されるように、地球全体つまり（中国語の表現を借りれば）全球的な動きとなりつつある。これがグローバルでユニバーサルな間主観的世界の形成につながるのか、あるいはこれが、世界共和体のような形になるかは議論があるにせよ、少なくとも現在のグローバル化の下ではA・ネグリのいうような情報技術の活用をともなうネットワーク状の権力からなる

表2　社会学理論的に展開された間主観性論

間主観性	共同主観性／相互主観性	(6)全球全体的	間統合体的―地球全体	情報制象世界	〈普遍個別文化〉
		(5)広域空間的	間国体的―地域統合体	越境交流世界	特定個別広域文化
		(4)国家表象的	間団体的―国体／国家	国民生活世界	特定個別国民文化
		(3)意識主体的	間主体的―団体／集団	日常生活世界	特定個別集合文化
		(2)身体感覚的	間身体的―集体／群集	身体的生世界	〈普遍共通文化〉
		(1)生命生態的	間生体的―群体／群生	生体的生世界	種別共通行動様式

〈帝国〉的な状況を呈するようになる危惧は十分にある。それは文字通りに、経済と軍事のネットワークが、情報のネットワークを活用して、共同主観的で共通文化的な情報制象世界を形作りはじめている。他方で、問題は、いかにしてグローバルでユニバーサルな状況を、たとえば環境問題や平和問題や貧困問題などをめぐって形成されつつあるオルターナティヴな普遍共通の全体文化を、個々の生世界の個別性の尊重と融合する形で全球全体的な「普遍個別文化」へと組み替える方向にもっていけるのかが問われているといってよい。いずれにせよ、諸国家と地域統合体とからなる現在の歴史社会的な「世界」が、いま社会学にとっても注目されるべき最大の「界」となっている。[21]

【間主観性の未来位相】

（7）**人際交流世界**：しかしながら、そのようなグローバル化という変動の時代にあって立ち戻るべきは、やはり間生体的・間身体的・間主体的な（相互主観的）人際関係面である。とくに間身体的関係性を形づくる身体的生命から間身体性と間主体性をまなざす視線は、グローバル化時代の社会学的理論実践の出発点にとってあらためて重要となるであろう。それは、物象化されて共同主観化され、かつ擬人化（アクター化）された間主観性の位相を、批判的に問い直すためでもある。

以上の議論を⑺を除いて表にしてまとめておく（表2）。⑴⑵⑶は人際交流的で相互主観的な間主観性であり、⑷⑸⑹は物象化され、一部は制象化や擬人化をともなう共同主観化された間主観性であることに留意されたい。

では、あらためて問おう。以上のようなまとめは、社会学理論にとってどのような意義をもつのであろうか、と。その問いの場面をグローバル化の問題に焦点を当てて論じるのが本節最後の課題である。その際、核となるのは次の点である。生世界から出発し、社会学理論的に展開された間主観的な界の理論をふまえて、現代社会が直面しているグローバル化の事態において考えられなければならないのは、まずもって私たちが議論のレベルをどこに置いて考察するのかという点であろう。

先にも触れたが、筆者自身はこれまで、パーソナル、ローカル、ナショナル、リージョナル、グローバルという位相に照準化してきた（たとえば西原 二〇〇七b）。いうまでもなく、パーソナルなレベルとは、諸個人間の間主観的な相互行為レベルに照準した言い方で、より適切な言い方は相互主観的なイ、ン、タ、ー、パーソナルな位相である。社会学としては、出発点をこの相互主観的な相互行為的世界に置くべきであることはすでにたびたび指摘してきているので繰り返さない。社会はコミュニケーションの別名であると表現してもよい。そこでここでの問題は、いまナショナルな「界」のレベルが揺らぎをみせ、それを超える新しい方向性が求められていることである。以下では、この問題へのアプローチに絞って簡潔に言及していきたい。

■社会学的国家論へ

ナショナルなレベルにおいて考えなければならないのは、一方でパーソナルな関係からの視点と、他方でグローバルな関係からの視点である。後者のグローバルな関係からの視点は、国民国家の揺らぎをふくめてこれまで数多くの検討がなされてきている。限られた紙幅の本章において、屋上屋を架すつもりはない。そして、筆者なりの見解と知見は続編であらためて言及する。それゆえ、ここでの強調点は前者のパーソナルなレベルからのアプローチにある。

本章が参照してみたいのは、アルチュセールの国家論への視角のある局面である。つまり、ここでまず、生ける諸身体の相互行為が社会空間のなかで生起する点が重要な論点となる。そしてその社会空間には、「我々意識」をともなう生（活）世界における間主観的同質性（共同主観性）

のみならず、支配や権力／暴力という生世界における間生体的・間身体的な事態が、まさに「生」の再生産をめぐって交錯する。それはアルチュセール風にいえば、生産諸力と生産諸関係という土台の問題だけでなく、一定の自律性をもつ政治的・法的な上部構造やイデオロギー的な上部構造との「重層的決定」の社会空間である。

そしてさらに注目すべきは次の点である。すなわち、筆者なりのアルチュセールの読み（Althusser 1970）からいえば、国家の暴力装置とイデオロギー装置を析出するアルチュセールが最終審級として「生産関係」の重要性を語るとき、そこで彼は国家構成の核である「社会関係」の重要性を問題にしたのではないだろうかという点である。イデオロギーとの関係で考えてみよう。「イデオロギーは、諸個人が自らの現実的な存在諸条件に対してもつ想像的な関係の『表象』」であり、イデオロギーのなかで描き出されるのは、「これらの存在諸条件に対する人間の関係である」（Althusser 1970＝二〇〇五：三五三―三五六）。ここで問われるのは、物象化された集合表象＝共同幻想、すなわち共同主観性の側面である。しかしここでは、同時に「イデオロギーは主体としての諸個人に呼びかける」（Althusser 1970＝二〇〇五：三六二）という点が重要である。呼びかけに振り向くことや挨拶への返答といった、この呼びかけと応答という関係は――外挿的なイデオロギー形成の問題というよりも――まさに社会関係における相互行為的達成の問題である。その論点が、アルチュセールの「教え子」フーコーの「主体」形成の歴史につながっていったことは、十分に着目されてよい。

こうして押さえられた論点に、国家イデオロギー装置に関するアルチュセールの議論を重ねてみよう。宗教、学校、家族、法、政治、組合、情報、文化といった国家のイデオロギー装置の存在（Althusser 1970＝二〇〇五：三三六）。そしてここで露呈されてくるのは、たとえば言語や行動様式の文化的差異化に基づく外部の他者との差異化（「外人」という日本語は示唆的である）であり、内では「国民」あるいは「日本人」「中国人」などとして近代国民国家がナショナル・アイデンティティ（国境の確定とその内部の同質化をも想像・創造・仮構するナショナリズムあるいは愛国心の強調）を異様に強化してくる仕組みである。近代国民国家形成は辺境を消失させ、その内部は学校教育・「国語」や「歴史」などで同質化・共同主観化され、それゆえに外部がいっそう際立つ関係性を産出してきた。外部性や差異性を意識し、かつ実際にそう振る舞わざるをえない仕組みのなかで、相互行為的達成を成就するという現代の間主観的な社会関係性の存在。このイデオロギー装置を支えるのが「生」の再生産を確保するための生産関係を中心とする社会関係のあり方であるという点は、納得のいく議論である。

そこで最後に、以上の論点にくわえるべきもうひとつの論点として、身体論がもつさらなる理論的可能性を検討したい。その点を、社会理論としての社会学理論の課題との関連で、本章の結びにかえる形で言及しておこう。

4　身体・暴力・国家という問い――共同主観性を超えて

■近代国民国家論の陥穽

今日、多くの社会は、何はともあれ、どこかで国家の形態と関連している。だがそれは、近代国民国家（the modern nation state）と呼ばれる国家の一形態であって、その揺らぎを論じる言説が数多く語られるようになっている。これまで国家については、領土・国民・主権の三要素が一般的に語られてきた。しかし、そのすべてが揺らいでいる。EU域内の自由な移動にみられるように高い国境の壁は越えられ、国民（ないしは人民）の同質性イデオロギーも揺らいで想像の共同主観性が暴かれ、主権も国家を超えるより上位のものが、あるいは国家関係・国際関係のなかでの承認というモメントがその成立要件として議論されている。このような既存の共同主観的な国家観を揺るがしている脱国家的な趨勢においては、しかしながら社会学理論的には次の二点が留意点となる。

第一に、社会理論的には国家の中軸をなしていた暴力の問題が見失われてはならないこと。上記の国家の三要素説においては暴力の要素はみえにくい。しかしながら国家と暴力は切り離せない。いやそれどころか、国家にとって暴力は本質的な事柄だ。正当性の調達に基づく、一群の人たちによる他の一群の人たちへの暴力的権力行使を背景とする支配、それが国家の本質のひとつであろう[22]。この点は、脱国家的な変動においても、見失われてはならない視点である。

第二に、何よりもそうした暴力とは身体への攻撃であるという点である。身体的苦痛から身体的生命の剝奪まで、身体をめぐる権力支配の根底には暴力がある。そして近代国民国家的形態における最大の対外的な暴力行使が「戦争」であった。この戦争の問題は、核兵器がこれだけ拡大したなかで、今後の社会の展開を考えるときに本当は無視できない最重要論点だが、社会学ではこの点が意外に顧みられていない[23]。たとえば、環境問題などで「持続可能な発展」が語られるが、その前提には戦争のない世界、平和の確保といった大きな解決すべき問題群があるはずだ。それはたんに政治学や国際関係論の問題だけではない。それは社会学の立場からする社会理論の展開のためにも、それゆえ未来の社会構想の理論の基本にとっても重要な論点となる。ちなみに、フーコー以降の権力論の社会学的展開は、機能主義的に歪められた「暴力を用いない権力」論の展開として推移し、暴力の問題が忘れられかけていたように筆者には思われる（西原 二〇〇三：一二二以下）。権力の背後には暴力がある。そして、暴力とは基本的に身体への攻撃であることを忘れないでおこう。

■権利／人権の問題

さて、グローバル化時代の今日、社会学でも移民・難民・外国人労働者などへの人権問題が語られるようになった（たとえば、樽本 二〇〇一）。そこでは、大きくまとめて、①市民的権利（市民としての権利と義務）と、②国民的地位（生活保障の根拠としての国籍）と、③国家帰属意識（ナショナル・アイデンティティ）の三点が問題となっている。[24] ひとつの国民国家において、市民権の位置づけは、たとえば定住移民への人権の保障を中心に少なからず進展がみられている。だがそれは、国民的地位と直接対応しているわけではない。またその国民（市民）においても一級市民、二級市民といった国内的差異化が現になされている。[25] わかりやすい例は、国籍が仮に同じだとしても、もともとの国籍所持者と新たな国籍獲得者といった差異化が図られる場合であろう。そしてそれは、国家への帰属意識の差異の強調、国家への帰属意識の強制、ないしはナショナル・アイデンティティの確認による帰化の認証などという形で間主観的に進みながら、国民意識がエスニックな国民の差異化の源であるという転倒した共同主観的な意識もまた生じてきている。典型的には、国家帰属意識のない者は帰化や国籍付与に値せず、そうである以上、国内の市民権もまた一定程度の制限を加えざるをえない、といった転倒が生じる。ここにおいては、かえって逆に近代国民国家の発想が強化・自明化されて共同主観的に制象化され、脱国家的試みが阻止されるだけでなく、「人権」それ自体も否定されがちとなる。

それにしても、人権（human rights）とは何だろうか。人権は、まず国民としての権利が最上位にくるような発想だったのだろうか。税金も払い、何世代も定住していても、「国民」でなければ国民と同一の権利が与えられないというのは、考えてみればおかしな話ではないか。植民地の人びとには（一定の民主化が進展していた）宗主国の国民と同等の市民権はなかった。近代西洋の啓蒙思想も、国内民主主義、国外植民地支配といった構図のなかで、近代国民国家的な枠にいかに拘束されていたかがわかる。だからいま今日のグローバル化時代に、ナショナルな枠を超える脱国家的な「国際人権レジーム」が語られることは大いに納得がいく点ではある。

しかしながら、国際人権レジームを基礎づけるような思考や発想は、社会学理論において十分に根づいているだろうか。同じ人間であるのだから、人間として同等であるべきだという漠然とした観念上の発想は、少なからず皆が抱いている発想だと思われるが、それが国境を越えて間主観的に基礎づけられ共有されているとはとても思えない。戦争はいうに及ばず、ネオナチを代表とする欧州や日本にも部分的にみられる外国人排斥のエスノセントリックな発想などが、それぞれの国のナショナリズムと結びつきながら社会問題化している現状を見るにつけ、いかにして国際人権レジームを脱国家的なレベルで根づかせていくかは、グローバル化時代の社会学理論にとって大きな課題であろう。

国際関係を超える

おそらく発想の次元でいえば、「国際人権レジーム」の「国際」という国と国との関係からの発想に問題があるのかもしれない。むしろ国と国との間の国際（山田 二〇〇五）という発想を変えて、グローバルな人と人との間の交流、いわば「人際《にんさい》」を出発点にすべきではないだろうか。それが筆者の着眼点であった。つまり、国民が出発点ではない。グローバルな視野の下での身体的・日常的な人間存在が出発点である。国際的な人権の保障が必要なことはもちろん――ギデンズ風にいえば現実的理想主義の視点からは――了解できるが、むしろ人権の出発点が国ではなく人であるならば、問われる関係は「国際」ではなく、まず「人際」であるはずだ。国際関係／国際交流から人際関係／人際交流へという筆者のスローガンは、そのことを意味している。[26]

だが、国際的（international）から人際的（inter-subjective）な関係への発想転換を基礎づけるものは何か。筆者はそれを、人際性（inter-subjectivity）という用語に含まれる間主観的（intersubjective）な存在位相への着目にあると考えている。それを共同主観的な国家意識に閉じこめて international に展開するだけでは不十分であって、むしろ inter-subjective な関係をいかに脱国家的かつグローバルに（いわばネットワーク状に）構築できるのかが問われているのではないだろうか。[27]

その際、筆者が出発点として取り上げてきたのは、戦争と平和の問題であると同時に暴力の問題であり、身体的生命の問題であった。身体は、暴力によって傷つけられ、ときに死に至る（そして、死への恐怖が暴力を権力へと変じて支配を成就する）。戦争を含む暴力は、私たちの存在それ自体を否定する物理力である。暴力の意味の基層には、私たちが身体をもった存在であること、あるいは私たちは身体であるという点がある。身体は傷つきやすい（vulnerable）存在である。たんに傷つきやすさ（vulnerability）があるというより、傷つき、倒れ、そして死することへの恐怖こそ、生世界の基本にある事態ではないだろうか。[28]そして、ここから議論を再構築すべきではないか。筆者はそう考えている。

じつは、こうした議論の際に有用な知見は、発想当初の源は筆者と必ずしも同一ではないが、B・S・ターナーが執拗なまでに身体に言及し、vulnerabilityという語を使用している点であろう。そこには、義務と結びついた権利という近代の国民国家的な共同主観的表象を超える、義務と必ずしも結びつかずに、身体の「傷つきやすさ」から発想する回路がある。そこにこそ、筆者もまた、間生体性／間身体性を含む間主観性論に基づく新たな連帯を求める脱国家的な「人権」の基礎づけとしての社会学理論的課題があり、今後の社会理論の展開に向けた出発点であると考えている。

脱国家的思考へ

繰り返しておこう。こうした発想は、一九八〇年代あたりからミクロ－マクロ・リンケージ問題と称されてきた理論的課題に向けられているのではなく、ポストモダンの議論も巻き込む形で、身体的存在である私たちの相互主観的関係を基礎とした自己と他者との間主観的＝人際的な関係性を、国家の境界を越えたグローバルなものへとネットワーク状に想像＝創造の翼を広げていくための基本的な視角となるであろう。[29] もちろん、問われているのはこのような理念的な青写真だけでなく、社会学者を含めた実践の場面であることもいうまでもない。社会学者としての理論実践＝実践理論として、このような発想を提示し、論じ合い、間主観的／相互主観的に実践することは、今日の社会学において不可欠なことのように思われるのである。

ただし、そうした実践においては、脱国家的な志向が求められていることを再度、強調しておきたい。たとえば、昨今何かと論じられることも多い「公共性」議論も、「上からの公共性」か、「下からの公共性」か、あるいは「中間からの公共性」か、といった国家内部レベルで論じられがちであった。そうではなく、トランスナショナルでクロスボーダーな、脱国家的であるいわば「横からの公共性」がもっと論じられてしかるべきであろう（西原編 二〇〇七）。

時代はもはや、社会学においても、日本を含むアジアから世界へとその想像力の翼を拡げて発想し、実践する時代なのではないだろうか[30]。……そのような問題提起をあえてさせていただいて、ひとまず本章を閉じたいと思う。そして、最終章の次章では、日本の優れた研究者の所説を検討して、本書の所説との位置関係もみることで、一定のまとめをおこなっておきたい。

CHAPTER 6

越境する相互行為論

――抵抗する精神の冒険

補説的な位置にある本章では、さまざまな形で間主観性や相互行為論に論及してきた日本の優れた研究者に焦点を当てる。それは、早い段階でパーソンズ批判とシュッツの批判的受容を試みた社会学者・故下田直春の試みと、みずから「哲学の越境」を掲げて社会的行為論に積極的に関与した社会哲学者・故廣松渉の試行、さらにこれら二人とは直接的な系譜関係にはないが、社会学的行為論の興味深くかつ独自な展開を試みている二人の（好対照をなす）現役社会学者、高橋由典・油井清光の両教授の試みである。これらの作業は、本書の社会学理論の確認作業であるとともに、続編への橋渡しの役割を負っている。まずはともかく、これらの論者への共感的・内在的な理解から始めて接点を明確にしつつ、間主観的な発生的相互行為論の問題の再点検をおこなっておきたい。

1　社会的現実と社会学的思考——社会学者・下田直春の問い

下田社会学の基本スタンス

もはや一部の社会学関係者以外に、下田直春の業績は知られなくなったかもしれない。下田は次節の廣松渉とくらべて寡作であった。単著としては、二冊の著書が刊行されただけである。しかし、彼の生き様は、日本社会学のひとつの典型であった。どういう意味でそうなのか。社会学理論の展開を考えていこうとするとき、他の戦後日本の市民社会派的な社会学者[1]とはまた異なった社会学理論研究者として、下田の社会学理論を検討し、これまでの日本の社会学理論の意義と問題点を探ってみたい。

序論的に、まず私的なエピソードをはさんでおこう。一九八〇年代初頭、筆者がシュッツの翻訳に取り組んでいた頃、下田教授に呼び出された[2]。蔦の生い茂る東京・立教大学の木造研究室で、氏は大きな辞典と何枚かのコピーを用意して約束の時間に待っておられた。「君たちはシュッツの翻訳で relevance を何と訳すつもりだ」。その日の話の主題はこの問題であった。当時、シュッツに関連した訳書で、relevance は「有意性」と訳されることが多かったので、私たちもその線で訳語を考えていた。しかし先生は、「有意性」は統計用語として定着していること、relevance に「意味」という語感は強すぎること、そしてシュッツにおいて relevance の本義は「つながり」「関連」の強調にあること、この三点を論拠に、大きな英語の辞書と当該のシュッツの論文コピーをも呈示しながら、「説得」に乗り出してきた。

結論からいえば、筆者はこの「説得」を受け入れ、「関連性」という訳語を共訳者に対して主張し、『シュッツ著作集』では、ときにルビを振って「関連性」と訳すことになった。そして、いまでもこの選択は間違っていないと確信している。というのも、シュッツ自身は（下田流にいえば）私中心の一人称的な「主観」から出発しながらも、他者たちとのつながり、世界とのつながり、そして事物の（認識論的・存在論的）連関を描いていたからである。シュッツ社会学を

「主観主義」と論じる下田ではあったが、著書『社会学的思考の基礎』（下田 一九七八）で示された「認識の二項対照性」という論点や、もうひとつの著書『社会理論と社会的現実』（下田 一九九四）における他者理解における自他の「同時性」（後述）という論点の呈示は、「つながり」を考える上でたいへん刺激的なものであった。それは――下田が見いだしながらも、その後必ずしも十分には展開されなかった論点ではあったが――「一人称」から出発する「主観主義社会学」を乗り越える重要な論点呈示であったからである。

さて、話がいきなり脱線気味であったかもしれない。筆者は、下田の学問的業績はもちろん以上に尽きるものではないと考えている。しかし、年譜的な業績一覧をここに書くつもりはない。下田の略年譜に関しては、笠原清志・宮内正と筆者と一緒に編集した『故下田直春教授追悼論文集・社会構造の探求――現実と理論のインターフェイス』所収のものがある（笠原ほか編 一九九七）。二冊の単著と五冊の訳書が下田の主要業績ではあるが、そのいずれもが今日に至っては「日本社会学会の知的遺産」といっても決して過言ではない重要な知的源泉となっている。それはどういうことか。残りの紙幅を費やして、この点を論じたいと思う。ちなみに、この『社会構造の探求』の「まえがき」で筆者は、下田がつねに理論と現実の両方に情熱をもって立ち向かっていたことを記した。そして一九八〇代後半から、下田のまなざしはグローバル化時代におけるアジアの現実にも向かっていたことを書き添えた。その評価は現在でも変わらないどころか、ますます重要な視線であったことが強調されるべきであろう。以下、下田直春の研究内容に内在して考えてみたい。

■パーソンズ機能主義への批判

下田は、大学院生のときに、日本社会学会の学会誌『社会学評論』に二つの論文を寄せている。ひとつは一九六四年の機能主義的階層論に関するもので、もうひとつは一九六二年のパーソンズ論、である。前者の六二年の『社会学評論』論文は、「パーソンズにおける社会体系論の論理とその批判」と題されている。今日では「パーソンズ」という表記も、末尾の「早稲田大学大学院学生」という執筆者紹介の表記もめずらしくなったが、一九五〇年代までのパーソンズの業績の要約と、とくにその「批判」は、いまでも決して輝きを失っていない。読み手によっていろいろと示唆的な論脈を見いだせるこの論文をあらためて検討してみて、筆者にはとくに二つの点が印象に残る。

それはまず第一点目は、「機能主義的な社会学理論の立場をとる」パーソンズの「全体論としての社会体系論」が、部分を軽視しているという批判である。「部分としての行為者や構造的諸形相は、全体としての体系の機能的命令によって規制されていて、それ自体の自律性は殆ど問題にされていない」（下田 一九六二：七八）、つまり「パーソンズの社会体系論は、全く全体としての体系の機能的要求ということを強調するあまり、諸部分の機能的自律性については殆ど問題にしなかった」（同書：八〇）、と下田は批判する。私たちはここに、下田社会学のその後の展開を読み解くひとつの手がかりを見いだす。部分の自律性を求める〈ロマンティスト〉下田像である。

第二点目となるもうひとつの論点は、次の引用のなかに見いだすことができる。すなわち、「体系モデルを理論的に精緻化していくことは勿論重要なことであるが、それを経験的社会の分析に応用する場合やはりひとつの限界があるということである。それは体系モデルが構造機能的な体系の理論として、あくまでも特定の歴史的、構造機能的な個性ではあり得ないという事実に由来する」のであって、したがって「依然として歴史的個性（歴史性―歴史的な内容的異質性）の抽出は残されたままである」という批判点である（同書：八六）。それゆえ、下田は続けて同頁で、「『なぜそのような構造機能的個性が生じたのか』と問うことにより、歴史的・発生的に分析を深めること」の必要性を説き、「歴史的・発生的に分析することにより、所与の社会の歴史的・構造機能的個性を解明すること」の重要性を繰り返している。ここにみえるのは、〈リアリスト〉下田像である。

ロマンティストとリアリスト

以上の二点は、〈全体における部分の自律性〉と〈歴史的・発生的分析による個性の解明〉の強調とまとめられる。もちろん、これらのことを強調するだけならば他の人にもできることであろう。しかし、この若き時代のロマンティストにしてリアリスト的な出発点を、その後の学問人生において〈有機的に結合させながら〉模索していった行路は決して他の人が真似できるものではなく、まさに私たちがそこから学ぶべき先達の偉大な遺産とみなすことができるのである。

以上の点を、下田直春のそれ以降の業績と絡めてもう少し考察してみよう。パーソンズとは異なった道行きの可能性を、下田はまずパーソンズにも影響を与えたはずのF・ズナニエッキの社会学に見いだそうとした（Znaniecki 1934）。社会的行為論を展開したズナニエッキの主張は下田の主張と重なるのだが、紙幅上、ここではこの点の詳述は控えておこう。あらためてズナニエッキと下田の社会学の共通の着眼点が記憶されるべきである。

さらに、この方向線上での下田の次なる挑戦は、当時アメリカで注目されはじめていたシュッツの現象学的社会学の検討であった。A・シクレルへの着目（Cicourel 1964）も同じ線上で捉えることができるが、「部分としての行為者」に着目したシュッツの議論への早い段階での紹介と批判が、下田の最初の単著において本格的になされたのである（シュッツに関する論考が全体の約三分の一を占める『社会学的思考の基礎』は、初版が一九七八年に出ている。八〇年代に入ってようやくシュッツの邦訳が出はじめる以前の業績である）。〈全体における部分の自律性〉をこれらの先行者の言説に仮託しながら自らの社会学を模索するスタンスは、当時の若い社会学徒に影響を与えた。筆者も、この書物を持ち歩いて精読したことを思い出す。この書はシュッツのたんなる紹介書ではなく、批判的な検討の書であった。その批判は、シュッツの描く世界が「長閑な平和な世界」（下田 一九七八：二二〇）だというイメージに集約される。〈現実〉は葛藤や相克に満ちたドロドロした個性的な世界だといわんばかりの、リアリスティックな直喩である。

■下田社会学のリアリズム

それゆえ、下田の視線は——行為に関して大いに着目しながらも——パーソンズやシュッツとは異なった視座から社会理論を展開する社会学者たちに向けられることになる。それが、I・ロッシの著作への着目であり、A・ギデンズへの着目であった。前者においては、マルクス主義を含めた統合的な社会学理論が「弁証法的構造社会学」とまとめ上げられた点(Rossi 1983)、後者においては、「構造化理論」が共感的に批判された点(下田 一九九四)に、下田の思考と志向が端的に表れている。後者に関してもう少し敷衍しておこう。

一九八九年にギデンズのもとで在外研究をおこないながら、下田はギデンズへの批判もまた忘れていない。それは、『社会理論と社会的現実』第四章の「おわりに」で明確に示されている。「ギデンズの理論」は、「折衷的だという批判も招いている」が、「彼の理論によって、はたして現実の世界を説明できるのかどうかが、一番の問題であるように思う。キデンズの問題意識にはたいへん共鳴するものがあるのだが、その理論の内容はあまりにも哲学的・思弁的であるように思われてならない」(下田 一九九四:九九)と締めくくられる。この論文は、まだギデンズがモダニティやグローバル化に関する議論を本格的に展開していない一九九〇年以前の段階で書かれたものである。その後のギデンズの展開をみることができたら、下田は何と批評したであろうか。おそらくグローバル化に関する議論や第三の道に関する問題意識は共有したであろうが、〈現実〉はそんな〈理想〉どおりには行かないよ、と評するかもしれない。リアリストとして具体的な社会的現実の理論的解明に取り組むことこそ、下田にとっての目標だったからである。

全体とも他の諸部分とも異なる部分の自律性を求めたロマンティスト下田が、生涯かけて求めたのは、歴史的な個性をもつ社会的現実を見据えた――リアリストとしての立場から展開される――社会理論であった。『社会理論と社会的現実』最終章で論じられたのは、マルクス主義社会理論の理想と現実の問題であった。そしてとくに、マルクスたちが『ドイツ・イデオロギー』で記した理想社会のイメージに対しても、先生は「何と長閑な牧歌的世界であることか！」と評した（下田 一九九四：二五四）。私たちはほぼ同じフレーズを別の箇所でみた。それは、シュッツの社会観に関するコメントにおいてであった。ある種のロマンティシズムは共有しながらも――だからこそ一定の関心を向けていたのだが――リアリストであった下田は、悲惨な歴史も内包するような安易な牧歌性には大いなる不満を抱かざるをえなかったのだろう。

ところで、筆者は先に、下田が晩年近くなってグローバル化時代のアジアに着目したことに触れた。とくに中国への調査旅行から帰国後、「中国」を熱く語る下田直春がいた。また阿蘭陀という国際的な名をもつ洋風居酒屋で働く中国人留学生たちにも、いつも暖かいまなざしを向けていた下田も忘れることができない。その意味で下田は人際交流を実践していた。シカゴ大学、ケンブリッジ大学と米英の主要大学で長期の在外研究をおこない、辞典（Michell 1979）を含む多数の欧米文献の翻訳にも携わった下田がみせた、中国をはじめとするアジアへのまなざしのなかに、キラリと輝く一筋の希望をみたように思うのは筆者だけであろうか。日本での下田の調査地のひとつ新潟・燕の洋食器産業に携わる人びとなどへの暖かいまなざしとともに、大局から抽象的・理論的にものをいうのではなく、部分の個性をもった自律性の意味を人びととの日常的な社会的現実のなかにみようとした下田社会学のまなざし。

『社会理論と社会的現実』の結論部には次のようなくだりが記されている。それは、マルクス主義的な一元的平等観ではなく、「もっと多元的な平等主義の考え方もありうるのではないか」という問いかけであった。下田自身がカギカッコを付けて強調するフレーズを引用しておこう。「差異による協同を前提とした平等、差異による協同を可能にする平等こそが、真に探求されるべき平等」であり、「人間の平等とは、人間存在の差異の共存と協同を可能にする平等でなければならない」(下田 一九九四：二五八)。これが、社会学理論研究者・下田直春の最後の著作の本論末尾の言葉である。市民権や公共性が論題となっているグローバル化時代の現代においてこそ、ロマンティック・リアリストとしての下田直春の、この最後の言葉の重みをじっくりと噛みしめたいと思う。

とはいえ、筆者自身は下田の考えにすべて賛成というわけではない。行為論への着目のみならず、本節冒頭に記したように、氏からいろいろと教えられたし、先達として深く学恩も感じている。アジアや中国に関しても大いに学ばせてもらった。だが、シュッツの読みに関してはずいぶんと異なった道を筆者は歩んでいる。シュッツの読みに関しては、時代差もあり、下田と筆者とでは現象学理解をはじめとして基本のスタンスが異なっていたと述べたほうがいいかもしれない。

その点、次節の廣松社会哲学に関しては問題意識を共有するところが大きく、筆者のシュッツ解釈にも大きな影響を与えている。またアジアへの視点も共有する点が大きいが、何よりもとくに廣松渉の「後期」の社会的行為論が重要である。そこでさっそく、後期廣松社会哲学に目を転じて内在的に論じてみたい。

2　越境する社会的行為論——社会学理論と廣松社会哲学

本節は、廣松渉が展開を試みた「社会哲学」の方向性を文献的考察も含めて検討する。[3] なお形式的なことだが、ここでは言及する文献が多いので、通常の出典表記法を崩して、わかりやすいものとしてある。内容上の本節での狙いは——廣松が読み解いた『ドイツ・イデオロギー』における協働聯関（Zusammenwirken）論、社会的威力／権力（soziale Macht）論、および国家論を念頭において[4]——後期廣松がどのような理路で議論展開を図ったのかという点にあり、そのことによって今後の社会を展望する社会学理論の方向性を問う点にある。

後期廣松社会哲学の歩み

本節で「後期廣松」と称するのは『存在と意味』第一巻（一九八二）以後を暫定的に指す。そうした区分を暫定的にとるのは、そのことで廣松哲学の意義のひとつがみやすくなるはずだという筆者の判断に基づく。廣松の業績には、ここでいう「後期廣松」以前にも、廣松版『ドイツ・イデオロギー』として広く知られる訳業など厳密なテキスト・クリティークに基づくマルクス主義理論の再検討がある。また、いずれも主著といえる『世界の共同主観的存在構造』(一九七二)と『存在と意味』第一巻(一九八二)を中心とする哲学的業績も知られている。[5] もちろん、それ以外にも科学論、革命論などの特筆すべき業績もある。だが、『存在と意味』第一巻刊行後は明確に研究がひとつの主題に焦点化される。それは、「認識的世界」の検討から「実践的世界」の検討への移行であり、〈社会的行為論〉の展開である。

すでに筆者自身が論じていることだが(西原 一九九八：Ⅸ章)、『存在と意味』第一巻を上梓した後の一九八四年、廣松は『新岩波哲学講座』所収の「関係の成立」という論考で、「存在的次元での関係性の一斑について、形成的成立の機序を主題的に扱う」旨を記し、さらに「小児期的体験の場面に遡って、発生論的に跡づける必要」を説いている。[6] 後期廣松の視線は、明らかに『存在と意味』第二巻(一九九三)の刊行に向けられていた。それは、『存在と意味』第一巻の用語法に従えば、認識対象面での「所与―所識」のセットに対する認識主体面での「能知―能識」のセットという四肢構造論の後半部(「能知―能識」という認識する側の捉え方は、第二巻では「能為的誰某―役柄的或者」と変更される)への焦点化である。

『存在と意味』第二巻冒頭で述べられたように、「『認識的世界』すなわち『認知的な関心の構えに対して展らける世界』なるものは、如実の実践的世界における実践的関心性を捨象することにおいて方法論的に抽出されたもの」であっただけに、廣松の思いはいっそう深くこの実践哲学的＝社会哲学的な研究に向けられていたといえる。(7) この「思い」は、おそらく現代社会への彼自身の変革実践への思いとも重なるので、よりいっそう重要な論題でもあっただろう。以下では、その「思い」を受け止めながら、後期廣松社会哲学の〈社会的行為論〉の内実に迫っていきたい。

表情論

廣松は一九八六年、『現代思想』二月号に「表情現相論・序説」を発表する。その後、この論考は「表情体験的世界からの再出発」と題名があらためられて、『存在と意味』第二巻の前年に刊行された『哲学の越境――行為論の領野へ』（一九九二）の冒頭の章として活かされた。この『哲学の越境』は、その「序」で廣松自身が「三十余冊の著作群の中で主要著作のひとつであると自負」すると記しているように、かなり思い入れのある著作であったことは間違いない。そしてそこでは、一九八六年から八九年の間に公刊された『共同主観性の現象学』(8)、「役割理論の再構築のために」（『思想』一九八六年五月号〜八八年三月号：全九回連載）、『表情』とともに、この『哲学の越境』が上記の「表情現相論・序説」を承けた本論である旨が述べられている。そして、この間の集中的努力が『存在と意味』第二巻に結実したのである。

なお、いま「集中的努力」と述べたのは、じつは廣松は上記「役割理論の再構築のために――

表情現相・対人応答・役割行動」とほぼ同時期に、「社会的行為論ノート」(『現代思想』一九八六年四月号～八九年一〇月号：全一七回連載)も公表しているからである。後者は主にシュッツの現象学的社会学(とくにシュッツの初期著作『社会的世界の意味構成』)の検討を試みたものだが、これもまた後期廣松の研究方向を示しているものとして私たちは着目せざるをえない。したがってまず、この連載稿も視野に入れて後期廣松の〈社会的行為論〉の要点と展開を簡潔に押さえる作業を試みてみたい。

さて、「再出発」を試みた「表情論」ないし「表情現相論」の「表情」とは、「知情意一体的に体験される世界現相、実践的な関心の態度性に展ける世界現相」(『哲学の越境』序)のことである。それは「必ずしも認知→情意→行動という継起的順序」ではなく、感「情」と行「動」を統括する「情動」という意味において、「『表情性』とは『情動誘発性』」にほかならず、「その表情感得こそが先行的・第一次的である」と論断される(『表情』第一章)。要するに廣松は、「そもそも知覚なるものは行動的反応態勢の構造内的契機としてのみ存立する」(同書第二章)と主張するのである。以上の点は廣松が『存在と意味』第一巻で、「或るものの分凝的現出」つまり「〝無＝地〟から分凝して〝図〟となるごとき」、〈同‐化〉ではなく)「『異‐化』こそがもっとも原基的な体験である」(第一篇第三章)とした知覚場面の議論の「行為論」的展開であるといえよう(なお、この「異‐化」の論点は後にも触れることになるので、ここでは注意を喚起しておくにとどめたい)。

■シュッツ論

廣松はこうした研究を推し進めていた時期に、上述のように、もうひとつの試みとしてシュッツの検討を柱とする社会的行為論の検討——内容からみれば「社会的相互行為論の検討」と記したほうがよい——を進めていた。のちに『現象学的社会学の祖型——A・シュッツ研究ノート』（一九九一）としてその主要部分がまとめられて刊行される研究である。この仕事に関しては、筆者（西原）自身が作成過程で多少とも関与し[9]、また『廣松渉著作集』第六巻の「解説」も筆者が書いているので、細かく立ち入ることはしない。廣松がここで最終的に示したかった主要点は、結局のところシュッツ行為論が「意識の各私性」を前提とする近代的ドグマを免れていないことを論判した点にあろう。しかし同時に廣松は、シュッツが対面的状況にある自他の「同時性」を論じている点にも着目していた。

自己は自己をつねに過去性においてしか捉えられないが、眼前の他者は同時性において捉えうる。あるいは、飛ぶ鳥を同時に見遣る自己と他者の同時性。こうした「同時性の理路」がシュッツにみられる点に関する廣松の指摘は興味深い（西原編 一九九一）。廣松のここでの検討は一九三二年のシュッツの著作に限定されていたが、後にシュッツ自身は音楽的コミュニケーションを例として mutual tuning-in relationship（相互同調関係）を論じていっただけに、この廣松の指摘はいっそう興味深いものであった（西原 二〇〇三：六章）。廣松がこの連載論文では——試みようとはしたが——十分には論及しえなかったG・H・ミードの発生論ともども、シュッツの相互同調関係論は、間主観的な（廣松用語でいう共同主観的な）社会的相互行為の発生論的考察においてひとつの拠点たりえるであろう。

役割理論

最後に、「役割理論」にも論及しなければならない。つとに指摘されてきていることではあるが、廣松の役割理論への言及はすでに一九六〇年代の後半の論文においてみられるし、また一九七二年の『世界の共同主観的存在構造』においても、その第Ⅱ部で（役割と役柄とが用語上は未分化ではあれ）すでに着目されていた。後期廣松にあって「役割」とは、自存する地位の占有者に対して他者から期待される行動様式としての〝役割〟（つまり「役柄」）という社会学的概念ではなく、そのような物象化された「地位―役割」関係をも成り立たせる機制を問う発生論的な概念である。それは端的に、地位なる〝もの〟が物象化的に存立するようになる実践場面を問題にし、そして何よりも、現状固定化的な物象化的〝役割〟概念に安住する社会学的役割論をも批判する側面をもち合わせていた（この点も後に触れる）。

だがそれにしても、廣松はこのような社会哲学的検討で何をおこないたかったのか。それは何よりもまず、自己と他者の社会的相互行為の原基的場面の解明、『存在と意味』第二巻の用語を使えば、「役割行為の共互的構造と協働的態勢」（同書第二篇第二章）の解明である。「人間の行動は……悉く一種の協働」であり、「人間の行為なるものは……悉く一種の役割取得行為にほかならない」(同書同箇所)。だがもちろん、社会学で語られがちな自立した個人間での協働や、行為者による物象化された「役割」(つまり廣松流には「役柄」)の内面化的取得がここでの議論ではない。そうではなく、いわば現代の相互行為状況を可能ならしめる「発生論的、行動発達論的基礎場面」を問い直すことが主眼である。

先回りして『存在と意味』第二巻第二篇第二章で示された類型を記せば、「共互的な役割行為」は、「(1)順次交替型(交互型)、(2)並行共業型(協同型)、(3)同時相補型(補完型)に分けて論じうる」。しかし、これはたんなる類型ではない。『共同主観性の現象学』の用語を使えば、「生体は振動系」であり、「振動の引き込みによる同調化の機制」がこの議論の根底にある。このような論点を発生論的基層のひとつとしながらも、だが廣松は「役割理論の再構築のために」では「対人応答の進捗」という発生論的場面で、「共振的同調」「模倣的協応」などとともに、「対抗的即応」という論点をも提示していた(同論文の第二章第二節第二項)。

さらに、ここで着目したいのは最後の「対抗的即応」である。廣松によれば、これは「『模倣的協応』と密接不可分の行動態勢」であって、「『模倣的協応』と『対抗的即応』との謂うなれば〝統合態〟において『共互的(mit-ein-ander)』な社会行動が成立する」。だが、それは、模倣的側面に対して「発生論的にはむしろ別系統の起源と意義を有つ」(同上)。ここで詳細に立ち入る紙幅はないが、この点の含意もぜひとも触れておきたい点なので、いったん節をあらためた後に考えてみたい。

■制度論・国家論への回路

さて、これまで『存在と意味』第二巻につながる後期廣松の〈社会的行為論〉の骨子を一瞥してきた。しかし、この第二巻は第三篇「制度的世界の存立機制」を欠く。この「制度論」は第二巻（続）として予定されていたが、一九九四年の廣松の早すぎる死によって叶わなかった。第三巻も同様の理由で未刊である。だが、前節のように後期廣松社会哲学を辿ることによって、私たちは廣松がどのような構想を抱いていたかを──彼自身が言及する『存在と意味』全三巻の執筆プランともに（後註（12）参照）──勘案することができる、あるいは少なくとも、その社会理論的な方向性と可能性を論じることができる。

ただし、そのためには、これまで本章で論じてこなかった一九八〇年代廣松の他の研究にも目を向けておかなければならない。一九八二年に廣松は社会的権力論を回路とする国家論の展開を睨んだ『唯物史観と国家論』を上梓していたことはすでに註（6）で触れたが、八六年には『生態史観と唯物史観』をも刊行した。同書の本論は東アジア地域も視野に入れつつ、経済人類学をふまえて唯物史観の再検討を試みたものだが、附論として「エコロジスト運動を意識した」八二年の論考「生態学的価値と社会変革の理念」も収録されていた。もちろん、環境問題を念頭に置いたエコロジー運動に関するこのような論考は、八一年刊行の『新左翼運動の射程』にもみられる。ただし、この八一年の著作は八〇年の『〈近代の超克〉論』とともに『存在と意味』第一巻以前で、しかもこの二冊に所収された多くの論考は『生態史観と唯物史観』所収の論考と同様、七〇年代後半に執筆されたものである。だから、本章で後期廣松と称するのはあくまでも便宜的なものに過ぎない。とはいえ、これらの出版時期と、ここで言及した『唯物史観と国家論』『〈近代の超克〉論』『生態史観と唯物史観』が同じ出版社から一九八九―九一年の間に文庫本として刊行された点は大いに着目に値する。[10] もちろん出版社の事情という問題があるにせよ、廣松のこの時期の出版と文庫本化は記憶にとどめておいてよいだろう。

話を戻そう。こうした著作活動を通して、後期廣松はどういう方向性と可能性をもつのだろうか。それは端的に、〈役割論→行為論→権力論→制度論→国家論〉といってよい方向性だったとまずはいえるだろう。この方向性が、「協働聯関」論からの展開としての廣松〈社会的行為論〉の構図であると筆者は考えている。

廣松と東アジア

だが加えて、私たちにはじつはもうひとつ記憶に残る「発言」が残されている。それは死の直前に廣松が朝日新聞に載せた短文である。「東北アジアが歴史の主役に」という見出しで、「日中を軸に『東亜』の新体制を」と小見出しで書かれた記事だ（一九九四年三月一六日付）。さまざまな批判や疑問視もあるなかで、廣松のこの記事は刺激的だった。だが、いまはその内容の是非を問いたいのではない。いま着目したいのは、上述の〈役割論→行為論→権力論→制度論→国家論〉という社会哲学的探究の方向性に加えて、先に述べた東亜・近代の超克・環境という問題意識が重ねられていた点である。[11] 件の記事は、明らかにグローバル化時代を睨んで、かつ「関係主義が基調となる」路線で、〈脱国家的思考の可能性〉を問うた発言だと位置づけることができる。いいかえれば、グローバル化が進捗するなかで〈国家を超える〉思考とその実践が、じつは廣松においても志向されていたのではないだろうか。[12] あるいは、彼の志向の度合いがどの程度であったのかは別としても、少なくともこのように捉えることによって、後期廣松社会哲学の理論実践の射程は、一段とその現代的意義と可能性をもちうるように筆者には思われるのである。最後に、この点に言及してまとめとしたい。

本節で筆者は、いくつかの論点において留意を促す一文を本文中にはさんでおいた。それは、「異-化」の原基性であり、[13] 社会学的「役割」論批判であり、「対抗的即応」の議論であった。それらを貫く筋は、たんなる同調重視や同化主義ではない廣松の共同主観性（intersubjectivity）論における、「差異」（「異-化」）をふまえた社会変革へと向かう実践的闘いの理論化でもあったのである。さらにこの視点は、誤解を恐れず筆者自身の言葉でいえば、「近代国民国家」を自明の前提とした国と国との「国際的な（international）関係」から、〈社会的行為論〉にみる後期廣松流の共同主観的かつ協働聯関的な人と人との「人際的な（inter-subjective）関係」の——たんなる一体・同化論を超えた——「第一次性」をふまえた論点と密接にかかわるのである。このような視座からする新たな「社会変革」の闘いこそ、後期廣松の理論実践における方向性であり、ポスト廣松期の現在の、越境する社会的行為論の「射程」と「可能性」であると筆者には思われるのである。

その「世界史」的な〈国家論→脱国家論〉という方向の十分な展開を前に、死が廣松を襲ったことはきわめて残念であるが、私たちには、残された理論課題とともに「日中を軸とした東亜の新体制を！　それを前提とした世界の新体制を！」という未来への新たな実践課題、つまりまずもっての〈東アジアの共生と連帯〉という実践課題が残された。「それは決して容易な途ではあるまい。が、南北格差をはらんだまま、エコロジカルな危機がこれだけ深刻化している今日、これは喫緊な課題であると言わねばならない」。朝日新聞の記事の最終段落、つまり廣松存命中の文字どおりのこの「最後の言葉」を引用して本節を閉じたいと思う(14)。

3　現代社会学理論と行為論——深部への問い・外部への問い

さて、本章最後の節では、現代社会学研究者による深部への問いと外部への問いをもつふたつの「冒険」に論及したい。その理由は、筆者がそこから学ぶべきことが多いと考えているだけでなく、使用する用語群は異なるが、筆者自身の社会学や行為論と内容的に触れ合う点があると考えているからである。本書全体のまとめに代える形で、その触れ合う点を中心に記して本書のもつ方向性の理解に役立てば幸いである。

(a) 高橋由典の「行為論的思考」

まず高橋由典著の『行為論的思考――体験選択と社会学』(高橋 二〇〇七)を取り上げたい。この書は、『感情と行為――社会学的感情論の試み』(高橋 一九九六)と『社会学講義――感情論の視点』(高橋 一九九九)を刊行して、感情と行為の連関について考えることを課題としてきた高橋教授の比較的最近の著作である。感情の社会性を説くだけの構築主義的感情論に違和感をもっていた筆者自身は、高橋教授の上掲の諸著作に大いに魅了された愛読者であった。そしてこの感情と行為の連関という課題を一段と深めた本書『行為論的思考』は、これまで以上に読者にこの著者と同様の強靭な思索力を求める厚みのある著作である。この書は九章構成で、それに序論と補論が付く。序論後の最初の第一章―第三章は「体験選択」そのものを正面から論じ、それに続く第四章―第八章は、体験選択と贈与行為を含めた具体的な行為との関連を扱い、最後の第九章は贈与制度の身体論的把握(人間行為を身体の動きとしてみる視点)を試みている。

■体験選択

この書の主張理解のためには、まず「体験選択」という用語の意味の把握が重要である。幸いにも、序章、第一章、第二章を中心に早い段階で定義風にこの概念の意味と位置が示されているので、なるべく筆者の表現に基づく形で簡潔にまとめてみよう。

通常、選択とは複数の選択肢のなかからひとつを取り出すという事態を指すが、体験選択とはそうした選択とは質的に異なる選択を表現する言葉である。体験選択は意図的選択ではないが、体験の成立それ自体は一種の選択である。「魅了される」「夢中になる」といった事態が示すように、体験選択の場所は行為選択の主体がむしろ主体としての性能を失っている場所であり、体験選択は社会の規範的制御から独立したプロセスであり、行為選択以前の選択である……。

以上の点の理論的根拠を、社会学の行為論の文脈をふまえて思索したのが本書『行為論的思考』である。なおここで行為論というのは、高橋によれば、人間の行為を行為主体による選択の結果とみなし、その選択の理由（動機）を問うことを課題とする認識のことである。この点を勘案すれば、体験選択は「主体としての性能を失っている」かぎりでは、通常の行為論（ないしは行為選択）ではすくい切れないことになろう。そしてそれでは人びとの振る舞いを的確に捉えることはできない。如実の行動把握のためには、前節の廣松の箇所でみたような「情動」誘発性ないしは「情動」が着目されるべきであろう。

そこで、社会学の行為論における感情概念と関係づけてみよう。高橋によれば、ヴェーバー行為論以来の感情についての思考を徹底すると「体験選択の意味での感情（「生の実感」）」に行き着き、そこに「行為論的に有意味な感情」の中心としての体験選択という動的次元がみられる（『行為論的思考』六頁）。体験選択は、主体にとってつねにひとつの出来事として出現するが、それは、日常生活の相互行為平面での意識の緊張の解除、つまり「防衛態勢解除」の状態での「生の動きそのもの」である。こう高橋はいう。それは、作田啓一（一九九三）がかつて示した、そして高橋教授が影響を受けた「溶解体験」と重なり合う。だが認識関心は異なる。溶解体験は「主客区分の廃棄」であるが、体験選択への着目には「それが帰結する行為選択への関心」（同書：二二）がある。その関心は、「体験選択の世界」と、社会（システム）としての「行為選択の世界」との関連への視座だといえる。

体験選択の概念上の要諦は、主客の溶解ではなく、「体験の成立そのものが、対象とのつながり（関係）を構成している」（同書：一五）という点にある。それは「言語による定式化を原理的に免れてしまう」（同書：四二）が、その対象は体験選択の世界への扉を開く「鍵対象」であって、通常の行為論における主体の欲求に対応した「欲求対象」とは異なる。そしてその文脈上での要諦は、「体験選択は新しい社会性とでもいうべきものを開示してしまう」（同書：四二）点にある。それは「開いた社会性」と呼びうる。

「開いた社会性」

この「開いた社会性」は「特定他者とのつながりそれ自体をめざすことをむしろ排除する社会性」（同書：四六）であり、「超個体性の経験」（同書：五〇）である。それはベルクソンが「万人をわが兄弟と感じる」と述べたような「万人に開かれた社会性」であり、著者のいうように、共同体の法に拘束される「よき市民」をも無化するような、「『共同体』対『共同体の外』という構造の外に立つ他者との出会い」（同書：一三二）である。第七章、第九章で、交換の一環としての贈与制度内贈与や他者に与えるという贈与ではない「交換の体系を構成しない贈与」、すなわち「放棄」が論じられるのもこの文脈である。この「開いた社会性」は、筆者のいう〈原社会性〉に近い概念である。ただし〈原社会性〉は、どちらかといえば（たとえば母子関係にみられるような）「リズムの共有」などの対面的な相互行為状況のもとでの他者とのつながりに関心をおいた概念化であった。この点に、「開いた社会性」概念のもつ、共同体の内外という構造の外に立つという高橋の発想を付け加えながら、相互行為論の地平でさらに考えていくことは非常に重要な課題となろう。

いずれにせよ、本書によって「体験選択」の意味と射程はかなり了解可能となる。「欲求対象は、行為の活性化につながり、鍵対象は、行為の成立条件そのものを解体する方向で機能する」点の指摘（同書：一八〇）ももちろん非常に刺激的だ。だが課題を一点あげるならば、それは体験選択から行為選択へと至る道のさらなる解明であろう。「鍵対象の欲求対象化」（同書：一八六）という機制は、「体験選択→行為選択」の「ストレートな帰還と屈折した帰還」（同書：一七五）があるとの説明を受けても、またカリスマ論のような「鍵対象の聖化」論（同書：一八九以下）などいくつもの興味深い指摘はあっても、「なぜ」「どうして」そうした「帰還」が生じるかの解明は残されているように思われる。この解明は、発達心理学的な、あるいは歴史社会的な発生論的検討にも開かれているように思われるのは筆者（西原）だけであろうか。ちなみに、筆者は『意味の社会学』（一九九八年）以来、この問題にかかわってきており、本書のこれまでの章でもしばしばこの点に言及してきただけに――高橋教授とは異なった系譜の研究に依拠する形ではあったが――教授の問題意識と基礎的事態の把握は筆者も共有しうる。

『行為論的思考』は、個人か社会か、実践か構造か、行為か制度か、などの古くからの問いに内容的に真正面から向き合うきわめて重要な著作である。そうした時間のかかる徹底思索を持続する著者の努力は、実証志向・業績志向の強い今日の社会学界の現状を思うにつけ、その重要さがひときわ際立つ。著者は今後、「既成の諸社会理論」との関係の検討に入ると記している。ぜひ、これまでの強靭な思索力を、たとえば、一方での現象学の志向性（たんに認識論的な志向性だけでない衝動志向性や身体的間主観性（間身体性）の議論やブルデューのハビトゥス概念など）との関連の検討と、他方でのミクロ－マクロ問題――この問題自体をどう捉えるかを含めて――にもかかわる制度化（構造化）論的文脈での検討に活かすことを大いに期待したい。その検討から、新たなオリジナリティ豊かな社会学理論構築の可能性が開かれると思われるからである。

ただし、そのためにはもう一点、グローバル化時代に対応した〝構造〟的文脈にもさらに目を向けておく必要がある。マクロな構造的文脈については、「構造―機能主義」の提唱者T・パーソンズを抜きに語ることはできない。これまで筆者は、本書で（本章第一節もふくめて）しばしばパーソンズに対して批判的な目を向けてきたが、パーソンズ社会学をグローバル化との関係で読み解く新たな試みも登場してきているので、最後にこの新たな試みに論及することによって、現象学的社会学の射程もあらためて考えてみたい。

(b) 油井パーソンズ論の位置

油井清光著『パーソンズと社会学理論の現在——T・Pと呼ばれた知の領域について』(油井二〇〇二)の刊行およびそれに前後する一連の油井パーソンズ論は、久々に知的興奮を呼ぶ仕事であった。[15] その興味深さの源はどこにあるのだろうか。まずそこから考えてみたい。

■いまパーソンズ理論を読むことの意義

おそらくそれは、現在の筆者にとって、少なくとも次の二点に集約できるように思う。すなわち、①学問領域における自明性の解体、②ホロコーストとユートピアという問題意識、である。前者①に関しては、かつての日本におけるパーソンズ受容の歴史において示されてきた通史的な常識の解体である。[16] 高城和義によるパーソンズの社会活動を含む生活史に関する優れた研究が出たとき(高城 一九九二)、なぜいままでこうした研究がなされなかったのかがひとつの〈謎〉(あるいはそれまでのパーソンズ研究者の〈不可解さ〉)であるとすら感じたが、筆者にとってそれは、実践家パーソンズへの「大きな関心」の喚起にとどまった。

しかし、油井パーソンズ論はさらに大きな興奮を呼ぶ。もちろん、それはいうまでもなくパーソンズの「第二のジンメル論」の油井教授自身による発見にあることは間違いないが、興味深さはむしろその〈事後処理〉の仕方にある。それは、油井パーソンズ論がパーソンズにおける「裏テーマ」の核心を描き出して、これまでのパーソンズ像を塗り替えた功績に由来する。そしてそこには、「構造」概念をめぐる変遷を論じる理論的検討と、②の「ホロコーストとユートピア」や「社会的共同体」論への展開というグローバル化時代における社会理論にとってもつ現代的意義とがある。だが、それらのなかには、かなりポレミカルな面もある。その論点の所在を、現代的意義の検討とともに、以下で確認しておきたい。それゆえここでは、この書全体をなるべく忠実に要約するという手法はとらずに、いきなりこの著作の位置づけから入ってみたい。

■油井パーソンズ論の意義

まず、油井教授の業績の意義からみてみよう。もちろん、その意義は多面的であるので、ここでその全体を論じることは不可能である。そこで、筆者の現在の関心という視角から、日本社会学の理論研究にとってもつ油井パーソンズ論の意義に話を限定して語ってみたい。

第一にあげられる意義は、〈理論研究の復権〉である。これについては、多くの言葉を費やしたいが、ここでは日本社会学における象徴的な出来事の連鎖に関して触れるだけにしよう。それは、二〇〇四年の「社会調査士」制度の発足についてである。いうまでもなく筆者は、社会学研究において社会調査が不要だなどと考えているわけでは毛頭ない、とすでに述べてきた。それどころか、社会調査は社会学研究にとって重要なツールのひとつである。しかし他方、調査実証研究には――その手前においても、途上においても、そして事後においても――学説研究を含む理論研究が欠かせないこと。このことを形だけ語るのではなく、中身をともなった方向で活性化するためには、理論研究の意義がもっと強調され、奨励されるべきである。とりわけ、大学の学部教育において、学説（史）研究や理論研究は、社会学研究の基礎としてきわめて重要である。それらを軽視してはならない。そのためにも、現役の新しい世代の社会学研究者による複数の学説理論研究の成果の出現が待ち望まれる。その点で、まず油井パーソンズ論は第一級の仕事なのである。

第二に、理論内在的には、油井がパーソンズの行為論を、ジンメル社会学という遺産と絡めながら、そしてミードをはじめとするシカゴ学派の伝統にも論及しながら、再確認しようとする意義があげられる。それは、油井によるパーソンズにおける相互行為論とシンボル論の位置とを明確にしようとする努力のなかにみられるだけでなく、社会学者という行為者（科学研究者）の営み（方法論）にパーソンズがこだわった点への再着目にも垣間見られる意義である。それは〈意味的行為論の復権〉と呼びうる。社会学という学の営みを社会学者という行為者の理論実践と絡める視線は、『社会的行為の構造』（Parsons 1937）やシュッツとの『往復書簡』（Schutz & Parsons 1978）においてみられたように、パーソンズの優れた点である。そして、そのことを、ジンメルやシュッツと絡ませて丹念に論じる油井パーソンズ論（油井 二〇〇四も参照）も意義深いものである。また、その議論の核心に、「構造」概念に関するパーソンズの思索の変遷があり、この変遷を検討する油井のまなざしは、日本社会学においてあらためて「構造」概念を再検討する契機を与えてくれるだろう（この点はさらに後述する）。

第三は、理論研究における「裏テーマ」を通してみた際の現代社会論へのパーソンズの問題意識の明示化にかかわる意義である。これは〈社会哲学の復権〉と呼んでもよいのかもしれない。上述の第一の論点とも重なるのだが、この社会哲学的問題意識が現代日本社会学においてはストレートに出しにくい状況がある。実証偏重あるいは些末実証主義の傾動もこの状況に含めてよい。そしてじつは、日本の「機能主義」的思潮が、「哲学の頭を切り取る」（すでにたびたび触れてきたように、フッサールによる実証主義批判において用いられた言葉）ようなこの状況に一役買ってきたとするならば、それはまことに皮肉な出来事である。パーソンズという研究者の新たな実践的・社会哲学的な「意味」の再発見として、このことをぜひともここに明記しておきたい。日本社会学史の一時期を席巻した「パーソンズにあらずんば社会学者にあらず」式の動向は、マルクス主義社会学の隆盛と並んで戦後日本社会学の知識社会学的検討の対象として――それ自体が戦後日本の社会史を形成している――たいへん興味深い素材ではある。しかしながら、一九九〇年以降、時代状況は大きく転換している……。

第四は、その時代状況の認識とかかわる。いま問われていることがグローバル化時代のなかの近代国民国家のあり方であるとするならば、パーソンズはまだまだ掘り起こされるべき巨大な知的鉱脈であるということ、このことを油井パーソンズ論は明示してくれた。油井教授が、とくに

「社会学は、全体性という単位性をもった文化を、実質上ほぼ国民国家の範囲と等値とみなす」と語り、また「社会学は、国家論としてはきわめて曖昧で脆弱なディシプリン」だとして批判的に論じた点（油井 二〇〇二：一七三）も現代的意義をもつ。さらにいえば、「ホロコーストとユートピア」という『年報社会科学基礎論研究』に掲載された論文（油井 二〇〇四）とパーソンズ『知識社会学と思想史』に付された解説（油井 二〇〇三）も、いずれも圧縮された内容ではあるが、この新たな国家研究への課題意識がもつ意義を明確にしてくれる。この文脈は、〈社会学的国家論の復権〉と呼ぶことができるだろう。

だが、以上のような理論研究の復権、意味的行為論の復権、社会哲学の復権、そして社会学的国家論の復権を含む油井パーソンズ論の意義を非常に高く評価しながらも、筆者がやや疑問に感じる点もある。あるいは、油井教授との方向性の共有を再確認しつつも、筆者の立場からすれば、議論の前提におけるいくつかの留意点もあるといったほうが正確だろう。以下では、そうした点に言及してみたいが、そのためにここで筆者（西原）の立場にもあらためて簡潔に触れておくべきだろう。

■シュッツ＝パーソンズ論争

もちろん、ここでは筆者の自説を長々と繰り返すつもりはないので、一面化を厭わずきわめて簡潔に提示するにとどめたい。単刀直入にいおう。油井はこの著作のなかでシュッツとの関係をほのめかし、油井（二〇〇四）では正面から一九四〇年初頭のシュッツ＝パーソンズ論争を問い直すが、筆者はこのシュッツ＝パーソンズ論争にあまり関心がない。そこで感じるシュッツの魅力は限定的だ。なぜか。それは、別の箇所にこそシュッツの大きな魅力があり、そこに社会学的な展開可能性があると考えているからである。それが「間主観性」論であった。この論争の時期には、シュッツにとってまだ間主観性論は――課題としては確実に意識されていたとはいえ――十分に問い詰めた形にはなっていなかった。

間主観性は「生活世界にとって所与」であり「人間存在の根本的カテゴリー」だとする一九五〇年代の後期シュッツにみられる視点（Schutz 1966 : 82＝一九九八：一三六）、つまり当時シュッツが読むことのできた範囲内でのフッサール現象学への批判を内包する後期シュッツの視点は、間身体性論などを含むシュッツの「間主観性の社会学理論」の方向性を明示している。それは、発生論的相互行為論に立脚し、媒介概念として支配や権力を射程に入れた、社会理論としての〈発生社会学〉ともいうべき現象学的社会学の間主観的な発生論的方向性である（Crossley 1996も参照）。この点の詳述は本書『間主観性の社会学理論』のこれまでおこなってきたので、ここでは割愛する。関連した点は、他の拙著、たとえば『自己と社会』（西原 二〇〇三）の五章なども参照していただきたい。ただし、この拙著『自己と社会』の位置に関しては、一言だけ確認をおこなっておきたい。この拙著は、シュッツの「法と統治」論（Schutz 1964）やメルロ＝ポンティの制度化論（木田 二〇〇〇、参照）をふまえて、最終節は「国家論への現象学的社会学のまなざし」で終わっていた。筆者がシュッツの現象学的社会学からさらに展開したいと考えているのは、じつはこの点である。そして、最近の筆者の仕事の中心もここにある。それは、グローバル化時代の社会理論を、間主観性論から構想する試みである。

とはいえ、主観性や生（活）世界への筆者の関心はまったく衰えていない。それが現象学の（そして筆者の）出発点であることは間違いない。だが主観性や生活世界に関してちまたに流布している自明の（常識的）言説は、主観主義的偏向に満ちている。その自明性に乗って議論をすることの是非がある。とりあえず、この「是非」を油井パーソンズ論に対してまず問題提起しておきたい。

■「構造」および「構造―機能主義」とは何だったのか

そこで、以上のような筆者の視点からみると、油井パーソンズ論において、さらに問われうるように思われる点も若干みえてくる。それは、油井パーソンズ論の「表テーマ」に関する論点に関してである。すなわち、パーソンズにとって「構造」とは何か、である。油井（二〇〇四）論文には、構造をめぐってふたつの重要な論点が出てくる。

ひとつは、「分析的リアリズム」の視点とかかわる抽象の「三つのレベル」（①分析的・一般的抽象、②経験的構造・抽象、③具体的・実体的構造）（油井 二〇〇四：一三）である。このどこにパーソンズが着目したのかというパーソンズ内在的な学説史的検討とその展開はよく整理されているので、ここで繰り返さない。しかし、ひるがえって構造とは何かという中身の問題が重要である。油井は、構造の中身として最終的には「親族・市場・契約・政治的義務の諸制度といった具体的な経験的構造」や「成層、権威と権利、制度、公式組織、法」などを指示するが（油井 二〇〇四：一七－一八）、これは凡庸である。とりたてて「構造」と強調する価値があるのだろうか。むしろそこでは、「構造の生成」という発生論的機制それ自体こそ問われるべき課題ではないのだろうか。

そしてそもそも、パーソンズがこだわった①から③の構造概念の区別と連関もじつはかなり分かりにくい。当事者視点／観察者視点という区別も含めて、より明確な解明が必要だろう。その際、この問題系として油井が著書で評価を定め難いとしている「分析的リアリズム」という立場、さらには「抽象」という手順のもつ意味（いわゆる概念枠組や概念図式、あるいはシュッツの「第一次的構成概念と第二次的構成概念」論との関係など）についても的確な解明が待たれる。それらをここで、パーソンズにおけるカント的限界などと大上段に語るつもりはないが、抽象という一種の「類型化」的手続きに関して、哲学的（認識論的・存在論的）および社会哲学的な意味でも、私たちは敏感でなければならないだろう。

筆者は、シュッツが区分したような日常生活者による第一次的構成概念（一次構成）と社会科学者による第二次的構成概念（二次構成）に関して、基本的にはむしろ「連続説」に立ち、結論的には油井教授と同じ立場である。しかしそれは、「認識論」のレベルの話である。少なくとも、一方で、①その認識のよって立つ言語的基盤の発生をめぐる（身体的・知覚的な）存在論的地平、他方で、②制度化された近代的地平での科学的世界の形成という歴史社会論的地平、このふたつの地平のもとでは、しかしながら必ずしも単純な「連続説」ではない。身体論や近代批判論という問題圏の検討なしに、果たして油井のいうように〈パーソンズ＝生活世界論を欠く「デラシネ」論〉と、〈シュッツ＝生活世界論だけの「ディアスポラ」論〉とを対比して議論できるのだろうか（油井 二〇〇四、参照）。それは、シュッツの議論の切り詰め（シュッツは生世界にもっと深い意味を込めているし、上述の一次構成と二次構成は対立的ではなく、あるいはたんなる往還でもなく、発生論的および基礎づけ的な関係でもあった）であるだけでなく、ひょっとしてパーソンズ自身の議論の切り詰めにならないのであろうか。認識論的にはかなり鋭い議論をしていたパーソンズ理論は、デラシネ＝根無し草であったのか。もちろん、こうした言い方は、著者（油井教授）の文脈をズラしていることを自覚している。しかし、このズラしによって問題はよりいっそう鮮明にみえてくるはずだ。

こうした論判は、じつは「構造」概念へのもうひとつの疑問ともかかわってくる。それは、レヴィ＝ストロースやチョムスキーの名前を出しながら、「深層構造」（油井 二〇〇四：二一四）に言及する点である。たしかにパーソンズは彼らに言及し、関心をもったことは否定できないだろう。しかし、油井教授は、「西洋近代」批判者（「野生の知」！の強調者）でもあるレヴィ＝ストロースと「現代社会」批判者でもあるチョムスキーという（この両者においても、あるいは対パーソンズという意味でも）出所も来歴も異なり、「構造」の位置づけも異なる「構造主義者」をもち出すことで、何をおこないたいのだろうか。

それによって「一次構成」と「二次構成」の区別と重ね合わせるという方向ならば、たとえばレヴィ＝ストロースのもつ「近代批判」という問いかけの水準をつかみ損ねるだけでなく、パーソンズやシュッツにおける概念形成史と問題意識史というクロニカルな問題点も残るように思われる。パーソンズにおいては「分析的リアリズム」の〝運命〟が問われうるし、シュッツにおいては〈言語以前の類型化〉の〝位置〟が学説史的に問われうるからである。そして何よりも、F・de・ソシュールを嚆矢として、レヴィ＝ストロースやポスト構造主義者たち（デリダやリオタールやドゥルーズなど）の構造主義的思潮は、主客二元論に象徴される西洋近代知を核とする〈近代〉への批判にこそそのポイントがあった。あるいは、そこに大きな意義がある。そして本書で触れたように、現象学にも同様の危機認識＝〈近代〉批判の鉱脈があった。

要するに、筆者が問題にしたいのは、このような「構造」主義の立ち位置も念頭に置いて構造概念全体の検討をふまえた上で、パーソンズの「構造―機能主義」とは何だったのか、とりわけ一世を風靡したこの思潮が、社会学理論にとってどういう意味をもっていたのか、このことの検討が今日必要ではないか、ということである。フランス構造主義の地でもしばしば教鞭をとるなどグローバルに活躍する油井教授には、それを論じる力量があるので、大いなる期待を込めて問題提起させていただきたい。

以上、本節では、パーソンズがかつて、「構造―機能主義」ではなく「過程―機能主義」を回想的に語ったことなど他の細かい学説史的な議論を抜きに、いきなり直球を投げた。パーソンズ（そしてシュッツ）という鉱脈を活かしていくためには、変化球ではなくストレートこそ相応しいと思ったからである。

■デラシネとディアスポラを超える道

最後に、油井教授の一連の仕事に関して筆者の偽らざる心情をもうひとつ吐露したい。油井パーソンズ論それ自体がじつは、今日の社会学理論にとっての重要な鉱脈である。その論理構成は、きわめて「クリアー」である。油井によって、たとえばパーソンズの収斂論には、〈理論の収斂〉と〈体制の収斂〉のふたつの収斂論があることが整理されて理解できる。世界の縮図としてのアメリカ、つまり「アメリカ縮図主義」（油井 二〇〇二：一八二）という言い方もたいへん分かりやすい。また、いわゆるAGIL図式を示しながら、行為者の「外部」の価値と「内部」の規範をテリック・システムとも絡めて図示する整理（同書：一一六）も整理として見事である。そして、油井が「パーソンズの側から見るならば」「ハバーマスが理論的にはいわば分化されざる『ゲマインシャフトへのノスタルジー』に通じるような『生活世界論』に固執している」（同書：一三六）と批判的に指摘するとき、筆者は思わず膝を叩きたくなる。

しかしながら同時に、「アメリカ縮図主義」と絡めて考えた場合のディアスポラの意味や、油井論文における「デラシネ」批判の文脈でのディアスポラの視座に接するとき、ディアスポラ〈グローバルに四散する人びと〉のもつ「移動性」の議論は、パーソンズ＝油井の「世界コミュニティ」論においても不可欠であろう。資本主義と共産主義の〈体制の収斂〉論における共通の根としての〈西欧近代〉の問題点などといったパーソンズ論の興味深い現代的鉱脈を掘り当てて〈批判的に〉精錬していくのは、私たち後継者の役目であるといえよう。

ともあれ、切れ味の鋭さは、一連の鉱脈のもつ微妙な連関を断ち切る恐れもある。「アメリカ縮図主義」の来歴〈生成〉を問う視座、つまりここでは、たんにヨーロッパからの視座だけではない「ディアスポラ」の視点、あるいはアメリカ資本主義社会の生成とＡ・ネグリのいう〈帝国〉の生成という視座、これらもまた十分に問われなければならない論点となろう〈本書の続編参照〉。

■シュッツとともにシュッツを超える

油井が「パーソンズとともにパーソンズを超えて」と語るスタイルに、筆者は全面的に賛意を示したい。筆者の立場としては、油井の言葉を借用していえば、「シュッツとともにシュッツを超えて」と述べさせていただきたい。筆者においては、ノスタルジーではない、一連の〈収斂問題〉の基底的事態としての〈相互に波長を合わせる関係〉、あるいは間主観性の社会学理論としての新たな読み〈たとえば、「国際性 internationality から人際性 inter-subjectivity」へという問いかけ）は、まさに「シュッツとともにシュッツを超える」試みとなるよう考え抜かれねばならないだろう。油井パーソンズ論は、このように研究意欲をかき立て刺激的で人を鼓舞するような力を備えている。その仕事は、日本の社会学理論にとって間違いなく大きな成果である。その成果をふまえて次の一歩を踏み出すのが、私たちに課せられた次なる探究プロセスであろう。「共に社会学する」ことの意義を確認しつつ、ひとまずここで筆を置いておきたい。

付録■

M・ネイタンソンとの対話

――シュッツと現象学者たち

序　付録の成立経緯

本章は、筆者が『アルフレッド・シュッツ著作集』第一巻の編者でもあるイェール大学のモーリス・ネイタンソン（Maurice Natanson）教授とかつて交わした対話を中心に記したものである。ただし、インタビュー形式のこの対話はだいぶ前になる。それは、一九九三年五月二三日、緑が目に眩しいイェール大学キャンパス内のネイタンソン教授の研究室で二時間にわたりなされた。対話の内容を自らの研究論文ないし著作で用いることを口頭でネイタンソン教授に承諾いただいた上で、テープ録音も許可されておこなわれたインタビューであった。しかし、筆者自身にとっては、この対話の中身に関して一部に不明確な点もあり、後日チャンスがあればもう一度追加のインタビューをおこなう心づもりでいたので、その活字化は延ばしてきた経緯がある。

そして一九九六年夏近く、筆者は当時所属していた大学から短期の在外研究の機会を与えられたので、チャンス到来とばかりにアメリカに赴いた。盛夏のニューヨークでのアメリカ社会学会大会へ参加した後、イェール大学に赴き再度のインタビューをおこなう予定であった。しかも、ラッキーなことに、その学会では、ネイタンソンのお弟子さん筋にあたるメアリー・ロジャース女史（インタビューにも登場し、当時、ウェスト・フロリダ大学教授をしていた）がネイタンソンの現象学と社会理論に関して報告することになっていた。当日（八月一七日）、興味深い彼女の報告を聞いた後、筆者は女史と言葉を交わすチャンスをもてた。だが、筆者が「来週、ネイタンソンに会う予定だ」と語るやいなや、女史の顔はこわばり、悲しげになった。そして、彼女の口をついて出てきた言葉は、驚愕に値した。「ネイタンソンは昨日亡くなりました」。予想すらしなかったその言葉に、筆者が青ざめたのはいうまでもない。もう少し早く再訪すべきだったとの筆者の思いは後の祭りであった。

……いま筆者にできることは少なくとも、現象学やシュッツに関する生前のネイタンソンの証言を単行本に収録して活字で残し、多くの人の目に触れるようにすることだろう。そう強く思うようになった。それが、インタビューの主要部分を一度『現代社会理論研究』という学術雑誌に訳出・掲載したにもかかわらず本書に含めるひとつの理由である。残念ながら内容は、現在の筆者の関心とは少しずれる点もあるが、学説史的には貴重な証言もあると確信している。それが、本書に含めるもうひとつの理由である(1)。

なお、本章においては、その冒頭の挨拶など、直接内容に関係のない部分はカットした。また、事実確認的な繰り返し、および「脱線」的な会話の部分もインタビューの流れに影響を及ぼさないかぎりで、カットさせていただいた。また、インタビュー終了後に補足的になされた会話の一部は、当該箇所に挿入すべく、注において示した。したがって、本章はインタビューのほぼ忠実な再現とはいえ、より正確にいえば、筆者の質問項目に応じてネイタンソンが述べた見解の核心部分を採録・再現したものだと了解していただきたい。その意味でも、本章の責任は筆者にある。

最後に、本章の形式上の諸点について付け加えておく。本章に登場する人物の名前は、日本で通常用いられていると思われる表記法を採用した。唯一の例外は、ネイタンソン自身に関してである。ここでは、発音上原音に近いネイタンソンという表記を採用した。また、小見出しは筆者が付したものである。なお、以下の対話の中に登場する嘉指氏は、当時ネイタンソンの下で哲学を学び、博士号を取得した嘉指信雄氏（現在は神戸大学教授）である。氏には、この対話のセッティングをはじめとして、非常にお世話になった。この場を借りて、心からの謝意を表しておきたい。

では、以下、さっそく内容に立ち入りたい。全体は一二のパートからなっている。そのそれぞれが、ネイタンソンとシュッツおよび彼らをめぐる人びとの生きざまを表している。

節目次

1　ネイタンソンとシュッツとニュースクール

西原：まず、あなたがアメリカの大学院大学であったニュースクール（New School for Social Research）におられた日々に関してですが、あなたがニュースクールに行かれた理由は何ですか。

ネイタンソン：なぜ私がそこに行ったのか、ということですか。

西原：はい、そうです。スピーゲルバーク（H. Spiegelberg）の示唆の前に、です。

ネイタンソン：そうですね、それはこういうわけです。私は、ネブラスカ大学からワークマイスター教授の指導のもとで博士の学位を取得しました。サルトルに関する学位論文を書いたんです。一九五一年のことです。当時、合衆国では、雇用が、とくに教職に関する雇用状況がとても悪かったのです。本当に何もなかったのです。あなたも知っているように、今日とちょうど同じように、また他の領域でもますます悪くなっていたんです。かなり立派な仕事といわれることを私はやったと思います。一所懸命に研究をしましたし、私が指導を仰いでいた教授の皆さんからもよい推薦をいただいたんです。

私は当時、あなたも知っているように、いくつかの書物を出版しておりました。まだ教職には就いていませんでしたが、結婚はしておりました。だから、現実の問題に目を向けなければなりませんでした。私個人としては裕福ではなかったので、お金を得る道を見つけなければならなかったのです。したがって、私ができることは何かを直視しようとしました。その当時アカデミズムの仕事は良くない状況でしたので、若い博士号取得者のために、ACLS(the American Council of Learned Society)と略記される非常によい組織が、私のような人のために特別のプログラムをその年に始めたのです。食べていけるだけの年俸を与えてくれるし、私が行きたいところへ行くことができるのです。ですから、私が書けることについて、いくつかのアイデアを提出したんです。しかし結果はダメでして、また自分自身で進路を考えなければならなくなりました。

ちょうどそのとき、ニュースクールの新しい大学院に関する大学要覧をみつけたのです。そして私は、そこで教えている人びとについて知り、その大学院が「亡命者の大学院」としてスタートしたことや、かなり著名な教授陣が哲学にも社会学にもいることを知ったのです。しかも、そこには学位をすでに取得したけれども、さらに関連する領域の研究を本格的かつ体系的に推し進めたい人びとのための特別プログラムがあったのです。取得できる称号は、社会科学博士です。私は、こうしたことすべてに関心があったし、しかも私はもともとニューヨーク市出身ですから、ニューヨークに戻って、うまく行けばおそらくそこで自分の仕事もみつけることができるだろうと思い、決心しました。

そして私は、ある会合で知っていたスピーゲルバークに手紙を書き送りました。私のやりたいことを述べ、助言者ないしは指導者となりうる三人の人について書きました。一人は、ドイツの哲学者カール・レーヴィットです。二番目は、クルト・リッツラーという名前のドイツの哲学者でした。そして三人目は、アルフレッド・シュッツという名のウィーンの哲学者、社会理論家でした。

私は、個人的にはこれらの人びとについてあまり知りませんでしたので、知っている人から彼らについて情報を得たかったのです。彼ら三人は皆すぐれた学者で、皆すばらしいと私は知っておりました。しかし私は、彼らについて個人としてはどういう人なのかを知りたかったのです。そこで私はスピーゲルバークに手紙を書き、彼ら皆がすぐれた学者であると思うなどと書きましたが、これら三人を比較して各々個人としてはどうなのかを教えていただけませんか、と書いたのです。そして彼は詳細な返事をくれました。

そこで彼は、要約すれば、次のように述べたのです。「レーヴィットはすばらしい学者です。じつに見事に鍛えられ、物事の根源にまで進む専門家です」。「リッツラーはいくぶん異なった背景をもっています。彼もまた卓越した学者で、全体として、とくにギリシャ哲学やヨーロッパ哲学に秀でています。彼はドイツ帝国体制下で、ドイツ政府のロシア大使をしておりました。七〇歳近いのですが、注目すべき学者です」。彼は、私も読んだことのある興味深い本を数冊書いておりました。加えて、スピーゲルバークは、以下のように書いて寄こしました。「私は、個人的に私にとって圧倒的で、非常にすばらしいのは、ウィーン人の暖かさ（Viennese warmth）をもったシュッツだといわざるをえません。彼は偉大な学者にして、哲学者、そして社会理論家です」。

そこで私は決めたのです。スピーゲルバークは、私が誰を選ぶべきかは述べず、私もまた（それ以上）尋ねませんでした。私はその後この三人と一緒に研究をしました。リッツラーとレーヴィット合同の哲学の授業にも私は出ました。もちろん、シュッツとは細かい点まで最も親密に研究をともにしました。私は、三人皆と知り合いになったわけですが、アルバート・ザロモンのような社会学の人びととも何人か知己になりました。また、ほとんど何も本を書いていなかったけれども、とてもすばらしい人もいました。その人は、カール・メイヤーです。彼の授業は格調高いものでした。

以上、私がニュースクールに申し込んで、そこに行く旨をニュースクールの人びとに伝えたのは、このようにしてでした。私は彼らに次のような私の状況も告げました。つまり、私は助成金は得ているが、妻がおり、アパートを借りなければなりません、と。さらに私は授業料用の奨学金を申し込み、ニュースクールはそれを与えてくれました。もう一つ別の奨学金もありましたが、それはすでにその別の人に与えられており、「すでにここにいる人に優先権がある」と説明されました。それは適正なことです。「私たちはあなたを知りません。あなたには適格な履歴がありますが、私たちはその奨学金を他の人に与えております」。しかし、ニュースクールはまったく授業料を課さないことで、じつは私に大きな奨学金を与えてくれたのです。このようにして私はニュースクールに行ったというわけです。

2 シュッツとニュースクールでの講義

西原：よく分かりました。では次に、ニュースクールでのシュッツのゼミについて、いくつかお伺いしたいと思います。当時シュッツのゼミの主要な論題は何だったのですか。とくに一九五一年、および五二年のことですが。

ネイタンソン：えーと、五一年か五二年か、あるいは五二年か五三年か、正確には覚えておりません。そこで何をやったか、すぐには思い出せませんね。でもそれが重要ならば、何が開講されていたかを知るには、ニュースクールの大学院でその要覧を調べれば分かると思います。「社会的役割」に関するゼミがあり、他の一連のゼミの題目も分かりますが、それが五一年であったか五二年であったかは分かりません。

西原：ワーグナーの本『アルフレッド・シュッツ』（Wagner 1983）のなかで、シュッツの論じた題目の多くは知ることができるのですが……[2]。

ネイタンソン：ワーグナーは年ごとに書いていましたか。

西原：ええ。一九四〇年代から。五〇年代はじめには、たとえば「自我と社会」とか「言語社会学の諸問題」とか。

ネイタンソン：なるほど、私はそのひとつに出席していました。私はシュッツが開いていたゼミにはすべて出ました。そう、新しい論題のゼミもありました。でも、私は自分の授業（の単位）はすべて完全に取ってしまっていたので、ゼミのための正規の登録はできなかったんです。でも言語の社会学の授業には出席していました。また彼は自我に関するゼミ、「自我と社会」をやっており、そこでミードその他について論じていました。それから、「社会的役割」。あなたはたぶん三つ目の……。

西原：社会的行為に関して、ですか。

ネイタンソン：社会的行為、ええ確かにありました。

西原：方法論については、どうですか。

ネイタンソン：「社会科学方法論」。ええ、そのとおりです。非常にしばしば、彼は一定のタイプの諸問題を論じ、それらが他の題目の授業でも現れてくるのです。でも、それらの問題は本質的なことです。そう、私は、正式にニュースクールにいた二年間はシュッツのすべてのゼミに出ていました。しかし、最も重要なのは、私は彼と一緒にエドムント・フッサールに関する、私的で特別に行われた講読の授業をやったことです。それはとてもたいへんなものでした。

西原：テキストは何だったのですか。

ネイタンソン：えーと、そのときは『デカルト的省察』(Husserl 1963) で、私たちは仏語版を用いたと思います。その当時は英語版はなかったので。[3]

西原：ところで、私は昨日（イェール大学の）バイニキー図書館に行って、シュッツが一九五三―五四年にさまざまな人に出した手紙を見ました。そこでもさまざまのタイプのゼミを知ることができます。でも、一九五〇―五三年の間がよくわからないのです[4]（ネイタンソン：ええ）。では、次の質問ですが、シュッツのゼミにはだいたいどれくらいの数の学生が出席していたのですか。

ネイタンソン：彼は人気のある先生でしたから、ゼミには二五名から三〇名の学生がいましたね。大きいクラスでは四〇名ないし五〇名いることもありました。大学院一般のことを考えれば、当時は多人数ではなかったのですが、シュッツのゼミは非常に多人数の学生がいたわけです。でも重要なのは量よりも質です。同じ時期に、私とともに、そこにはピーター・バーガーやトーマス・ルックマンもいました。また、ワーグナーや他の学生もいました。彼らは皆、とてもよくできましたが、ルックマンとバーガーは、並外れて鋭かったですよ。

西原：ゼイナー、リチャード・ゼイナーもいたのではないですか。

ネイタンソン：彼は、私の提案でニュースクールに来たのです。彼はヒューストン大学で私の学生だったのです。その後、大学院で研究したいと彼がいってきたとき、私が彼にニュースクールへ行くよう薦めたのです。だから、彼がニュースクールに来たときは、私はヒューストン大学で教えていた時期で、一九五六年頃だったと思います。後に、えーと、私がニュースクールで大学院のサマースクールのコースで教えたとき、ゼイナーは私の助手でした。

西原：ゼイナーと一緒に、フレッド・ケアステンもいましたか。

ネイタンソン：ええ、ケアステンもこれらの授業のいくつかに出席していましたよ。

西原：その二人が、50年代後半に出席していたわけですね。

ネイタンソン：彼らは、私がいなくなってからニュースクールに来た人たちです。もちろん私はそれ以前にゼイナーは知っていましたが、ケアステンにニュースクールで会ったのは、私がやっていた大学院のサマーコースに彼が出席したからです。そのときから今日まで、私たちは接触があるわけです。つまり、あなたも知っているように、いまもまだ付き合っているわけです[5]。

3 シュッツの人となり

西原：さて、シュッツがゼミでやったことで何かとくに特徴的なことはありましたか。

ネイタンソン：あなたにあることを教えてあげましょう。……彼は講義中にタバコを吸っていたんです。今日ならアメリカの大学で教鞭をとる際には許されないでしょうが。それは、彼のウィーン・スタイルで、とても優雅でした。また彼の授業の通常の進め方ですが、彼はいつも、その授業のために特別に準備したノートをもっていました。つまり、彼は古いノートは使わなかったわけです。彼は毎回、新しい講義録、講義ノートを準備し、……もっともその講義録を読んでいたわけではないのですが、ノートはいつも持ちながらしばしば即興で話を進めました。彼がその授業で話すのは、一回、二時間で、まず一時間以上講義をおこない、次いで、学生からの質問やコメントの時間になりました。

西原：シュッツがヘビー・スモーカーだと聞いて私はうれしくなりました。

ネイタンソン：彼はまた、酒もたくさん飲みました。

西原：私も同じです（笑）。

ネイタンソン：では、どうぞ遠慮しないでタバコを吸って下さい。私が吸わないのは（嘉指氏に向かって）あなたが吸わないと思っていたので。タバコを嫌がるかと思って。

嘉指：いえ、別に大丈夫です。私も昔は吸っていたんですが、アメリカに来てからやめています。

ネイタンソン：それはまずいね。（西原に向かって）いまタバコ吸いたいですか。

西原：ええ。

ネイタンソン：どうぞ吸って下さい。私も一緒に吸いましょう。紙巻きタバコを吸うのですか。

西原：はい、紙巻きです。

ネイタンソン：灰皿のようなものがあったはずだが……あった。この点まではあなたは知らないでしょうが、こんなこともあったんですよ。私は、一七、一八年前カルフォルニア大学サンタクルーズで教えておりましたが、私の息子はいま、そこで働いているんです。その息子が私に教えてくれたんですが、大学当局は最近、内規、つまり大学キャンパス地区内の規則を取り決めて、「一人で」自分の研究室にいるときにも研究室内を禁煙にする、というものなんです。はじめ私はあっと驚きました。私はおかしいと思うのですが、こんなところにも文明化が進んできている。こんなところにも合衆国の文明化が進むならば、そりゃ終末が来た証拠だ。私はこの措置を疑いの目で見ているんです。

また、シュッツは――（西原の方を向いて）火つけましょうか――もちろん家でですが、ウィーン時代から強いブラックコーヒーをいつも飲んでいました。私が彼の家を訪ねたときはいつも、この強いエスプレッソのブラックコーヒーを入れてくれました。トルコ・コーヒーほど濃くはないんですが、そのエスプレッソに砂糖を入れて飲んでました。私は砂糖は断りましたが、彼は私の方を見て、こう言いました。「君は野蛮人だね」って（笑）。

西原：野蛮人ですか。

ネイタンソン：ええ、そりゃ私のことですが。火つけましょう（西原、火をつけてもらう）。タバコを吸うお客さんが来てくれてうれしいですね。

嘉指：シュッツはパイプで吸ったんですか。

ネイタンソン：いや、紙巻きタバコです。

西原：ところでタバコの話は別として、シュッツのゼミの雰囲気はどんなものだったのですか。

ネイタンソン：彼のクラスの雰囲気ですか。それは何よりも非常に積極的でした。学生は皆、シュッツが好きでしたから。また彼は、科目登録したら、その学生を追い払うようなことをしなかった。また、「ここから出て、他のことを勉強しなさい。君はもう私のこの授業を何回か取っているんでしょ」と言うと、学生たちは、「いえ、出ていきません。私はあなたの授業を取りたいんです」と答え、そして実際、彼らは授業に出席していたんです。

また、シュッツは何よりも計り知れないほど魅力ある人でしたし、明らかにものすごい博識の人でした。しかも、そうした知識は借り物でなかったのです。つまり、彼は専門的には現象学のことはすべて知っておりましたし、また社会諸科学についても非常に詳細な点まで知っておりました。さらに彼は熟達した音楽理論家として非常に優れていました。まさに彼は広大な範囲の知識と経験をもっておりました。彼はまちがいなく半ダースもの言語をとてもよく知っておりました。彼はちゃんと、ドイツ語や英語に加えて、フランス語を話しました。なまりはありましたが、流暢でした。また、オランダ語やスペイン語も知っていました。それはある程度、仕事の都合でしばしば南米に行っていたからでもあります。つまり彼はこれらの言語を知っていたし、知らなければならなかったわけです。

しかし、彼のクラスで重要なことは、彼の偉大な魅力についての感覚でした。つまり、彼が語る知識が同時に、何かとても新鮮な感覚と結びついておりました。彼は、多くのことを知っている人が、詳細を相手に長々と述べ立てるタイプの博学の人ではありませんでした。彼は何か新しいものをもっていました。彼が呈示した社会科学や哲学の新しい全体的ビジョンやそれらの関係についての新しい全体的ビジョンは、早晩、合衆国やその他のところで注目されるようになると願っていたと思います。もちろん、彼は国際的な人でした。シュッツはいくつかの国に住み、自分の仕事上で、たくさんの国ぐにを訪れておりましたから。

また彼は、まさに世界についての最も実践的な感覚を所持しておりましたから、自分の学生たちとも非常にうまくやっていたと思います。客観的にみても、実際に彼は私たちのいる世界、社会的世界に住まうことに完全なまでに相応しい人だったと思います。また彼の教育経歴とその仕事によって、部分的ではあれ、彼は自分が働いていた会社のビジネスマンたちともうまく付き合っていくことができたんです。シュッツはよく言っていました。ことを論じるのは、実際、大きな赤ちゃん、甘やかされた子どもであるアカデミズムの人びとよりも、ビジネスマンたちとのほうがずっと容易であると分かっているってね。アカデミズムの人たちはすぐ「かんしゃく」を起こす。この言葉は日本語でもなじみの言葉ですか（嘉指：はい）。日本の子どももよく「かんしゃく」を起こすんですか（嘉指：ええ、起こします）。地面に寝そべって足をバタバタさせ、真っ赤になって泣き叫ぶんですよ。欲しいものが手に入らないときにね。アメリカの教授のイメージもしばしばそれと同じですね。

嘉指：ヨーロッパの教授の場合はどうですか。

ネイタンソン：ヨーロッパ人たちはもう少し距離をとった態度です。つまり、彼らも叫ぶようなことはしますけれどね。でも、ちょっと違ったレベルで如才ないと思います、たぶん。おそらく結果はそれほど違わないけれど、方法は違う。だから、シュッツはビジネスの世界の方がずっと分別のあるものだと知っていた。売り買いや調整や交際に関して、どのあたりが限界で、可能ならどこで合意に到達できるか、知っている。たしかに、たくさんの不運やたくさんの苦渋もある。それは甘美で優しい世界ではない。人びとがかなりのレベルで知的なビジネスマンであるならば、少なくともその世界は人びとが互いに理解し合っている世界である。シュッツにとっては、この種の人びとのほうがはるかに対応しやすかったのでしょう。

シュッツが亡くなったときに、大学院の学長がいった言葉ですが、その学長は「実際に信頼をおいて話すことのできる人が教授陣のなかに残されているだろうか」といったんです。シュッツは信頼できる。だから、間接的ではあるけれども、それがクラスのなかの様子を映し出している。私がいっているのは、学生たちがこの人は世界が何であるかを知っている人だと分かっていた、ということです。シュッツはとても親切な人だったけれども、いつも学生たちに手をさしのべていたわけではない。しかし、シュッツは学生たちが困難な状況に直面しているとき、彼らが何に困惑しているかは把握している人だった。他の多くの人びとは、言葉を発することはできても、その状況を認識してはいなかった。その人たちは世界を理解していなかったからです。

4 シュッツと音楽

西原：さて、その当時、シュッツがピアノを弾くのをとても好んでいたということはよく知られていたのですか。

ネイタンソン：いいえ、知られてません。

西原：知られていなかったのですか。

ネイタンソン：ええ、私は上手だということは知らなかった。彼がピアノを弾くということは知っていましたが。後に、彼のために本を編集したとき、シュッツをとてもよく知っている人で、論文を寄稿してくれた人がいて、その人は音楽理論家でシュッツの友人だったのですが、その人がいうには、シュッツはとても情熱的にピアノを弾いていたようです、テクニックは抜群というほどではないのですが。でもシュッツは有能なピアニストだった。また後に知ったことですが、彼は帰宅したらクラシックをピアノで弾くだけでなく、歌も歌ったそうです。だから、ある意味では、彼においてすべてのことが……彼の一日の終わりに情動として立ち現れてくる、と私は考えているんです。シュッツは、あなたも知っているように、三つあるいは四つの人生を同時に生きた人でした。

西原：モーツアルトに関してですが、あなたはご著書『匿名性』(Natanson 1986) の本の中で、こう書いています。「シュッツは『私の二〇代は、私とモーツアルト』」(ネイタンソン：はい)、「『私の三〇代は、モーツアルトと私』」(ネイタンソン：そのとおり)、「『そしていま、私の五〇代はモーツアルトだけである』」(ネイタンソン：そのとおり)。では、シュッツの四〇代はどうだったのですか。

ネイタンソン：ええ、シュッツがいおうとしていると思われるのは、彼が長きにわたって、オペラを含む音楽に関心をもっていたということです。しかも、彼がいおうとしたのは、私たちのほとんどの人があることを経験しているということ、それは誰かを、たとえばフッサールを研究することにかかわる際の、ひとつの自我論的な現象なのです。あなたが誰かにこういったとしましょう。「あなたも知っているように、私はいまフッサールについて書いています」とか、「私はフッサールを研究しています」とか、誰でもいいのですが、その際には、あなたは「時を経る」

し、たぶん多少賢くなるでしょうが、そんなことが問題ではないと分かりはじめるでしょう。実際に重要な点は、あなたが研究している人物や研究している思想家であって、要するにその思想家は重要性と力とにおいて一人で立っているわけです。でも、それ以前に、音楽において、たくさんの人びとがシュッツにとってとても重要だったのです。たとえば、ハイドンもとても重要でした。かつてシュッツは私にこういったんです。「私はあなたの話を聞いているとき、ハイドンの音楽のいくつかが私の心を駆け抜けるのです」。私はこの点を疑う理由はありません。

5 シュッツとネイタンソンの共同作業

西原：ところで、私はバイニキー図書館であなたとシュッツの間で交わされたたくさんの手紙を見つけました。

ネイタンソン：ええ、私ははじめヒューストンに住んでおり、後にノース・カロライナのチャペル・ヒルに住んでいましたので。

西原：あなたはそれらを出版なさるつもりはないのですか。

ネイタンソン：ありません。

西原：では、現象学一般に関するあなたのお仕事についての質問をいくつかさせて下さい（ネイタンソン：はい）。私は類型化の理論に非常に関心があって、あなたの類型化に関する論文、「現象学と類型化：アルフレッド・シュッツ哲学の研究」に影響を受けて、私自身の論文を何本か書いたことがあります（ネイタンソン：はい）。その際、私はシュッツの「意味」や「類型化」といった用語が、いうまでもなく匿名性という概念に深くかかわっていると考えました。この匿名性という概念をあなたはご自身の著作で議論なさっているのですが、これらの類型化と匿名性のうち、どちらが基底的概念ないしはキー概念なのでしょうか。

ネイタンソン：そうですね。異なったレベルがそこには含まれていると思います。一方で認識論的なレベルと呼びうるなかでは、類型化が基底的（fundamental）です。他方のレベル、つまり存在論ないしは存在論的に了解されるレベルでは、匿名性が基本的（basic）です。私が思うに、類型化とは、私たちが匿名性の意味を把握するようになる、その仕方のことです。方法論的にいえば、私たちはいかに匿名性が生じうるのかを検討することが可能でしょう。しかし哲学的にいえば、匿名性はひとつの存在論的条件、ひとつの存在状態だと思います。このように両者の概念は、私の判断では、異なった仕方、異なったレベルで、第一次的（primary）なのです。

西原：分かりました。さて、ワグナーの本によれば、あなたとシュッツはフッサールの『イデーン』を訳していますね。

ネイタンソン：そのとおりです。『イデーン』の第二巻と第三巻です。

西原：一九五四年に、あなたが二人で英訳しようと提案なさったのですか。

ネイタンソン：それより前のことですが、『イデーン』第二巻、第三巻は、後で申し上げるいくつかの理由から、英語に訳して英訳版の『イデーン』をもつこと（＝出版）がとてつもなく重要であると私はシュッツにいったのです。シュッツは、アメリカ人たちはこの種のものに対して準備がなされていないといった理由で、最終的に（出版には）「ノー」と言ったのです。

最初、シュッツがニュースクールに来たとき、アルヴィン・ジョンソン学長は彼にこういったのです。「私の子どもたちを現象学者にしないで下さい。学生たちは呑み込みませんから」って。でも私はそれはよいアドヴァイスではなかったと思います。実際のところ、学生たちは現象学に飢えていたんです。ジョンソン学長はそのことをまったく知らなかった。彼は経済学者だったのです。いずれにせよ、もしシュッツの本がすぐに、少なくとも彼が合衆国に来てすぐに、一九四〇年代に英語に翻訳されていたら、シュッツは大いに助けられていたはずだと思うのですが。英訳されていれば、それはとても重要で、それを読んでその人とその人の仕事を判断しうる中心的文献を手にできたはずだったのですから。

そして第二に、だから必然的にシュッツは自分の諸論文でかなりの部分をくり返さねばならなかったのです。論文ごとに、何度も何度も、同じ概念や素材のいくつかを取り上げながら、です。そして彼はかつて、自分の仕事において自分がこのような仕方で進めなければならないのは自分にとっては大きな障碍である、といっていました。しかし、それが英語に翻訳される前に（合衆国の）人びとは新しい考え方を、つまりシュッツの企図の多くを理解することができたでしょうか。その当時、グルヴィッチのようにシュッツに賛同する人びとを生み出してはいましたが、まだ時期尚早だったのです。私は（『社会的世界の意味構成』の現行の）英訳本は気に入りません。ついでの話ですが、シュッツのその本の第二の英訳本が出る予定になっていると思います。最初の訳本は恐ろしいほどに精確ではなかったので。しかし……。

嘉指：その第二の訳本はすぐに出るんですか。

ネイタンソン：ええ、たぶんそうだと思います。ノースウェスタン大学出版がまたそれを出すでしょう。でも骨組みだけでも、人びとはシュッツの本を読むことができた。たとえ、シュッツが取り組んでいたことに直接的には有意味ではなかったにせよ、人びとは背景にあるものを知ったし、彼について輪郭を描けた。シュッツが時間をかけてたくさんの繰り返しをおこなわなければならず、たくさんの概念を何度も吟味しなければならなかったときに、学生がすぐにそれと分かる握りこぶしのようなものは示すことができたのでしょう。

西原：私たちはウォルシュとレナートによる英訳でシュッツを読めるわけですが、その翻訳はあまりよくないとお考えなのですね。

ネイタンソン：優れているとは思いません。だから新しい訳出作業がおこなわれているわけです。

6 シュッツとルックマン

西原：それから、もうひとつ質問があります。答えにくいかもしれませんが、ぜひお聞きしたいんです。シュッツとルックマンによって共著の形で書かれた『生活世界の構造』（Schütz & Luckmann 1973, 1984）についてのあなたの見解はどのようなものでしょうか。

ネイタンソン：それは卓越した作品だとは思います。しかし、私は自分で論文を書くときに、その著作に依拠したり、それを使用したりしたいとは思いません。それは私がそれに敬意を払っていないからというわけではありません。ルックマンはとても困難な仕事に挑み、それをうまくやり遂げました。しかし、彼自身が話しているように、彼はシュッツではありません。たとえ彼がどんなに努力しても、です。ルックマンはとても知性ある人物ですし、シュッツと共に研究しておりました。彼はシュッツのことを十分に知っていました。でも……、また、彼は英語もドイツ語も、ともに十分なものでした。たとえ彼が英語では書かなかったとしても、英語で読んでいました。

英語にも訳されているこの著作は、大仕事でしたが、それは一部はルックマンのものであり、一部がシュッツのものなんです。私はいうべき位置にいないと思いますが、私が賛意を示しているシュッツが一部おり、ある部分はルックマンが必然的にそれを展開したルックマン自身の考えになっていると私は思っています。だから、それは優れた仕事で、読むに値すると思っていますが、シュッツ自身についての議論を行う際には、私はその本を使うつもりはありません。私はその本をすばらしいと思って大切にするわけですが、それは一部がルックマンの本でありつづけるわけです。人びとがそのような仕事をよしとしないのはフェアではありません。たしかにルックマンは優れた仕事をしました。しかし、それをシュッツのものだと言い切ることはできません。

7 シュッツと現象学的哲学者たち

西原：『シュッツ著作集』のなかで、シュッツはたくさんの哲学者に詳しく言及しています。しかし、シュッツはメルロ＝ポンティには、彼の身体の現象学や前述語的経験との関係で、ほんの少ししか言及していませんね（ネイタンソン：そのとおり）。そこで、シュッツがメルロ＝ポンティの仕事についてどのように考えていたのかという点について語っていただけませんか。とくに後期のメルロ＝ポンティについてですが、シュッツはメルロ＝ポンティの仕事に関心をもっていたのでしょうか。

ネイタンソン：シュッツはメルロ＝ポンティにとても関心をもっていました。彼はメルロ＝ポンティと知己だったのです。早い段階で、つまりシュッツの本が英訳される以前で、ドイツ語版だけがあったときですが、メルロ＝ポンティはシュッツに次のように書き送ったんです。「あなたの文献が必要となりました。私にそれを送っていただけないでしょうか」ってね。それはシュプリンガー（書店）の倉庫にあったのですが、第二次世界大戦で爆破され、在庫のすべてが消失してほとんど手に入らなくなっていたんです。絶版なので、個人用に何冊か所有されていただけです。私はその本をもっていましたが、シュッツがそれを見つけるのはたいへんでした。彼は忙しい人でしたし。その本を見つけるのはたしかにたいへんでした。だが、シュッツはそれをやりました。そしてその一冊しかなかったのですが、それをメルロ＝ポンティに送ったんです。でもメルロ＝ポンティは返事をよこさなかった。彼はありがとうとさえ言わなかったんです。それが、シュッツが少しメルロ＝ポンティに対して慎重になった根本の理由ではないのですが。そのときメルロ＝ポンティは雑誌『現代』の編集委員をやっていたと思います。

また、ある会合で、哲学者たちの夕食会かなんかですが、メルロ＝ポンティとシュッツは隣同士に座ったのです。その夕食会でメルロ＝ポンティはその参加者たちに対して演説して、こういったのです。「哲学者はアンガージュしなければならない」って。「アンガージュ」というのはその時代の流行語です。「哲学者は積極的に関与しなければならない」といったわけです。そこでシュッツは聞いたんです。「何に対して積極的に関与するんですか」って。そしたらメルロ＝ポンティはとても怒った。それはまったく正当な質問だったのですが。このことは、メルロ＝ポンティが時代とともに占めていた位置の不条理さ（absurdity）を示しています。つまり後に彼は、マルクスから転じ、そしてハイデガーのほうに向くようになったわけです。シュッツと私自身はハイデガーを軽蔑（despise）していました。だから、その点で後期のメルロ＝ポンティはシュッツの関心を呼ばなかった。

そしてシュッツはハイデガーも一種の欺瞞であると考えていました。シュッツはフッサールその人ととても親しかったのです。そして、フッサールとの関係では、フライブルク大学の総長としてのハイデガーの歴史〔一時的にせよ、ナチに協力的だったとされる点──西原注〕について、シュッツはそれを直接に、つまりその件について他の誰かが書いているのを読んだり、誰かが語ったりしたのを聞いたのではなく、それをフッサールから直接聞き知ったのです。そのとき、この総長、つまりハイデガー総長は、もう七九歳のお年寄りだったフッサールがフライブルク大学のキャンパスを歩いたり、図書館を使用するのを禁止してしまったのです。後にハイデガーは「たしかに、総長として、そうしなければならなかった。なぜならナチスがそれを要求したからで、フッサールの図書館使用を拒否せざるをえなかったのです」と弁解しています。だが一方でハイデガーは、「自分はいつも哲学部のゼミナールの図書館はオープンにしていた」といっているんです。これでは、ほとんど何も答えていないわけです。

しかし、メルロ＝ポンティはその生涯の後期にハイデガーのほうに向かっていった。だから、シュッツはそこには関心がなかったのです。シュッツは『知覚の現象学』（Merleau-Ponty 1945）は非常に高く買っていたし、私も同じです。私はこの著作は重要な仕事だと思っています。もっとも、シュッツがこのように（後期メルロ＝ポンティに）あまり関心がなく、その本をあまりありがたがらなかったのは、腹立たしさ（pique）からだ——日本語では pique のことをどう表現するんでしょうか——腹立たしいあまりにシュッツがこのように反応したという意味に誤解しないで下さい。まったく、そういうことではありません。それは純粋に哲学上の相違に基づいているんです。

つまりシュッツは、メルロ＝ポンティとサルトル両者の初期の仕事には感銘を受けていたんです。（サルトルの）『存在と無』（Sartre 1943）については、あなたも知っているように、シュッツはそこから一部分を取り上げて論じてますが、全体としてはサルトルの仕事に反対でした。そのの著作だけでなく、サルトルの他の著作にも反対していました。たとえば文学に関するサルトルの著作、『文学とは何か』にも、です。シュッツはその作品をフランスのカフェの前のテーブルで走り書きしたようなものだと考えていたんです。私はこの点について賛成ではありませんで、シュッツと議論したんです。というのは、私はその本にはとても興味深いことがあると考えていたからです。でも、いずれにせよ、以上のことはシュッツの考えだったのです。シュッツは徹底的になされた真摯な研究や分析は賞賛しましたが、安っぽい仕事やごまかしの仕事には安住しませんでした。そして、サルトルのそのような仕事は、フランス人にとってはあまりにも早く出現しすぎたと考えていたのです。

嘉指：つまり、ジャン＝ポール・サルトルに関して、あなたはシュッツに賛成しない点がたくさんあったということですか。

ネイタンソン：ええ。私はフッサール現象学への実存的アプローチに突き進んでおりましたし、それを無思慮だということはできません。そのアプローチは学派となるべきではないのですし、学派をなす数多くの人びとのアプローチでもなかったのです。シュッツは違うのですが、何人かの人びとはフッサール現象学を、厳密にいえば何ごとかをなすためのひとつの方法だと思っていたのです。たとえば、マーヴィン・ファーバーのような人ですが。そしてシュッツを含めて他の人びとは現象学を、シュッツ自身は探究しなかった超越論的レベルをもつものと考えていたのです。シュッツは自然的態度の構成的現象学と彼が呼んだもののレベルを探究し、それを自分のライフ・ワークだとみなしていた。だから、フッサールに対するアプローチは違っていたのです。

8　現代の現象学者：断章

西原：さて次に、より若い世代についてですが（ネイタンソン：はい）、現象学者や現象学的社会学者の若い世代のなかで、あなたが特別に注意を払っている研究は何かありますか。

ネイタンソン：そうですね、私が自分にとって最も興味深いと考えている人びと……いまいる人で合衆国やニュースクールなどについて考えてみると、フレッド・ケアステン（Fred

Kersten）がそうした人の一人ですね。彼が現象学について出した本を知ってますよね。彼は『イデーン』第一巻を訳しましたし、たくさんの論文を書いています。彼は現象学についてたくさんのことを知っている、とても勤勉で、不屈の精神の持ち主で、真摯な思索者です。他にも何人かあげられますが、誰がよくないかはいいたくありませんね。そうたくさんの人がリストアップできるとは考えていません。

社会学でしたら、ルックマンとバーガーということができます。でもバーガーの場合は、あなたも知っているように、彼の関心が現象学から他の多くのテーマのほうへ移ってしまっていますよね。ルックマンの場合は、宗教や宗教社会学といったことに関心をもっています。でもそこに（現象学にとって）たくさんのことがあるとはいえないでしょう。ワーグナーはとても真摯に（現象学に）関与してきた人でした。私がニュースクールに来たとき、彼はもう四〇代の半ばか後半でした。彼は八〇代でなくなりましたね。彼は注意深く几帳面な人でしたが、私の考えでは、第一級であるとか独創的であるというわけでもなかったように思います。私は彼が好きでしたし、彼のやったことは堅実だと思います。でも、彼は非常に独創的な思索者の精神をもっていたというように私は考えていません。少し厳しすぎる意見を述べたかもしれませんが、彼がやったことは立派な貢献ですし、しっかりしたものです。だから、ケアステンがいるとか誰某がいるとかいったんです。あなたが期待していたのは、もっと下の世代、孫の世代だったんですよね（笑）。たくさんいますよ。

でもまだ、あなたは面白い質問をひとつしていないと思います。あなたが考えている興味深い質問のなかで最も難しい質問は、シュッツが哲学においてではなく社会学にとてもインパクトを与えたのはなぜか、という問いでしょう。あなたの文献リスト（Nishihara 1992）から判断すると、あなたがいうように日本では（シュッツに関して）たくさんの論文がでているし、この国でもたくさんあります。本もたくさん出ています。しかし哲学にとっては、私が教えている授業、私のゼミでも、私はシュッツについて講義するのをやめたところです。すごい人たちと共にシュッツもかなり忘れられているニュースクールを含めて、合衆国でシュッツについて論じている授業はないんじゃないかと思います。たぶん哲学の授業で、たまたまシュッツの多元的現実に関する論文やその他のあれこれの論文に言及することはあっても、シュッツについてのコースはないんじゃないかと思います。

このことはアメリカ哲学の構成においてはものすごい弱点だと私には思われますがね。ドイツでは、コンスタンツ大学やいまではビーレフェルト大学のグラットホフのところなどで、社会学において、現象学やシュッツに大きな関心が寄せられていると思うんです。でも哲学においてはそれほどではない。いくつかの本は刊行されていますが、絶大な関心があるわけではありません。確かに関心はなくなっています。したがって問いは、なぜ関心がないのか、です。

その答えは、その一部だけですが、現象学はまだ存在するんですが、アカデミズムの場では欠けており、他の動きに負けている。流行がアメリカ人の生活ではものすごく重要なんです。人びとは（一語不明）最も新しい動き、最新の勢力を知りたがっている。だから今度は何が流行なのか。ディコンストラクションやフーコー、です。フッサールから離れ、現象学からも離れて、どこのアメリカの学校やキャンパスでも、哲学やシュッツのなかにまだ何も十分に発見されてさえいないのに、そうした方向に向かっている。だからそれは、この国のものすごい弱点だと思います。大雑把にいえば、一〇年のサイクルだと考えているのですが、一〇年たったら人びとはディコンストラクションに疲れてくるでしょう。彼ら、アメリカの学生も学者も、何か新しいものに向けて旅立っている。そう、マルクス主義も一〇年、現象学も一〇年、そしてディコンストラクションも一〇年。ことはこんなふうに進んでいるんです。

9 若い世代の現象学的社会学者

西原：では、社会学と哲学の間の道を歩いているずっと若い世代の学者に関して、たとえば『社会はいかにして可能か』（Vaitkus 1991）の著者で、グラットホフの弟子筋のスティーヴン・ヴァイトクスなどについてはどうでしょうか。

ネイタンソン：どこかで実際会ったことがありますね。名前のスペルは？

西原：V・a・i・t・k・u・s

ネイタンソン：あぁ、はい、はい。彼はグラットホフの学生ですが、カナダ人だと思います（注：国籍はアメリカ）。彼はカナダで学位を取ったんです。私は彼の学位論文を読みましたよ。口述試験の審査委員のメンバーだったんです。私はずっと遠くまで行かなければならなかったんですよ。この言い方はフェアでないですね。旅行代はもらったのですから。でも、私はカナダまで出かけなければならなかった。いま彼は、ビーレフェルトのグラットホフのところにいます。そう、たしかに私は彼の本が出版される前の長いバージョンを読みましたよ。しかし、本自体はまだ読んでいません。私が話せるのは長いものの方、ほんとに長大なもので、博士の学位論文として、八〇〇頁、いや八〇〇から九〇〇〇頁あったと思うんです。彼がやらなければならなかったのは、この蓄め込んだ巨大な資料全体から、何とかその重さを減らすことだと思いましたよ。彼はその学位論文にさまざまな哲学者やデュルケムやら何やらいっぱい詰め込んでいるように思われました。そしてそのときまでに事柄の核心には至っていました[6]。

しかし、かつて私が、カレッジの教員を含む人文学セミナーのために国の資金を得たとき、そのセミナーに二人の学生がいました。一人はイェール大学の学生で、もう一人はカルフォルニアの学生でした。このセミナーに来ていた人はメアリー・ロジャース（Mary Rogers）という名前です。あなたが彼女の本に出会っているかどうか分かりませんが、彼女は社会学と文学に関する本を書いていています。ニューヨーク州立大学出版から出版されたものです[7]。より若い人たちの間から、シュッツの仕事や彼の現象学の検討や探究を超えた何かが出てくるのを待って見守らなければばならないでしょう。ある意味でそれはまだこの国では始まったばかりだと思います。この国では、たとえばイェール大学では、社会学においてシュッツや現象学といったものへの関心がないんでね。

西原：でも私は、ずっと若い世代の研究者に注意を払っています。たとえばあなたの学生だったマイケル・バーバーによって書かれた『社会的類型化と捉えどころのない他者』（Barber 1988）と題された本を読みました。

ネイタンソン：あぁ、マイケル・バーバーですね。彼の学位論文は私が指導したんです。同じ名前の別の人かと思って。彼の本の題名は何でしたっけ。

西原：Social Typifications and the Elusive Other です。

ネイタンソン：はい、はい。彼は私の学生でした。ここで学位を取ったのです。（嘉指氏に向かって）あなたはマイクを知ってますか。

嘉指：はい、名前は。

ネイタンソン：ええ、彼はとても優秀だと思います。ここで学位を取り、指導が私でしたね。彼はいまセントルイス大学で教えています。そこが彼の母校です。そして彼はイエズス会の聖職者でもあります。いま彼はとてもよくやってますし、とても真面目な人物です。そして彼の新しい本も出ると思います。シェーラーについてでバックネール・プレスから。彼はとても優秀です。彼は完全に自分自身の独自な言葉をもっていると思います。それはイエズス会で訓練された人びとのもつ問題のひとつなんです。つまり、それは純粋に叙述的な言明として意図されています。イエズス会の評価ではありません。イエズス会はもちろん修養を強調します。たとえば外国語、必要な言語の習得です。とりわけ注意深い原典読みの準備。彼はその全部の力をもっていました。また彼はバイニキー図書館のシュッツ・コレクションのすべてを検討しました。彼がやった研究は良いものでした。主にそれが、私の指導した博士号の学位論文だったのです。でも、まだまだやり遂げる有望な見込みを彼はたくさんもっていると私は思っています。私が大切だと思っているのは、自分自身を、自分自身の独自な言葉を、表現することです。

西原：私は自分の論文に使うために、彼の本を完訳しています。

ネイタンソン：それは良い。あなたは彼と手紙のやりとりしていますか。

西原：いいえ、まだですけど（注：当時はまだやりとりしていなかった）。

ネイタンソン：手紙出したら、よろしく伝えておいて下さい。

西原：はい。彼は、シェーラーは別にして、シュッツや類型化についてもまだかかわっているのでしょうか。

ネイタンソン：いいえ。彼がバイニキー図書館の資料からシュッツに関して検討したときにシュッツから得たものは、シェーラーについてです。シュッツがある時点で、そう一九五三年、私がニュースクールにいた時点で、シュッツはシェーラーについてたくさんのことを述べていました。シュッツは、例示のなかで、また知の理論において、しばしばシェーラーを用いていたんです。そう、シェーラーは知が、権力（支配）のための知と、救済のための知、つまり宗教知、そして哲学におけるような知のための知（教養知）を付け加えるのですが、あなたも知っているように、シュッツもこのように分けられるという考えをもっていました。だからシュッツはシェーラーを自分の講義のなかでしばしば取り入れてきたんです。

そしてそのとき、メルロ＝ポンティを含めた何人かの人びと……そうメルロ＝ポンティが編集し、彼がシュッツにシェーラーに関する部分を書くように依頼した哲学者に関する非常に大きな本を見たことがありますか。そこにも哲学者たちの一群のすばらしい描写があるんですが、シュッツはその部分を執筆したんです。そしてシュッツは、いっそうシェーラーに関して書くように促がされたんですね。彼は私にこう言ったんです。「私はだんだんシェーラーの権威になってきている」ってね。

そりゃ、とても、シェーラーは非常に興味深い思想家、人物ですよ。疑いなく、シェーラーは注意を惹きつけていた。そしてシュッツもたしかにシェーラーに関心をもっていた。でもそれは決定的な影響ではなかったと私は思うんです。シュッツはシェーラー以外の他の何人かの思想家に関しても語るべきことをさらにもっていたからです。悪の存在理由などという観念も重要ですね。また『宇宙における人間の地位』（Scheler 1927）、それはシェーラーの興味深い本ですが、「社会はいかにして可能か」という意味でのアプリオリに対する注目ないしは深遠な注視ですね。それはジンメルを惹きつけましたが、シュッツも強力に惹きつけられたんです。

10 現象学とエスノメソドロジー

西原：よく分かりました。では、あと三つほど質問させて下さい。私は社会学研究者なので次の私の質問にあなたは答えにくいのではないかと恐れていますが、何人かのアメリカの教授、たとえばボストン大学のジョージ・サーサス教授（ネイタンソン：はい、知っています）、彼は現象学とエスノメソドロジーの両方で仕事をなさっております。あなたはこのライン、いわば社会学におけるエスノメソドロジー的志向をもった現象学についてどのようにお考えでしょうか。

ネイタンソン：私はかつて「現象学と社会的役割」と題する論文を書きました。その一節でエスノメソドロジーについて意見を述べたことがあります。とくにサーサスについてではありませんが。でもサーサスはよく知っています。ヨーロッパなどで彼と一緒に会議に参加しましたから。あなたも知っているように、彼は良い人だと思いますが、私は彼に現象学の新たな前進を期待しているわけではありません。そして一般的にいえば、私はエスノメソドロジーにそれほど高い評価を与えていません。私はね。

それは手続きにおいてあまりにもトリッキーで、上すべりで、自意識過剰だと思います。そしてそれはいやしくも現象学がもっている透徹した把握力をもってはいないと私は思います。私はいま現象学の中心的な人びとのことを考えていっているんです。でも、サーサスはシュッツなどからさらにたくさんのことを学ぼうと努めています。そして、私はサーサスを、だんだん年を重ねているけれども、まだそうしたことをおこなう形成過程にいる人物だと考えているんです。ルックマンのような独自な寄与者とはかなり違っているっていいたいですね。聞いた話で本当かどうかは知りませんが、彼はシュッツの論考を集めた本を編集しているとか。この話、あなたは聞いてますか。

西原：はい。二年ほど前にボストンでお会いしましたが、サーサス教授はそういっていました。(8)

ネイタンソン：なるほど。シュッツ夫人がそのようだと、つまり彼がそうしているって私にいったもので。でも彼女でさえ、ちょっとあまりにも残り物をかき集めているようだっていってました。この言い方、分かりますか。たしかにシュッツが書いたもので、立派に出版に値する数本の作品、論文はまだありますが、さまざまな理由でその出版が差し控えられています。たとえば、そのひとつはT・S・エリオットの文化概念などについての批判的検討です。シュッツがそれを出版しなかった理由は、エリオットについてのこの論文のなかで、すなわちエリオットの文化に関する著作についてのこの批判的論文のなかで、自分自身、つまりシュッツがいいたかったこと以上に詩人としてのエリオットに高い評価を与えたという点にあります。でもこの論文は大いに出版に値します。出版されれば、それ自体、変遷の様子を示すひとつに加えられるでしょう。でも、その他には、シュッツ夫人が適切にいっていたように、重要な原資料はすでに日の目を見ていると思います。第四巻を満たすために残り物をかき集めることになってもね……。

西原：でもたぶん、第四巻はたとえば「音楽の現象学についての断章」を含むと思いますが。

ネイタンソン：ええ、しかしそれはすでに二箇所で活字になっていますから。でも、それはたくさんの出版機会に値すると思います。そこに含まれるだろうと分かっていますし、すべて有益でしょう。でも、それは新しいものではない。すでに二回いままでに活字にされているのでね。

11 ガーフィンケルのこと

西原：次の質問です。あなたがニュースクールの院生だったころ、エスノメソドロジーの創始者のハロルド・ガーフィンケルがシュッツの助言を求めてきていましたね。彼についてはどのようにお感じになっていますか。

ネイタンソン：ガーフィンケルについての私の感じ方、ですね。彼はプロモーターだと思います。彼は明らかに、ちょうどたくさんの車を売るカー・ディーラーと同じような、強力なプロモーターです。そして彼はそれに非常に成功しました。彼はたぶんとても有能な人なのでしょうが、ハーバードで学位論文を書いている間に、現象学について教えようとした内容が理解できないと思われる人を信用する理由はないと私は思います。でも、エスノメソドロジーに向かった人もいるし、エスノメソドロジーがとても人を驚かすような新鮮で力強い要素を含んでいると思っている人もいるわけですから。私はそう思ってはいませんがね。

私はかつてシカゴでおこなわれたアメリカ社会学会の集まりに出席して、シュッツに関する論文を発表したんです。そのとき誰かが私に「明日の朝六時におこなわれるフットボールの試合に行くつもりですか」って質問したんです。私は「あなたは正気ですか」っていったんです。「ええ、もちろんです」っていってました。エスノメソドロジーのフットボールの試合がおこなわれるんですね（笑）。そしてそのとき、選手もまた観察者かなんかなんでしょうね。だから、私はあなたにこういうことができます。その晩はぐっすり眠れて、翌朝はさわやかな目覚めだったってね。誰もエスノメソドロジーのフットボールの試合の結果を私にいってくれる人はいませんでしたが。

西原：私も、エスノメソドロジーと現象学とは異なると思っているんですが。

ネイタンソン：そのとおり。私もまったく同意見です。実際のところ、エスノメソドロジーはほとんど現象学の反対にいると思っています。なぜなら、現象学とは世界への信憑という自然的態度における括弧を根本的に取り去ることなんですから。エスノメソドロジーが想定しているのはまさに世界へのそうした信憑なんです。だから、学生が休みの際に家に帰って、エスノメソドロジーの授業の課題のひとつとして両親に誰であるか分からないように思わせるっていう初期の実験など、かなり馬鹿げていると思っていました。そんなことなんです。かなり子どもっぽいと思います。でも、いずれにせよ、エスノメソドロジーが見ていることは、当然のことなのですが、あなたは誰かとゲームをおこなっているという前提なのです。そして、まさにこの点こそを現象学者は括弧に入れたいことなのです。

12 シュッツの研究上の諸段階

西原：では、最後の質問です。ワーグナーは例の本のなかでシュッツの研究上の段階を一四の局面に分けています（cf. Wagner 1983 : 337）。

ネイタンソン：一四の局面。例の本というのはどの本ですか。

西原：〝Alfred Schutz〟です。

ネイタンソン：往復書簡ですか。

西原：いいえ、Alfred Schutz: An Intellectual Biography です。

ネイタンソン：あぁ、わかりました。それは一種の年代記ですよね。

西原：ええ。たぶんミスプリントだと思うんですが、（表を見せながら）一四という番号が欠けていますが、シュッツの知的展開を、一三ないし一四の段階に彼は分けました。

ネイタンソン：それについて私がどう思うかっていうことですか。

西原：はい。この区分はとても有益ですが、私はワーグナーと同じ意見を持ってはいないんです。

ネイタンソン：ええ、そうですね、私もそれを読んだとき、第一に、それは主としてじっくり説明された上でなされたのではないと思いました。それは解釈が入り交じった年代記ですね。だから、シュッツがヒットラーの影におびていたとか、……亡命？　新しい地平？　私自身は、一九三八―三九年についての解釈はよいかどうか分かりませんね。シュッツは何人かの非常に中心的な人物たち、たとえばメルロ＝ポンティ、レヴィナス、[9]サルトル、ジャン＝ヴァールその他の人たちとすでに知り合いだったのです。ワーグナーの努力は年代と結びつけて全体を各局面に分けるものだと思いますが、正直いって、この仕事はすべて確実だとはいえないと思います。もちろん、ワーグナーは間違いなくこの本の中では注意深く、注意深くやったと思います。しかしそれも解釈の問題でしょう。それは実際、ごちゃまぜ（conflated）っていえると思います。

嘉指：え、conflated、混乱（confusion）ですか。

ネイタンソン：いいえ、混乱ではなくて、ごちゃまぜです。二つのことが一つに押し込められています。だからここに解釈をみることができます。年代記を見ると、ごちゃまぜになっています。そして、あたかもそれがシュッツの生涯やその仕事の概要のように思われてくる。しかし、それは本当に起こったことではないということが実際に分かっていると思うんです。

西原：分かりました。では最後に、できましたら、あなた自身の考える（シュッツの）年代記的な区分を教えていただけませんか。

ネイタンソン：年代記というのは単純に年月のことだとしましょう。そうすると私は、一九五一―五三年にニュースクールに行っていました。そして次に、一九五三―五七年にヒューストン大学に行きました。そして今、私は休養の態勢に入ることができました。これが年代記です。そう、私は一九二四年にニューヨーク市で生まれました。でもワーグナーがそこで含意している解釈は次のようなものに思えます。この年代にはベルクソンに目が向いていた時代で、あれこれの年代は他の人に目が向いていたときです、というわけです。

でも、……ワーグナーがベルクソン期としたのは何年のことですか。えーと（表を見ながら）、一九二四年ですか。それはひとつの局面だったとは私は思いませんね。第一に、たくさんのことが少しも語られていません。実際、私もそうだったのですが、シュッツはベルクソンとは独立に、新カント派としてスタートしたんです。そのことはそこでは述べられていませんね。シュッツの哲学的な出発点だったところは、新カント派だったのです。そして彼は偶然にもベルクソンやフッサールに関心をもつようになったのです。シュッツの友人の一人が財政難に陥って、お金が何がしか必要となり、自分の書庫から本をいくつか売ってしまったのです。そこでシュッツはその友人を助けるために、シュッツが関心をもっていなかったフッサールのドイツ語の『論理学研究』（Husserl 1968）を取り出し、ベルクソンによるものもいくつか選び出し、そしてフッサールが書いた研究論文も選び出して渡したんです。これは二〇代のことで、自分は若かった、とシュッツは私に語ったんです。ワーグナーの本でベルグソン期と示されているよりもずっと早い段階ですね。

シュッツはベルクソンにとても強く惹かれていた。シュッツはフッサールの『論理学研究』も読んだのですが、シュッツの言い回しを用いれば、「私はそのとき、その本はとてもよいものだと思ったけれど、私向きではない」といったのを私はまだ覚えているんです。シュッツの琴線に触れたものは何もなかった。よい作品ではあるが、実際にシュッツにとても重要だと思わせるものではなかった。

そしてその後、シュッツは『内的時間意識の現象学』(Husserl 1966) という講義本を読んだんです。そしてそれから現象学を勉強して、とてつもない衝撃にとらわれたんです。それから彼は現象学を研究しつづけたわけです。だから私は、ベルクソン期という局面は、実際にはそれほど強くシュッツに訪れたわけではないし、それほど強く残っていたわけでもないと思っています。彼はつねにベルクソンに関心をもっていたんですが、最も基底的なものとして支配的でありつづけたのは、フッサールでした。そのことはワーグナーのような言明からは何も明らかではないのです。

結びに代えて

以上のような対話の後、しばし私たちは雑談を交わし、また一緒にキャンパス内も散策した。そして最後に、筆者がもっていなかったネイタンソンの編著で、シュッツの論考も収められている著作、*Essays in Phenomenology*, Martinus Nijihoff, 1969. をいただいた。[10] その本の扉にネイタンソンは次のように書いてくださった。

To: Professor Kazuhisa Nishihara, as a moments of his visit to Yale
and as a token of my pleasure in meeting a fellow Schutzian,
Maurice Natanson, New Haven, Conn. May 15, 1993.

ネイタンソンの誠実な人柄を示すものとして、あえて記しておいた。序で記したように、もう少し早く彼のもとに再訪していれば、さらに突っ込んだ話を伺えたであろうと、いまとなっては非常に悔やまれる。いまできることは、もはや声は届かないであろうが、この場を借りて現象学的哲学者にして社会理論家であった故モーリス・ネイタンソン教授に再度、御礼申し上げることだけだ。

ネイタンソン教授がもし二一世紀まで生き延びていたとすれば、彼は九・一一以降のアメリカの展開をどのように捉えただろうか。いまでもきっと草葉の陰から、「世界の縮図」アメリカを叱りつけているような気がする。彼の死の直後のメディアは、彼に対して、アメリカへの実存主義の紹介者、サルトルの理解者、現象学的哲学者などといった形容が目立った。現代社会に対する深い関心ももっていたネイタンソンだけに、この方面でのインタビューが叶わなかったことがきわめて残念である。いつの日か別の形で、この空隙を埋めたいと思う、と述べて本章を閉じておきたい。

註

◎序

（1）「エラスムス」制度とは、一九八七年に設立されたエラスムス計画（ERASMUS, European Region Action Scheme for the Mobility of University Students）に基づくEU加盟国間の学生や教員の移動性や協働性を高める制度のことであるが、正確にはEU成立後の一九九六年からはソクラテス計画に統合され、二〇〇六年からはEU生涯学習計画の内部に統合されている。現在では年間一〇万人を超える学生交流がなされているといわれている。なお、今日ではアジア版のエラスムス計画が語られはじめているが、本格的な実現には至っていない。以上のことは文部科学省のホームページなどでも確認できる。

（2）留学生三〇万人計画は、二〇〇八年にその骨子が策定され、二〇〇九年にはグローバル30（G30）として大学国際化の拠点となる一三大学が、旧帝大系国立系大学や有名私立大学を中心に選定された。日本における現在の留学生政策に関しては、文部科学省高等教育局「留学生政策の具体的展開」などで知ることができる。次のURLを参照。http://www.mext.go.jp/component/a_menu/education/detail/__icsFiles/afieldfile/2010/09/08/1286522_1_1.pdf

（3）ドイツやフランスでも、一〇パーセントを超えている。日本は現在わずか三パーセントである。アメリカは進学率が高く学生数が多いので約六パーセントであるが、実質的には世界から最も多い六〇万人ほどを受け入れている。日本が二〇二〇年に三〇万人計画を達成できるか不明な上に、できたとしても留学生の率は一〇パーセントに達しないのではないか――進学率や進学数が絡む問題であるが――と筆者は予測している。『平成二一年度　文部科学白書』など参照。

（4）日本の外国人労働者の割合は、ルクセンブルク（五割）やシンガポール（三割）のような高い数値は特殊事情があるとしても、一〇パーセント近いドイツやフランス、五パーセント規模のスウェーデンやイギリス、イタリアにくらべて、一パーセント台できわめて低い数値である。これは台湾や韓国よりも低い。要するに先進工業国のなかでは例外的に外国人労働者を受け入れてこなかった国だといえる。少しデータは古くなったが、労働政策研究・研修機構編『データブック国際労働力比較二〇〇五』参照。なお、この問題に関しては、本書の続編で論じたい。

（5）若きマルクスは一八四四年に『ヘーゲル法哲学批判』（Marx 1844a）のなかで、人間解放の頭脳は哲学であり、その心臓はプロレタリアートである、と記す。それから二世紀近く経つ。その心臓は、労働者階級から市民へ、そしてマルチチュード（脱国家的に移動する庶民）と変化するのであろうか。ただし、マルクスの「市民社会」論に関しては単純に近代国民国家の枠内にあるとはいえず、通時的＝歴史的な捉え方が可能であることは付け加えておきたい。平田（一九六九）参照。

（6）本書の続編を参照。ネグリらは、二〇世紀後半の冷戦期を第三次世界大戦と捉えたほうがいいと主張し、二一世紀の九・一一以降の争いを第四次世界大戦と捉えられることを示唆する。Hart and Negri (2004）の第一部を参照。

（7）戦前の日本において、朝鮮の植民地化という事情はあるにせよ、普通選挙法の実施下で在日コリアンにも選挙権・被選挙権が与えられていたこと、しかもコリアン名で立候補でき、当選者も出していたことを忘れるべきではない。

（8）「健全者」という表現は、「生産第一主義」という言葉とともに、横塚晃一の言葉。横塚（二〇〇七）を参照されたい。

(9)「生」に対応するドイツ語は Leben、英語は life、そしてフランス語は vie である。日本語の日常語の「生活」の語感よりも幅広いので、本書では基本的に「生」と訳したい。したがって、生活世界と訳されてきた言葉も、「生世界」とここでは訳したい。

(10)これまで筆者は、機会あるごとに現象学的社会学の基本論点に関して論及してきている。それは現象学に関する「誤解」も多いからである。関連する論考としては、西原(一九九四、一九九八、二〇〇三)、西原編(一九九一、一九九八)、西原・岡(二〇〇六)などを参照願いたい。

◎第1章 CHAPTER 1

(1)この看護師・介護福祉士の「候補者」たちは、正式な採用に至るためには、四年以内に国家試験を受け合格しなければならない。特殊専門用語の日本語での出題は、彼女ら/彼らにとってはきわめて不利であり、すでに不合格となった人も続出し、早めに帰国せざるをえないケースも出ている。国側も英語表記やふりがなの併用などの対策も考えられているようだが、いずれにせよ、看護師候補者たちの「使い捨て」の批判に対して、きちんとした対応が望まれる。

(2)斎藤慶典は、「数学から心理学へ」の第一の転回、「心理学から論理学へ」の第二の転回、そして「論理学から超越論哲学へ」の第三の転回という三段階の転回を示している。筆者としては、現象学という語が用いられるようになる斎藤のいう「第一の転回」後を問題とし、さらに「第三の転回」を二つに分けて、三つの文脈と考えているといってよいだろう。斎藤(二〇〇二)の第一章を参照。

(3)シュッツもいう、「日常生活における『自明なもの』をなんの吟味もせずに受け入れることは一挙に社会学に対して、ある重大な危機をもたらすことになる。なぜなら例の日常生活の社会的世界こそ、その諸々の表象が社会現象の経過によって引き継がれ、まさしくそれはそれとして社会学によって科学的加工の対象となるべきものだからである。したがって社会学の課題は、まさにこの『自明なもの』を疑うことでなければならない」(Schütz 1932 : 12 = 二〇〇六:三一)。

(4)なお、シュッツ自身、「第五の問題群――もしくはシュッツ問題」として、間主観性とは何かを掲げ、この問いが「デカルト的悪魔のフィクションによって独我論の牢獄に囚われた意識の奴隷の反乱」であると述べる。Grathoff, hersg.(1985)におけるシュッツからグールヴィッチへの一九五七年一二月七日の手紙を参照のこと。

(5)「現象学運動」については、Spiegelberg(1978)を参照。そこでは、フッサールが志向性という概念を学んだ師F・ブレンターノからレヴィナスに至るまでの思索の展開が論じられている。なお、この現象学運動に関係する発言として、本書の付録を参照されたい。

(6)学理知的なレベルに関しては、筆者はさらに三つのレベルを考えなければならないと判断している。すなわち、基層理論、中範囲理論、理念理論である。これに関しては、本書の第2章を参照願いたい。

(7)フッサールのこうした間主観性論に関する日本の研究は、新田(一九七八)、山口(一九八五)、浜渦(一九九五)を参照されたい。なお、後述のメルロ=ポンティに関しては木田(一九七〇)を参照。

(8)現象学的社会学に限ってみても、すでに一九二〇年代から一九三〇年代にフィーアカントなどのようにフッサールの影響を受けた現象学的社会学が展開されていた。ただし、これらの業績が後期フッサールの知見を知りえない段階のものだという点には注意が必要である。本質直観のような社会科学者には評判の悪い方法(形相的方法)を「社会諸関係や共同体や国家のもつ諸問題」の分析に「素朴に用いて」いる点で、E・シュタインやG・ヴァルターを後期シュッツは、一九五九年に書かれた重要な論文「社会科学に対するフッサールの重要性」で強く批判している。Schutz(1962 : 140 = 一九八三:二二五―二二六)を参照。

なお、シュッツの著作集が出た一九六〇年代の段階でも、フッサールの間主観性論の全体像はみえていなかった。フッサール全集で『間主観性』を論じた巻は、未刊であった。その刊行は、一九七〇年代である。にもかかわらず、社会学において、主観主義シュッツ像が語られていた（たとえば、下田 一九七八）。このようなシュッツ理解では現象学的社会学の可能性を捉えそこなう。こうした点に関しては、西原編（一九九一）や西原（一九九八、二〇〇三）などの拙著を参照願いたい。

（9）以下のピアジェ・ワロン論争については、両者の翻訳を含む加藤ほか（一九九六）参照。

（10）こうした点を、筆者はシュッツから学びながら、「同時性の理路」に着目する必要性を論じてきた。本書の第6章も参照願いたい。

（11）シュッツは、晩年の著作計画用のノートのなかで、「純粋な波長を合わせる関係」（the pure tuning-in relationship）とともに、「シンクロすること」（synchronization）という用語も使っていた。Schutz and Luckmann（1984 : 299）参照。

（12）シュッツはいう、「社会的に是認された類型化と関連性の体系は、集団の個々の成員たちの私的な諸々の類型化と関連性の構造が生じる共通の場である」（Schutz 1964 : 238 = 一九九一 : 三二〇）。

（13）この表現は、しかしながら、やや微妙な問題がある。同じ見方・行動をするように行動発達的に間主観化（共同主観化）され、それに基づき同一行動をパフォーマティヴにおこなうからこそ「同一文化」と語るべきであろう。文化が必ずしも先にあるわけではない。文化はパフォーマティヴに達成されるものでもある。

（14）なお、本書において intersubjectivity は原則として「間主観性」と訳されている。廣松渉は、それを「共同主観性」と訳しつつ、彼の社会哲学の基本概念として用いている。しかしながら、廣松の「共同主観性」論は、一九七二年の『世界の共同主観的存在構造』においては、やや決定論的な意味合いを帯びているし、そのように批判されてきた。しかしながら、廣松は増山眞緒子との共著『共同主観性の現象学』（一九八六年）以降は、同じ共同主観性という用語でも、実践の場面を強調している。それが『存在と意味』第二巻につながる経緯に関しては、本書の第6章を参照願うとしても、前期の廣松が実践論ではなく認識論を前面に出していた点において決定論的な側面をもっていると捉えられてきたことは事実であり、その責任の一端は廣松にあるということもできる。

そのような経緯をふまえて、以下でも論じるように、本書では間主観的な相互行為という事態を「相互主観的」な事態（「相互主観性」）と表現し、その事態（過程）のなかで物象化・制象化されたものを、「共同主観的」（ないしは共同主観化、あるいは共同主観性）と表記する。これは、三村洋明（二〇一〇：六六以下）が示しているような、間主観性の相互行為的側面を「相互主観性」と表現する視点と重なり合う。さらに本書では相互主観性と共同主観性の両方を含む、より上位の包括的概念として「間主観性」という語を用いることにする（より詳しくは本書の第5章を参照されたい）。ただし、用語が煩雑になるのを恐れて、本書では、「間主観性」「間主観的」「間主観化」を優先している場面があることを了解いただきたい。

(15) 社会学などで今日あらためて「個人化」が語られているが、この問題も本文のなかで述べた文脈で再考されなければならない。

(16) メルロ＝ポンティは現象学が「世界や歴史の意味をその生まれ出づる状態において捉えようとする」意志をもつことを示唆する（Merleau-Ponty 1945 : XVI＝一九六七：二五）。

(17) 西原（二〇〇三）では、この④に関しては、②や③の前提として表に出さないでいたが、環境／自然との相互行為の今日的な重要性に鑑みて、本書では、④として独立させた。「自然との共生」などをあらためて考えたいという意図からである。これについては、本書続編を参照されたい。

(18) かつて杉本良夫は「民際」という語を用いた。しかし、民衆、人民といった特定の階層の社会関係だけでなく、「人際」はあらゆる社会関係・相互行為のレベルにおいてありうる。政治家や研究者、あるいはビジネスマンなどにおいても、人際交流はなされうる。その意味でも本書では、「民際」ではなく「人際」を用いている。杉本・マオア（一九九五）の第七章、参照。

◎**第2章** CHAPTER 2

（1）理論の研究と別に、「学説」の研究を示すこともできる。学説は、これまでの理論を総称して学説史研究の形で分けることができるからである。だが、理論は学説をふまえて、さらに現在・未来を展望するものだとも考えられる。そこで、筆者は、これまでの学説も理論のなかに繰り入れて考えるようにしている。これまでの学説の現在的な再解釈（解釈とはつねにそうしたものだが）は、理論構築のひとつだと考えられるからである。その意味で、以下では、理論という用語は学説を含むものとして用いていくことに留意いただきたい。

（2）戦後五〇年を振り返る企画でのこの報告は、後日増補改訂の上で「戦後思想と社会学理論」として『社会学評論』に掲載され、その後に「社会学と戦後の思想」と題して西原（一九九八）の第Ⅱ章に収録してある。なおこの論考はフランス語に訳され、フランスで出版される予定であると聞く。

（3）二〇〇五年のこの日本社会学会の大会シンポジウムは、「理論・方法・価値規範」というテーマで同年一〇月に法政大学において開催された。ちなみに、筆者の報告題名は「理論・実証・実践――グローバル化時代における理論社会学の意義と課題」であった。

（4）現象学には、少なくともフッサールにおいては三つの議論の文脈があることに関しては、すでに前章でみてきたが、筆者は発生論的相互行為論の間生体的諸力論として、次の四つに着目してきた。すなわち、①リズム・共振、②エロス・共感、③身体物理力、④類型化的分節、である。今後、共振・情動・暴力・差異化を核に基礎理論を再構成し、国家論とも関係づけて展開する予定であるが、本書とその続編ではそのための地固めをおこなっているつもりである。

（5）とくに筆者が代表を務めた「現代社会理論研究会」が、年刊の『現代社会理論研究』を一九九一年以来一五年間刊行してきたこと、あるいは一九九九―二〇〇〇年にかけて、雑誌『情況』において三巻からなる別冊特集（「現代社会学の最前線」［1］［2］［3］）を編んだこと、こうした形で筆者は、これまで社会学理論内在的な問題状況の検討をおこなってきた。西原（二〇〇三）も参照いただければ幸いである。

（6）「生世界」の変容で、筆者が中心に置いているのは――筆者のイギリスでの在外研究や東アジア（とくに南京大学兼職教授としてかかわっていた中国）との交流において強く実感した点であるが――、グローバル化時代の生世界がトランスナショナルな構成の方向に動いているという点である。この点に触発されて、訳書『間主観性と公共性』の刊行や上述の『現代社会理論研究』における二度にわたる特集「東アジアの社会学理論［1］［2］」（『現代社会理論研究』第一四号、第一五号）が企画・編集された。なお、後者のふたつの特集には、日本からの執筆者五名以外に、中国から五名（成、文、羅、劉、呂）、韓国から三名（金洪宇、金光基、李）、台湾から三名（張ほかの共著）、さらにタイから一名の寄稿論文が翻訳・掲載されている。いずれも力作であるが、とくに第一五号での中国の二人の社会学理論研究者の論考（劉 二〇〇五、呂 二〇〇五）は大いに刺激的である。参照いただければ幸いである。また筆者が設立にかかわった日本社会学理論学会の学会誌に掲載された中国社会学者の論文（馮 二〇〇六）も中国の社会学理論の危機を論じていて興味深い。

（7）こうした相対化にかかわる論点として、筆者は身体論の意義を、現時点では次の一二点で考えている。すなわち、身体論の主要問題として、①生と生体としての身体、②情動（感情＋行動）の場としての身体、②身体知（暗黙知・実践知・ハビトゥス等）、③対他表現の場としての身体、④間身体的な自他関係（贈与と受容を含む）、⑤暴力の作動の場としての身体、⑥権力の作動の場としての身体、⑦ヴァルネラビリティとしての身体、⑧医科学の対象としての身体（臓器移植などを含む）、⑨病と身体、⑩障害と身体、⑪老いと身体、そして⑫身体の終焉としての死、という問題群である。翻訳された論文ターナー（二〇〇五）も参照されたい。

（8）筆者は、続編で論じるが、近代批判論（とその当座の乗り越えのための方向性）の要諦として次の四点を考えている。つまり、①主体主義＝主客図式→主体の解体＝脱構築、②科学主義＝理性主義→身体性と間身体性、③国家主義＝近代国民国家的思考→脱国家・脱帝国・脱国際主義、④資本主義＝私的利潤の合理的追求→脱資本主義、である。そして、これらに共通する主題は〈他者〉である。

（9）他者は、自己の存在のための基盤であり、自己に呼びかけ、結合と離反そして支配を呼び起こす存在である。少なくとも結合と離反の対象としての他者の二重性が基礎理論的には重要となる。「未分的他者」と「非自我他者」である。さらに、感情や記憶がかかわる自己の内なる他者、すなわち「内部的他者」も重要である。とはいえ、当面は少なくとも下のような表3にあげる共同主観化される他者が問われなくてはならないだろう。なお、「他者」を現象学的社会学の視点から論じた西原（一九九八）のⅥ章および西原（二〇〇三）の二章も参照されたい。

（10）「東アジア社会理論研究者ネットワーク」のことだが、後註（28）を参照されたい。

（11）この点に関しては、西原（二〇〇六c）に社会学的エッセイを記したので、参照願う。

（12）実践が問題化されるここでは、理論内在的には近代国民国家の問題が

表3　4つの共同主観化される他者

他者	内容	例示
大文字他者	超越的絶対者・宇宙・物質・帝国	カミ・王・天皇・父…
ネット他者	インターネット上での自他関係	脱身体・脱主体・偽装…
他国民他者	国籍国民的アイデンティティ・市民権	外人・異人・野蛮人表象…
彼等的他者	三人称・「我々」からみた彼等	仲間とよそ者・第三者表象

たんなる表象や言説やイデオロギーの問題ではないこと、したがってそれは意識上のたんなる構築主義的な問題ではないこと、を指摘しておきたい。国家にとって「本質」的なことは、実践の問題であり、行為の問題であり、運動の問題である。要するに、国家にとって枢要な問題は、ヴェーバー社会学の伝統のなかにある、他者と身体にかかわる「暴力」の問題だと筆者は考えている（西原 一九九八）。表象や言説に着目する昨今の国家論の議論への若干の違和感をこめて、あえて「本質」という表現を用いた。この違和感に関しては、西原（二〇〇三）の一〇章以下、とくに一二章四節（同書の二八四頁前後の論述）を参照いただきたい。

（13）シュッツの発想に関しては、「人間行為の常識的解釈と科学的解釈」論文（Schutz 1962＝一九八三に所収）を参照されたい。

（14）筆者がこれまで活字化してきた用語法と今回の表1では若干の表現が異なっている。しかし基本線は変わっていないので、とくに細かい説明は省略する。

（15）④に関しては、たとえば小集団の経験的研究から学んだパーソンズのＡＧＩＬ図式に典型的だが、交換理論、合理的選択理論などといった「視点」から、シンボリック相互作用論、エスノメソドロジーなどのもつ質的な「視点」をも含む。

（16）誤解を招かないようにさらに付言しておきたいのだが、こうした理念理論は、たんなる「理想」や「夢」を指すのではなく、基層理論や中範囲理論に裏づけられた「理論」であることに留意願いたい。

（17）ここでいう実証主義の基本線は、フッサールが「実証主義は、いわば哲学の頭を切り取ってしまった」という視点で語った指摘をふまえている。実証的手続きにも、理論化する際の解釈問題などさまざまな認識論的＝哲学的＝実践的な作業が内包されている。「解釈をおこなうその瞬間には、社会学者自身、すでに哲学者なのである。」（Merleau-Ponty 1951＝一九六九：一六三）この点の分かりやすい例は、第5章で示してあるので参照願いたい。

(18) 現在の日本社会学会の「専攻分野」は三二の分野からなるが、真先に「1　社会哲学・社会思想・社会学史」が記されていることを申し添えておく。
(19) 「社会学の本土化」「社会学の中国化」などといった表現で、筆者が中国においてしばしば聞く言葉である。とくに南京大学で集中講義や研究集会をおこなった際に、よく聞かれた表現である。ただし、その意味は、筆者の了解するところ二重である。主たる意味は、社会学を中国に導入する際に中国独自の思想や発想に合った形で展開することにあるが、もうひとつの意味として――少数ではあるが――研究者によっては、中国の思想や発想を中国から世界に発信していくことをも意味する場合がある。また同様の表現は、屈折した形であるが台湾社会学においてもみられる。張ほか（二〇〇五）参照。
(20) シュッツやフーコーに関しては西原（二〇〇三）が、またフーコー権力論の機能主義的了解に関してはホネットがすでに示唆している（Honneth 1985）。さらにルーマンに関しては彼自身の思索の帰結として（近代的な）主体の解体を説くことになる『近代の観察』（Luhmann 1992）などを参照されたい。
(21) 一九九〇年代に入って、あの「脱構築」のデリダが明確に「他者の歓待」を語り、「文化資本」論のブルデューは積極的に労働運動を支援しつつ「国家の左手」に着目してネオリベラリズムに対抗しようとした。こうした一九九〇年代以降の方向性をふまえて後述の議論を展開したい。ここにもこれまでの「誤読」にかかわる論点が見え隠れするが、これ以上は立ち入らない。とりあえず、デリダに関してはDerrida（1994, 1997, 2001）、ブルデューに関しては、Bourdieu（1998）などを参照。
(22) 筆者の試みの一端としては、本書の註（5）（6）および後註（28）を参照されたい。
(23) 「グローリーナカル」というあまり馴染みのない表現をかつて用いたことがあるが、それは公共哲学・京都フォーラムの代表者である金泰昌の「グローナカル」（グローバル＋ナショナル＋ローカル）にヒントを得て、さらにリージョナルな面を加えたものである（西原 二〇〇七b）。ただし筆者としては、パーソナルな次元をしっかりと据えたいので、本文のような五層で検討したいと考えている。

(24) ようやく二一世紀に入ってアジアの研究者の学会大会への招へいが始まり、二〇〇七年からは英語部会も始まり、さらに日本社会学会と韓国社会学会との学術協定に基づく学会大会での「日韓ジョイント・パネル」もスタートした。

(25) なお、筑波大学のシンポジウムでかつて報告する機会があった際に、「人際」の「人」は、所属（属性）を表しがちなアジア人や日本人ではなく、実践（行為）を表しがちな仕事人、料理人のような「にん」と読むほうがいいのではないかという示唆をいただいた。「じん」と「にん」の区別は微妙だが、おおまかな傾向としてはこのように考えられるであろう。したがって、筆者は「人際」を「にんさい」と読むようにしている。

なお、「人際関係」は現代中国語では、レン・シー・クワン・シーと発音して「人間関係」を意味する日常語である。筆者としては、そこまで一般化せずに、国際関係との対比のなかで用いはじめたが、中国での講演においては誤解を招きやすいので、最近は「人際交流」という表現を用いている。

(26) これは、種としての共通性、および何語であれ言語をもち、どんな形であれ社会関係を取り結んで日常の生世界を生きる私たちの共通面を、その個別性ではなく共通性に、特定ではなく普遍の側面に焦点化した表現である。R・ロバートソンは「人という種」を、いわば世界社会、国民諸社会、個々の自我とともに「グローバルな場」として取り上げる（Robertson 1992）。つまり、さまざまな「特定個別」面ではない、「普遍共通」面への着目である。その高次の統合体は、「普遍個別」となるのではないかと現在考えている。本書、第5章での表2はそれをまとめたものである。

(27) 同と異、つまり同一性と差異の問題は解き難い難問（アポリア）に近い。ある場面では、「異」をふまえた実践が求められるが、現時点では本文のような書き方をしておく。なおこの問題に関しては、本書の第6章も参照されたい。

(28) 筆者が築こうとしてきた「東アジア社会理論研究者ネットワーク」は、緩やかだが持続性のあるネットワークである。それは、さまざまな人的交流と論文翻訳などを通じた情報交換からともかく始まっている（前註（5）（6）参照）。ただし、この名称にとくにこだわりはない。実質的な「関係づくり」こそが重要である。筆者自身に関していえば、中国・南京大学兼職教授（二〇〇六―二〇〇九年）としての経験をひとつの足がかりとして、自らのNPO／NGO活動をも活性化させ、そして時には「公共哲学・京都フォーラム」の関係者などとも協働関係を維持しつつ（西原ほか 二〇一〇）、まずは日中韓台そして香港をひとつの核としてこのネットワークを拡大したいと考えている。現在進行中のさまざまな試みには立ち入らないが、学会レベルでの学術交流協定（たとえば日韓や日中の社会学会レベルでの交流協定など）、研究者同士での学術交流（「批判的アジア研究」「東アジア社会学者会議」「アジア社会学ネットワーク」など）が動きはじめている。

おそらく試行錯誤を繰り返しながらであろうが、筆者としては、このような方向性を自らの今後のライフワークのひとつとして挑んでいるつもりである。そして筆者が代表を務めて二〇〇六年に創刊した年刊の学術雑誌『コロキウム：現代社会学理論・新地平』それ自体もまた、このネットワークのひとつの系であると、自分自身では位置づけている。もちろんこの学術雑誌の参与者すべてが同意見・同思想であることを求めるわけでは決してない。しかし緩やかな「問いの共有」は前提であってほしい、とは願っている。

なお、この点と関連して、筆者は二〇〇五年にアジアとの交流も視野に入れたNPO法人のボランタリーな民間研究機関として「東京社会学インスティチュート（略称 ist）」を設立した。著作活動を含めたその活動に関しては今回は詳しくは立ち入らないが、実践の議論との関係で、この場で指摘だけさせていただく。

◎**第3章** CHAPTER 3

（1）モダニティに対しては、「ポストモダニティ」「ハイモダニティ」「ハイブリッドモダニティ」などの視角がある（厚東 二〇〇六）。後述のように筆者の議論はこれらと視角を異にする。

（2）以上の諸論点に関しては、マルクス（Marx 1845）、ニーチェ（Nietzsche 1972）、ホルクハイマー＆アドルノ（Horkheimer & Adoreno 1947）を参照。

（3）現象学的社会学のこの側面に関しては、筆者の現象学的社会学に関する小論を含む『哲学の歴史10 危機の時代の哲学：現象学と社会批判』（西原 二〇〇八）も参照されたい。

（4）以上は、筆者によるフッサール現象学の三文脈（①意識経験の文脈、②危機認識の文脈、③意味生成の文脈）の議論をふまえたものである。そして、メルロ＝ポンティは③の文脈を引き継ぐ。この点に関しては、すでに本書の第1章で述べてある。

（5）以上の三つないし四つの発生論の視角は、通時的・時間的な発生・生成を論じる主要なものとして筆者が多くの箇所で示してきたものだが、それ以外にも演繹法や帰納法の論理のような純論理的なレベルでの発生・生成論も考えられるであろう。下向法や上向法に関する議論は、そのような論理的発生論の一例と考えているが、この点はここでは示唆にとどめておく。この点に関しては、次章の第4章も参照。

（6）ここで取り上げている三つの発生論が、それぞれ別個に存立するというつもりはない。深く関係しつつも、しかし三つの視点を明確にしていくことで、発生論の課題を明示化したいと考えている次第である。

（7）霊長類研究者たちは、ゴフマンやメルロ＝ポンティを引き合いに出す。たとえば、山際寿一の著作（山際 一九九七）を参照されたい。

（8）古い著作だが、翻訳もある『ジンメルの社会学論』には、「発生的」という言葉と捉え方が示されている。Spykman（1925）参照。

(9) ここで少し注記をおこなっておく。現在、崩壊過程にあるとされるマルクス主義国家を導いた「マルクス主義」という体系的な「思想」には筆者は懐疑的である。それゆえ、マルクス主義の発展段階論的な社会変動論にも（晩年のマルクス自身の考えと同様！）筆者は懐疑的である。しかし、マルクスその人の思索は、いまもって社会科学にとって大きな宝庫であると確信している。それゆえ筆者は、現代社会学がマルクスを誤解の上でいとも簡単に切り捨ててしまうような風潮には大いに疑問を感じている。

(10) 以下の記述は、拙著の当該部分（西原 二〇〇三：終章）と重なりがあることを断っておく。

(11) この論点は、加藤（一九九九）に教えられるところが多かったことを記しておく。

(12) なお、この概念の多義性と多層性に関する議論は、イリヤ・スルバールの論考で示されている（Srubar 1997）。

(13) ちなみに——詳細は省略するが——日本においても戦後の主体性論争以降、とくに一九五〇—六〇年代にマルクス疎外論にみられる「主体性の回復」の論調とサルトル的実存主義の「主体性の復権」とを重ね合わせて論じる実存主義的なマルクス主義という論調も少なからずみられたことを付け加えておく。

(14) この文の括弧内の語句「故郷喪失」「寄木細工」「聖なる天蓋」は、バーガーやルックマン（Berger 1967; Berger, et al. 1973; Luckmann 1967）から引いている。

(15) なお、間主観的な生世界論の社会学的展開の一例として、ここでは詳述しないが、スティーヴン・ヴァイトクスの文献（Vaitkus 1991）も参照されたい。また筆者自身が構想する間主観性の社会学は次章で述べる。すでに述べてきたように、本書で中心にあるのはむしろ「人際交流」としての人びとの基本的関係性を社会学的に捉え直す点である。

◎**第4章** CHAPTER 4

（1）たとえば、新生児における「泣きの感染」や「原始微笑」の存在という知見も顧慮すべきだろう。こうした点に関しては、拙著（西原 二〇〇三：一二章）の発達心理学に関する章を参照願いたい。

（2）ただし、記憶が現在に基づくことや、表象が記憶に基づくことなどに注意が必要であろう。ここでの用語法は、表象自体は現在のものであるが、記憶に関しては（ミード的な）現在から過去への記憶表象（あるいはこれに空間表象を付け加えるならば、交換の背後にその「生産」という「総体連関」がみえる）など詳述すべきことが多いが、ここでは紙幅上割愛せざるをえない。

なお、予期に関して付け加えておけば、そこでの現在から未来への予期表象には、たとえばそこに第三項としての貨幣が貨幣として妥当・通用する〈みなし〉の論理というものも含まれるとだけ付け加えておこう。

（3）シュッツにおいては、サインとは他者（の内面）の超越に対処し、シンボルとは自然と社会の超越に対処するための記号である。シュッツの論考「シンボル・現実・社会」（Schutz 1962＝一九八五）および拙著（西原 一九九八）も参照されたい。

（4）今日の情報化をともなうグローバル化時代においては、この他者が一般的・重層的になっていることに関しては、第2章の註（9）を参照。

（5）ここではこれ以上立ち入らないが、こうした点については歴史社会発生論的にすでに少なからぬ研究がなされている。子安（二〇〇三）、植村（二〇〇六）、米谷（二〇〇六）、加々美（二〇〇七）、参照。筆者の発生論の文脈で興味深い文献を例示しておいた。

（6）ギデンズ（Giddens 1990）が示した産業主義、資本主義、監視、軍事力という「モダニティの制度特性」などを参考にしているが、この図自体は説明の簡素化のために新たに筆者が作成したものである。もう少し図に項目を書き込んだものとしては、西原（二〇〇四）を参照願いたいが、本書で書き加え改変した項目もある。

(7) ヴェーバーはいう。「社会学が『国家』(Staat) ……あるいはそれに似た『形象』(Gebilden) について語るとき、それらでもってむしろ、事実的にまたは可能的なものとして構成された個々人の社会的行為について、ただその或《あ》る種の経過を意味するだけである」(Weber 1972 : 5-6 = 一九五三 : 一三)。

(8) ここでいう関係主義は、クロスリーの考え方と重なっている。クロスリーの関係主義 (relationalism) の説明を参照されたい (Crossley 2005 : 265ff. = 二〇〇八 : 三八九以下)。

(9) その一例として、戦後日本の「語り」における「他者の縮小」を論じた片桐 (二〇〇〇) の試みをあげておくことができる。

(10) 筆者は以上の内容に関して、機会あるごとに英文でも記してきた。Nishihara (2006a, b, c 2009) など参照。

◎第5章 CHAPTER 5

(1) 理論に関する特集が、二一世紀の00年代の『社会学評論』で編まれている。「グローバル化と現代社会」(五六巻二号) および「理論形成はいかにして可能か」(五七巻一号) である。本章は、特集「社会理論の復権」(五七巻四号) に所収の拙稿 (西原 二〇〇七a) を基にしているが、この特集は「グローバル化時代における社会学理論の課題」という副題が付され、「社会理論」の想像力が中心に据えられている。以上に関連する文献として、高坂 (二〇〇六) と船橋 (二〇一〇) をあげておく。なお、ここで「理論」とは、第2章で示したように『広辞苑』(第五版) に依拠して、「個々の事実や認識を統一的に説明することのできる普遍性をもつ体系的知識」という一般的意味で捉えられている。補足的な言明はさらに後述本文を参照されたい。

（2）本書第2章参照。
（3）なおここで、「社会学理論」は、数理社会学なども含めた社会学の理論面に焦点を合わせて検討する研究や、いわゆる社会学的実証研究（経験社会学ないしは実証社会学）の理論的成果をも含む、より上位概念として用いられる。ちなみに「社会理論」とは、経済学理論などとともに「社会学理論」をも含む社会についての理論一般をさす語であり、社会学理論も社会理論に寄与すべきものとして捉えられている。
（4）後述するように、筆者は筆者なりの科学論的立場から論じているが、科学や学問を「否定」する意図はもちろんない。
（5）このような議論に関連する代表例として、社会学への現象学導入に否定的な富永健一（たとえば、富永 一九八四：一七二）と、実証主義的思考に懐疑的なフッサール（Husserl 1954）の言説とを対照されたい。
（6）ここでは深く立ち入らないが、科学現場における相互行為的達成を論じたのはエスノメソドロジーのひとつの成果であるといえよう（Cf. Garfinkel, et al. 1981）。なお、「相互行為的達成」というのは、西阪（一九八八、一九九七）をふまえて筆者が用いている語である。
（7）こうした社会学の捉え方を、筆者はいろいろな箇所で述べているが、例として西原・岡（二〇〇六）や西原・保坂編（二〇〇七）を参照願いたい。
（8）シュッツは、事実とは「つねに解釈されたものである」という（Schutz 1962 : 5 = 一九八三：五一）。
（9）研究対象である事柄の「現象」面の記述、その背後の「構造」面の探求、それが果たす「機能」面の研究、そして事柄の生成を問う「発生」面の探求のことである。拙著（西原 二〇〇三：一二）参照。
（10）グローカルに関しては、Robertson（1992）や油井（二〇〇六ａ）を念頭に置いている。なお「ローカル」な位相においては、家族、地域、学校、企業、行政、ＮＰＯなどが主要な〝アクター〟となる。

(11) マルクスが、ザスーリチへの手紙で述べているように、振り返って分析した一定地域の歴史の段階性を語ることはできるが、それは法則ではない（Marx 1881）。

(12) 前章の図3を参照。なお、筆者が近代の代表的な社会思想的特性を、主体主義・科学主義・国家主義・資本主義にみている点についてもすでに本書第3章で触れている。

(13) こうした指摘はU・ベックの議論（Beck 1997）に近い。関連的に拙稿（西原 二〇〇七b）も参照してほしい。

(14) パフォーマティヴィティの議論は、たとえば言語行為論をふまえたJ・バトラーの議論が徹底的で示唆的である（Butler 1990）が、「間主観的な発生論的相互行為」は相互行為による事態のパフォーマティヴ（行為遂行的）な達成という点では同じ側面をみている（Austin 1960）。

(15) さらに身体についていては、ターナーがまとめているように、①「社会的に構築されたもの」、②「権力関係を表象するもの」、③「生きられた身体」、④「実践や身体技法の蓄積物」、といった「四つの主要な理論的視点」があるといえよう（ターナー 二〇〇五：九七以下）。だが、身体を社会学理論の基礎理論として活かす議論はこれまでの社会学において少なかった、というのが筆者の見解である。それゆえ、本書第2章の註（7）のような問題提起的な挙示が必要になったといえよう。

(16) この点で、ブルデューの「界」という概念は、間主観的レベルで考えるならば、シュッツのいう「限定的意味領域」を柱とする「多元的現実」論と大いに重なると筆者は考えているが、この点は別稿で論じたい。

(17) 筆者としては、この界概念のなかに、これまでの固定的な共同性のイメージを超える流動化する柔軟なネットワーク状の集合形式、つまり伝統的な二分法的集団類型を超えるグローバル化時代の新たなネットワーク状の集合形式をみているつもりである。

(18) これはすでに触れているが、日本の文部科学行政において、いろいろな機会に「競争的資金」「国際競争力」が強調される現状が、筆者には非常に気になる。なぜ「国際協力」でなく、「国際競争力」が柱になるのか。この一種の新自由主義的論点については、ここで再度指摘しておきたい。

(19) 社会学における間主観性にかかわる現象学的思潮については、拙著(西原 一九九四、一九九八、二〇〇三)以外に、S・ヴァイトクスの翻訳(Vaitkus 1991＝一九九六)の九章やN・クロスリーの翻訳(Crossley 1996＝二〇〇三)の第一章が参考となる。シュッツの知見にも言及する他の現象学的思潮の例としては、Blankenburg (1971) を示すにとどめておく。

(20) この点の簡潔な説明は、西原・岡(二〇〇六)でもおこなっているので、参照願いたい。

(21)「グローバルでユニバーサルな」という表現を用いたが、ここでいう「ユニバーサル」とは、障害学などで「ユニバーサル・モデル」といわれる際の、誰に対しても・誰にとっても・(障害をもつ可能性があるという意味で)関係する場面を想定している。したがって、国境を超える外国人の人権問題なども、ユニバーサルな視点が必要となる。

また「界」に関して国家論とかかわる場面は、後述の記述をさらに参照されたい。なお、間主観性に関する先行研究を本章での区分に対応させるとすれば、表4のようになる。さらに、理論の諸相と間主観性とを関係づける表を示せば、表5のようになる。

(22) こうした視点は、古典的にはヴェーバーが、比較的最近ではギデンズ

表4　三つの位相の間主観性論と先行研究

筆者	先行研究例	クロスリーの場合
学理知的な間主観性	ハーバーマス公共圏論	(市民的間主観性)
日常知的な間主観性	ハーバーマス生活世界論	自我論的間主観性
身体知的な間主観性	メルロ＝ポンティ間身体性論	根源的間主観性

(Giddens 1985) が示しているものとして知られているが、ここでは国家と暴力に焦点化した萱野（二〇〇五）の興味深い議論をあげておく。

（23）社会学では、国際学会として国際社会学会（ISA : Internatinal Sociological Association）があり、四年に一度の世界社会学会議が数千人の参加者を集めて開催されている。この学会は五五の研究部会（RC : Research Committee）からなる。その最初のRC（RC1）がArmed Forces and Conflict Resolution（直訳すれば、軍事力と紛争解決）という部会である。こうした戦争に関する専門分野は、日本社会学会の三二の分野別専攻のリストにはない。ギデンズが近代の四つの制度特性のうちに軍事力を含めたが、社会学者がこの面に言及することがとくに戦後の日本の社会学においてはきわめて少ない。社会学が「国家内社会」を中心に社会概念を考えてきたことの例証ともなるように思われる。

（24）ブルベーカー（Brubaker 1994）にもヒントを得て、この三つを例示した。

（25）ドイツのように外国人労働者が八年定住すれば子どもは国籍取得可能となるというような進展はあるが、イギリスでの帰化手続き時の宣誓の問題も含めて、ハンマー（Hammer 1990）の「二級市民」等の問題提起は、国民的地位と市民権（citizenship）の問題として日本においても問われざるをえない。

（26）「人際」に関しては、本書第2章の註（25）も参照。

（27）この点に関しては、西原・岡（二〇〇六）参照。

（28）ここに、社会学との関係が日本ではあまり着目されていないが、

表5　理論の諸相と間主観性

理念理論	理念知的な（理想知的）間主観性
	理念知的な（倫理知的）間主観性
中範囲理論	学理知的な（学問知的）間主観性
	学理知的な（情報知的）間主観性
基層理論	体験知的な（日常知的）間主観性
	体験知的な（身体知的）間主観性

M・ハイデガーの不安の議論（Heidegger 1927）との接点がある。この点は別稿を期す。

（29）一九九〇年代以降、ブルデュー（たとえば、Bourdieu 2001）は反グローバリズムの視点から、またデリダ（Derrida 2001）は他者への応答可能性＝責任（および他者の歓待）の視点から、このような問題に活発に発言し行動していたことを再度想起したい。

（30）こうした点に関する筆者の実践理論＝理論実践と関連して、本章の結びに代えて最後に一言だけ添えておきたいことがある。すなわち、このような「実践」にかかわらせて脱線的な話を一言付け加えれば、社会学におけるこうした理論実践においては、英語を自由に話せる「国際派」の人だけが世界社会を論じるというだけではダメである。多言語使用を前提に交流し合えるシステムづくりとともに、少なくとも社会学内部でこうした理論＝実践の活性化をグローバルに進めていくべき段階に来ているはずである。おそらく多くの我が国の社会学者がこうした多言語使用の問題に気づいていながら、思うようにこうした議論や活動が活性化しないのは、英語重視の日本社会学の現状の態勢それ自身に問題があるのかもしれない。さらに、日本の社会学教育の現場自体はその多くが日本人学生だけで構成される点にみられるように、まだまだグローバル化していない点も関係するし、社会学理論も輸入学問としての欧米の学説の紹介だけにとどまる現状も、アジアの言語への軽視とともに大いに問題であろう。

◎第6章 CHAPTER 6

（1）戦後日本の市民社会派的な社会学者としては、秋元律郎（一九九七）・佐藤慶幸（二〇〇二）のふたりの優れた社会学者を念頭に置いている。なお、市民社会派とは括れないだろうが、機能主義に傾かなかった同世代の戦後日本社会学者として、山岸健（一九九二）がいる。時期をみて、これらの業績の再検討もおこないたいと考えている。

（2）故下田教授と下田社会学について、さまざまな武勇伝的エピソードを交えて語れば、おそらく筆者自身の語りの部分だけでも一冊の本ができるに違いない。他の関係者の方々の想い出からなる複数の巻と合わせれば、『下田語録全集』も夢ではないかもしれない。筆者は、晩年までの数年間、関東社会学会の役員として下田教授と濃密な時間と空間を共有した。が、それ自体はさほど長い時間ではなかった。実質的には三年程度であっただろうか。しかし私たちには、その前史ともいうべき、間歇的ではあるが長い交流史があった。それは電話での会話であったり、直接研究室に出向いてなされた会話であったり、学会・研究会後の飲み屋での会話であった。院生や若手の講師に対しても「対等に話そうじゃないか」という姿勢をつねにみせていた教授であった。

（3）ただし、筆者の専門は（現象学的）社会学であるので、廣松社会哲学が社会学に対してもつ意義に関する論述も狙いとしたいが、紙幅上、今回は割愛せざるをえない。なお、廣松との個人的な交流は、すでに何回か活字にしているので参照願いたい（たとえば西原 二〇〇七c）。

なお、以下で言及する、一九八二年の廣松渉『存在と意味』第一巻（岩波書店）以後の著作に関しては、年代別のリストを掲げておく。

一九八三　『メルロ＝ポンティ』岩波書店／『物象化論の構図』岩波書店
一九八六　『資本論を――物象化論を視軸にして――読む』岩波書店／『生態史観と唯物史観』ユニテ／『共同主観性の現象学』世界書院
一九八八　『新哲学入門』岩波新書／『哲学入門一歩前』講談社現代新書
一九八九　『心身問題』青土社／『表情』弘文堂／『唯物史観と国家論』講談社
一九九〇　『今こそマルクスを読み返す』講談社現代新書／『マルクスと歴史の現実』平凡社／『学際対話・知のインターフェイス』青土社／『ヘーゲルそしてマルクス』青土社

一九九一　『歴史的実践の構想力』作品社／『現象学的社会学の祖型』青土社
一九九二　『哲学の越境─行為論の領野へ』勁草書房／『記号的世界と物象化』情況出版
一九九三　『近代世界を剝ぐ』平凡社／『存在と意味』第二巻、岩波書店
一九九四　『マルクスの根本意想は何であったか』情況出版／『フッサール現象学への視角』青土社
　　　　　／『東欧激変と社会主義』実践社
一九九五　『廣松渉コレクション』全六巻、情況出版
一九九六　『廣松渉哲学小品集』岩波同時代ライブラリー
一九九七　『廣松渉著作集』全一六巻、岩波書店

なお、二〇〇〇年代に入って最近に至るまで、それまでの複数の単行本の文庫版が刊行されており、さらに最近でも、二〇〇六年の『哲学者　廣松渉の告白的回想録』河出書房新社、二〇〇九年の『廣松渉哲学論集』平凡社、二〇一〇年の『廣松渉　マルクスと哲学を語る』河合文化教育研究所、などが刊行されていることを申し添えておく。

（4）いわゆる廣松版『ドイツ・イデオロギー』に明らかなように、「一定の生産様式ないし産業段階は、常に一定の協働の様式ないし社会の段階と結びついている、そしてこの協働の様式それ自身一つの『生産力』」であり、「社会的威力（soziale Macht）、すなわち幾重にも倍加された生産力──それはさまざまな諸個人の分業の内に条件づけられた協働によって生じる──は、協働そのものが自由意志的でなく自然生的（naturwüchsig）であるために、当の諸個人には、彼らの連合した力としてではなく、疎遠な、彼らの外部に自存する強制力（Gewalt）として現れる」（Marx & Engels 1845-46＝二〇〇二：五五、六九）。
そして、廣松はこの『ドイツ・イデオロギー』から、次の四つの国家規定を読み解く。すなわち、
①幻想的な共同体としての国家という規定、

②市民社会の総括としての国家という規定、
③支配階級に属する諸個人の共同体としての国家という規定、
④支配階級の支配機関としての国家という規定、

である（廣松　一九八二：三四（学術文庫版一九八九）なお、初出は一九七四）。

（5）廣松の『事的世界観への前哨』（一九七五）をふくむこの側面での興味深い論考として、中国の著名な哲学者・張一兵の「廣松哲学――関係主義的存在論と事的世界観」（張　二〇〇四）がある。こうした論考を含め、〝前期〟廣松の仕事への言及はここでは差し控えざるをえないが、それに関しては、西原（一九九八）のⅪ章に簡潔な言及があるので参照願いたい。なお、廣松の著作は『存在と意味』をも含めて複数の文献が中国語に訳されて刊行されている。

（6）なお、いまここで詳しく立ち入る余裕はないが、「後期廣松」は一九八二年に既存国家論の検討と権力論を回路として廣松国家論を展望する『唯物史観と国家論』を刊行し、そしてそこに山本耕一の「協働・役割・国家」の論考も所収された。また翌八三年には港道隆との共著の形で『メルロ＝ポンティ』を刊行し、そこにおいて廣松自身は「メルロ＝ポンティと間主体性の哲学」を執筆し、その第三章の「相互主体性と実践」へと歩を進めた。さらに同年一一月には、『存在と意味』第三巻（未刊）「文化的世界の存在構造」をも睨んで物象化理論の拡張を試みた『物象化論の構図』を刊行している。

（7）第二巻刊行直後、廣松の依頼で筆者は二〇枚書評を『図書新聞』に執筆した。西原（一九九四）参照。

（8）この著作は増山眞緒子との共著の形をとり、廣松が第一部「共同主観性の発生論的基柢」を執筆している。なお、この著に関しても筆者の書評がある（西原　一九九四、参照）。

（9）この連載論文掲載に当たっての筆者の関与に関しては、同書「序文」に廣松自身の回顧が記されているので参照願いたい。また、本書と同時に廣松の「跋文」を含む筆者の編著も刊行されている（西原編一九九一）。

(10) なお、この時期（一九九一年）には『マルクス主義の地平』（一九六九）と『世界の共同主観的存在構造』（一九七二）も同一出版社から文庫本化された。また一九六八年刊の『エンゲルス論』も別の出版社ではあるが、一九九四年に文庫本化されたことも申し添えておく。

(11)「東亜」とくに中国に対しては、一九九〇年代早々においてもアメリカとの対比のなかで廣松が大いに着目していた。この時期の発言は一九九四年の『東欧激変と社会主義』にみられる。

(12)『ドイツ・イデオロギー』の「本論一」における脱国家的な「世界史」（Weltgeschichte）論ないし「世界史的協働聯関」（weltgeschichtliches Zusammenwirken）論の展開と、『存在と意味』第三巻の（国家に論及する人倫的世界を中心に論じる予定の「文化的世界の存在構造」執筆計画である）「最終プラン」および（この第三巻は歴史哲学に傾斜した文化哲学だとする）「八九年発言」における廣松の志向を想起されたい。なお、この廣松のプランや発言に関しては、『廣松渉著作集』第一六巻における小林昌人執筆の「解題」を参照されたい。

(13) なお、「異-化」に関しては、熊野（二〇〇四）の第二部の三も参照されたい。

(14) 筆者による廣松渉に関する論考（を含む拙著）の主要なものを以下に掲げておく。

一九九一　『現象学的社会学の展開―A・シュッツ継承へ向けて』（編著）
一九九四　『社会学的思考を読む―社会学理論と「意味の社会学」へのプロレゴメナ』
一九九六　「解説　社会的行為論」『廣松渉著作集6』
一九九八　『意味の社会学――現象学的社会学の冒険』
二〇〇〇　『新・廣松渉を読む』（共著）
二〇〇三　『自己と社会―現象学の社会理論と〈発生社会学〉』
二〇〇五　「廣松社会哲学の現代的意義」『情況』Ⅲ―六―七（これは中国語訳が刊行されている）
二〇〇七　「廣松渉と―東アジアと―社会学」『情況』Ⅲ―八―三

（15）二〇〇二年以前の油井教授の仕事の中心部分は、二〇〇〇二年の著書に成果として収められていると考えられるので、ここではそれ以後の成果（油井 二〇〇三、二〇〇四、二〇〇六ａｂ）を射程に入れておく。

（16）このような学説史における通説（自明性・常識）を打ち破るという興奮は、滅多に起こるわけではない。代表的なものとして、マルクスにおける初期疎外論の発見や後期物象化論の展開、ソシュールにおける新資料発見に基づく新展開、ヴェーバーの価値自由の視座転換、フッサールの未刊の草稿の刊行などがあげられるが、これにさらにシュッツにおける初期生活史と一九五〇年代の思考への着目（森 一九九五、西原 一九九八、二〇〇三）などを加えることもできるだろう。

◎**付録**

（1）初出の雑誌は、現代社会理論研究会の研究会誌であった『現代社会理論研究』第七号、一九九七、人間の科学社、である。

（2）この付録の本文の理解のため、シュッツのニュースクールでの開講科目のリストを、拙著『意味の社会学――現象学的社会学の冒険』（西原 一九九八：六八）から引いておく。

〔開講科目名〕

一九四三　秋：〔講義〕社会学理論入門、秋：〔講義〕社会的行為論［1］

一九四四　春：〔ゼミ〕哲学と社会学　G・H・ミード

　　　　　秋：〔講義〕社会集団と適応の問題［1］　秋：〔ゼミ〕知識社会学の諸問題［1］

一九四五　秋：〔講義〕社会集団と適応の問題［2］

一九四六　春：〔講義〕社会的行為論［2］、秋：〔ゼミ〕日常生活の状況［1］
一九四七　春：〔ゼミ〕知識社会学の諸問題［2］
一九四八　春：〔ゼミ〕日常生活の状況［2］、秋：〔講義〕社会的行為論［3］
一九四九　秋：〔ゼミ〕日常生活の状況［3］、秋：〔ゼミ〕知識社会学の諸問題［3］
　　　　　秋：〔ゼミ〕自我と社会［1］、秋：〔講義〕社会的集団論［1］
一九五〇　秋：〔講義〕社会的行為論［4］、秋：〔講義〕言語の社会学の諸問題［1］
　　　　　秋：〔講義〕社会的役割の概念［1］
一九五一　春：〔講義〕社会科学方法論［1］、秋：〔ゼミ〕知識社会学の諸問題［4］
　　　　　秋：〔ゼミ〕自我と社会［2］、秋：〔講義〕社会集団論［2］
一九五二　春：〔ゼミ〕人間と道具・技術論、春：〔講義〕社会科学方法論［2］
一九五二―五三：〔講義〕言語の社会学の諸問題［2］、〔ゼミ〕社会的役割の概念［2］
一九五三　春：〔講義〕社会科学方法論［3］
一九五三―五四：〔講義〕社会的行為論［5］、〔講義〕社会集団論［3］
　　　　　〔講義〕他者［1］
一九五四―五五：〔ゼミ〕知識社会学の諸問題［5］、〔ゼミ〕自我と社会［3］
　　　　　〔講義〕社会科学方法論［4］
一九五五―五六：〔講義〕言語の社会学の諸問題［3］、〔ゼミ〕社会的役割の概念［3］
　　　　　〔講義〕他者［2］（副題）現代哲学における間主観性の問題
一九五六　春：〔講義〕サインとシンボル［1］、秋：〔ゼミ〕平等・偏見・差別
一九五七　春：〔講義〕社会的行為論［6］、春：〔講義〕社会集団論［4］
　　　　　春：〔講義〕現代ヨーロッパ哲学

一九五八　春：〔講義〕因果性、春：〔講義〕ウィリアム・ジェームズとアンリ・ベルクソン
秋：〔ゼミ〕自我と社会［4］、秋：〔講義〕社会科学方法論［5］
春：〔ゼミ〕応用社会学理論演習、春：〔講義〕社会科学方法論［6］

［予告されたが開講されなかったもの］
一九五八　秋：〔講義〕サインとシンボル［2］、秋：〔ゼミ?〕言語の社会学
秋：〔講義〕他者［3］
一九五九　秋：〔講義〕現代ドイツ哲学
一九六〇　春：〔講義〕現代フランス哲学、春：〔講義〕社会集団論［5］

（3）この箇所で、同伴してくださった嘉指氏が「その私的な講読の授業は二年間続いたのですか」と質問し、ネイタンソンは「最初の一年です」と答えた。

（4）後に訪問したフロリダの現象学高等研究センターなどの所蔵資料で、この疑問は解消された。その結果、註（2）の形でリスト化された次第である。西原（二〇〇三）の五章参照。

（5）この箇所で、「ヨーロッパからの亡命学者の大学院」とみなされるニュースクールに関して、嘉指氏が「特別なゲスト・スピーカーが訪れて話をする」というシステムについて問われた。この質問に関して、ネイタンソンの答えは興味深いので補足しておきたい。「毎週水曜日の夕刻、夜八時から『一般セミナー』と呼ばれるものがあったんです。学生には、しばしばというわけではないのですが、単位になる授業として聞くこともできました。そうした場合は、宿題がレポートとして課され、学生は注意深く聞き、ノートを取っていました。またともかく、こうした客員講師の演習はとても重要な部分、とくに大学院教育の非常に重要な部分でした。とても興味深い客員講師もいましたよ。そうですね、たとえば私は次

の二人の講演を聴きました。一人は、もともとニュースクールで教えていて、後にシカゴに行ったレオ・シュトラウス。もう一人はハンス・ヨナスです。シュッツも数回講演しました。教授たち自身もたくさん参加し、自分の論文を読みました。講演の後は、長い徹底的な討論がしばしばその講演についてなされました。そうですね、激突とはいいませんが、人びとは衝突していましたね。そうやって彼らは異なる考えと衝突するなかで楽しみを得ていたんです。だから、ものすごい衝突もありましたよ。もちろん、分別ある仕方で論じ合っていましたがね。水曜夜八時、皆あらかじめ次に登場する人びとのことをしっかり押さえて出席したんです」。

(6) この後、「でも私は彼の著書は読んでいません」という言葉と「(学位論文は) ものすごいというほどではありませんでした」と述べていたことを付け加えておく。

(7) Mary F. Rogers, *Sociology, Ethnomethodology, and Experience*, Cambridge Univ. Press, 1983のことだと思われる。

(8)『シュッツ著作集』の第四巻は、サーサスらの編集によって一九九六年に刊行された。Schutz (1996) 参照。

(9) 筆者の質問の終了後に、補足質問として嘉指氏がI・レヴィナスについて質問した箇所も、興味深いのでここに採録しておく。

嘉指：私はあなたがかつてレヴィナスを称賛しているといったのを覚えています。またあなたは、アルフレッド・シュッツもレヴィナスの仕事に精通していたともいっていました。かなり早くからですか。シュッツはどんな意見を……。

ネイタンソン：高い評価でした。『デカルト的省察』をフランス語に訳したのもレヴィナスですし、フッサールの直観理論についての本や論文を書いたのもレヴィナスです (Lévinas 1930)。それ以来、フッサールの直観理論が英語で現れるようになったのです。バークレーでの私のところのかつての院生が、それを英語に訳したことを伝えられるのは嬉しいことです。そのように、すべてが巡り巡ってくるんですね。

(10) 参考までに、ネイタンソンの生前の著作（単行本）リストを掲げておく（編著は除く）

1951 *A Critique of Jean-Paul Sartre's Ontology*, Lincoln: University of Nebraska Studies. Reprinted by Martinus Nijhoff, 1973.

1956 *The Social Dynamics of George H. Mead*, Washington, D.C.: Affairs Press. Reprinted by Martinus Nijhoff, 1973.（長田攻一・川越次郎訳『G・H・ミードの動的社会理論』新泉社、一九八三年）

1962 *Literature, Philosophy, and the Social Sciences*, The Haugue: Martinus Nijhoff.

1970 *The Journeying Self: A Study in Philosophy and Social Role*, Reading: Addison-Wesley.

1973 *Edmund Husserl: Philosopher of Infinite Tasks*, Evanston: Northwestern Univ. Press.

1974 *Phenomenology, Role, and Reason: Essays on the Coherence and Deformation of Social Reality*, Springfield: Charles C. Thomas.

1986 *Anonymity: A Studies in the Philosophy of Alfred Schutz*, Bloomington: Indiana University Press.

あとがき

本書は、前著『自己と社会――現象学の社会理論と〈発生社会学〉』以降、筆者が考え実践してきたことをふまえてまとめあげた本である。筆者はこの『自己と社会』で、自己の問題が社会の問題と切り離せないことを述べた。そして、この主張の延長線上に国家の問題があることを示唆して、現象学的社会学の立場からの「社会学的国家論」の展開が、次の仕事であると述べてきた。

だが、「社会学的国家論」を今日語ろうとすれば、一方で社会学が国家を語る際の視角の問題が問われうるし（「視角問題」）、他方でグローバル化する現代社会の問題と切り離して語ることはできない（「現代問題」）。このふたつの点に関して、本書をまとめあげるに先だって、自分なりに思索と実践を重ねる期間が必要であった（そこで筆者としては、機会あるごとに思索を重ねつつ、その成果の一部を公表してきた。宇都宮京子との共編『クリティークとしての社会学』（東信堂、二〇〇四年）、岡敦との共著『聞きまくり社会学』（新泉社、二〇〇六年）、拙編著『水・環境・アジア』（新泉社、二〇〇七年）、さらには保坂稔との共編『入門・グローバル化時代の新しい社会学』（新泉社、二〇〇七年）などがその例であり、これらの共同作業を糧にして、本書がある）。

まず、前者の「視角問題」に関していえば、現象学的社会学が「国家論」に対して、どの点でどのように寄与できるのかという問題である。筆者の立場からいえば、それは方法論、身体論、行為論、意識論の領域で可能だと考えている。そのためには、社会学的国家論の前提となる、「社会学」および「理論」に関する一定の明確な視点が求められている。本書で、まず「現象学的社会学」に論及し、そして「理論」に論及しているのは、そうした理由からである（本書第1章、第2章）。

次に、後者の「現代問題」に関していえば、近代の延長線上にある現代を超える射程をもった社会理論をいかに構想できるのかがポイントである。そこで、近代の特性や現代社会の存立構造を捉え直す必要があった（本書第3章、第4章）。

その上で、筆者としては、序で本書の論述がどういう方向性をめざしているのかを明確にし、さらに第5章で論点の中心（身体・他者・暴力・国家）を再確認して、次なる課題を明示した。そしてさらに、そうした方向性がこれまでの先達や同時代の思索者たちとの関係において、どういう位置にあるのかを明示したつもりである（第6章）。

本書は、その意味で「専門書」であると位置づけられるであろうが、筆者としては、この「専門書」を引用で固めて論証するという方法をなるべく避けて、自分の言葉と自分のまとめで、なるべく明快に示したいと考えた。図表を用いたのもこの理由からである。しかしながら、そうしたわかりやすさは両刃の剣で、当然ながら正確さや厳密さの追求が甘くなることがありうる。にもかかわらず、筆者は、自分の言葉で語ることを優先した。それは専門に閉じこもるのではなく、より開かれた議論を期待してのことである。まずもって、筆者の考えていることをなるべくやさしく伝え、可能ならば読者と問いを共有し、そして共に探究することを筆者は強く望んでいるからである。

なお、本書は前著『自己と社会』以降にすでに公刊されてきた論考をふまえて構成されている。本書のために、大胆に筆を加え、かなり改訂されているが、基になった論考を示しておくことにする。

序は、この間の筆者の経験をふまえた「書き下ろし」である。

第一章は、新睦人編『社会学の新しいあゆみ』(有斐閣、二〇〇六)の第一章「現象学的社会学」が基になっているが、大幅な加筆と、文献や註を充実させている。執筆の機会とコンパクトに主張をまとめるのによい場を提供してくださった編者の新睦人先生に謝意を述べたい。

第二章は、この章のなかでも示しているが、日本社会学会年次大会でのシンポジウムで語ったことを基に論文化し、学術雑誌『コロキウム：現代社会学理論・新地平』(東京社会学インスティチュート編、新泉社刊、二〇〇六)の創刊号に掲載した論考「グローバル化時代の社会学理論とアジア――理論と実践への問いから」を基にしている。

第三章は、金子勇・長谷川公一編『講座・社会変動1　社会変動と社会学』（ミネルヴァ書房、二〇〇八）に掲載された論考「意味変容と社会変動研究への視座」の前半部を基にし、大幅に書き直したものである。

第四章は、この「意味変容……」論文の後半部をもとに原形をとどめないほどに大幅に加筆・改訂したものである。この執筆機会を与えてくれた両編者に謝意を表したい。

第五章は、『社会学評論』（第五七巻第四号）の特集に寄せた論考「グローバル化時代の社会学理論――身体・暴力・国家」が基になっている。

第六章は、下田直春に関しては下田直春の没後一〇年を記念して編集された『結び来たりし日々』に掲載した下田論を、廣松渉に関しては、南京大学における「第三回廣松哲学国際シンポジウム」での報告原稿を基に、『情況』（第三期第六巻第七号）に掲載された論文「廣松社会哲学の現代的意義――〈社会的行為論〉の射程」（この論考は中国語に訳されて『南京社会科学』（二一〇号）に掲載されている）が基になっている。さらに高橋由典教授に関しては『社会学評論』（第六一巻第一号、二〇一〇）掲載の書評、油井清光教授に関しては『現代社会理論研究』（第一四号、二〇〇四）での書評が基になっている。とはいえ、いずれも加筆・修正されており、初出時とかなり変化している箇所もある。

最後の付録であるが、これについては成立経緯がこの箇所の冒頭にあるので省略するが、本書に収録するに当たって嘉指信雄教授の快諾をいただいている。氏に深く感謝する。またインタビユーの原稿整理に関しては、当時、立教大学の大学院生だったマーシー・バードさん（現在アメリカ在住）にもお世話になった。この場を借りて、御礼申し上げたい。

＊　　＊　　＊

本書は、もともと『間主観性と共生の社会学理論——国家を超える社会の可能性』として構想された著作計画の一部である。前述した「視角問題」と「現代問題」のうちの、とくに前者の「視角問題」を論じたのが本書である。社会学理論や現象学的社会学に対して関心をもっている読者に、この部分はこの部分として、きちんと思いを伝えたいというつもりで、一書にした。後者の「現代問題」は、グローバル化の問題を抜きに考えられない。これは、共生と国家の問題を扱うものとして、本書刊行後、ほどなくして刊行予定である。そこでは、一方でグローバル化と国家の問題と、他方で「共生」や「公共性」の問題と関係づけて、フィールドワークに基づく具体的事例をも交えながら、論じる手はずになっている。

いずれにせよ、このような著者の最近の「理論実践」を一連の論述から読み取っていただければ幸甚である。とはいえ、齢を重ねながらも、筆者自身の理論実践は、道半ばという思いである。かつて社会学者ジンメルは、ある農夫が三人の子どもに「畑に宝が埋まっている」と言い残して他界し、その後、子どもたちが必死にそこを耕すことで、予期せざる結果として豊かな実りを得ることができたという逸話を記していた。この逸話に筆者はしばしば言及しているが、要するに耕すこと（cultivate）は文化的行為であり、そうした行為こそが重要だということを自分自身に対しても確認しておきたいためでもある。

　地味な、そして今後どれくらいの時間がかかる作業か分からないが、筆者の試みとその方向性がやがて現実として問われる時期がそう遠くない時期に訪れるかもしれない、と筆者はひそかに考えている。もちろん、予言者ではない社会学者としては、その方向性が発生論的に過去および現在をふまえた理念理論であって、予言ではなく、したがって今後の社会の推移とともに修正も当然余儀なくされるような、そうした経験的データに基づく発言のつもりである。経験から・データから学ぶことは社会学者である以上、当然のことである。しかし経験とは、数量化されたデータだけではないこともここで再確認しておこう。本書で述べた基層理論、中範囲理論、理念理論という理論の厚みと深みも再確認しておきたい。

　最後に、いつもながらとはいえ、新泉社の竹内将彦さんに御礼を述べたい。新しい本を書くことを積極的に後押ししてくださり、ほどよいタイミングで執筆をプッシュし、さらに最後には厳しい日程のなか無理を押して刊行にまで漕ぎ着けてくださったことに、心から感謝したい。

二〇一〇年一〇月九日

著者記

参考文献

＊中国語文献は著者名の日本語音読みを優先した。

【A】

Adorno, T. W. et al. 1969, *Der Positivismusstreit in der deutschen Soziologie,* Luchterhand. = 1979, 城塚登・浜井修訳『社会科学の論理』河出書房

秋元律郎 1997『市民社会と社会学的思考の系譜』御茶の水書房

Alexander, J. C. et al.（eds）1987, *The Micro-Macro Link,* University of California Press. = 1998, 石井幸夫ほか訳『ミクロ-マクロ・リンクの社会理論』新泉社（部分訳）

Althusser, L. 1970, Ideologie et appareils ideologiques d'Etat, in *Sur la reproduction,* 1995, Presses Universitaires France. = 2005, 西川長夫訳「イデオロギーと国家のイデオロギー諸装置」西川長夫ほか訳『再生産について』平凡社

Anderson, B. 1983, *Imagined Communities: Reflections on the Origin and Spread of Nationalism,* Verso. = 1997, 白石さや・白石隆訳『増補　想像の共同体』NTT 出版

Appadurai, A. 1990, Disjuncture and Difference in the Global Cultural Economy, *Theory, Culture & Society* 7(2-3), in Robertson, R. & White, K. E. (eds), *Globalization: Critical Concepts in Sociology,* Vol.1, Routledge, 2003.

阿閉吉男・内藤莞爾編 1957『社会学史概論』勁草書房

Austin, J. L. 1960, *How to do Thing with Word,* Urmson, J. O. (ed.), Oxford University Press. = 1978, 坂本百大訳『言語と行為』大修館書店

【B】

Barber, M. C. 1988, *Social Typifications and the Elusive Other: The Place of Sociology of Knowledge in Alfred Schutz's Phenomenology,* Bucknell Univesity Press.

Beck, U, et al. 1994, *Reflexive Modernization,* Polity Press. = 1997, 松尾精文・小幡正敏・叶堂隆三訳『再帰的近代』而立書房

Beck, U. 1997, *Was ist Globalisierung?,* Suhrkamp. = 2005, 木前利秋・中村健吾訳『グローバル化の社会学』国文社

Berger, P. L. 1967, *The Sacred Canopy,* Doubleday. = 1979, 薗田稔訳『聖なる天蓋』新曜社

Berger, P. L. & Luckmann, T. 1967, *The Social Construction of Reality,* Anchor. = 2003, 山口節郎訳『現実の社会的構成』新曜社

Berger, P. L. et al. 1973, *Homeless Mind,* Double day. = 1977, 高山真知子・馬場伸也・馬場恭子訳『故郷喪失者たち』新曜社

Bergson, H. 1932, *Les deux sources de la morale et de la religion,* Presses Universitaires France. = 1965, 中村雄二郎訳『道徳と宗教の二源泉』(『ベルグソン全集 6』所収) 白水社

Béteille, A. 2000, Civil Society and Good Society, presented in XIIth Zakir Husain Memorial Lecture, Zakir Husain College. = 2006, 西原和久訳「市民社会と善き社会 1」『コロキウム：現代社会学理論・新地平』創刊号, 新泉社 = 2006, 西原和久訳「市民社会と善き社会 2」『コロキウム：現代社会学理論・新地平』第 2 号, 新泉社

Blankenburg, W. 1971, *Der Verlust der natürlichen Selbstständlichkeit,* Ferdinand Enke Verlag.

Blumer, H. 1969, *Symbolic Interactionism,* Prentice-Hall. = 1991, 後藤将之訳『シンボリック相互作用論』勁草書房

Bourdieu, P. 1987, *Chose dites,* Minuit. = 1991, 石崎晴己訳『構造と実践』藤原書店

Bourdieu, P. 1998, *Contre-feux: Propos pour servir à la résistance contre l'invasion néo-libérale,* Seuil. = 2000, 加藤晴久訳『市場独裁主義批判』藤原書店

Bourdieu, P. 2000, Propos sur le champ politique, Presses Universitaires de Lyon. = 2002, 加藤晴久編訳「界とは何か—政治界について」『ピエール・ブルデュー1930－2002』藤原書店

Bourdieu, P. 2001, Néo-libéralisme et nouvells forms de domination. = 2001, 加藤晴久編訳「新しい社会運動：ネオリベラリズムと新しい支配形態」『ピエール・ブルデュー来日記念講演2000』藤原書店

Brubaker, R. 1994, *Citizenship and Nationhood in France and Germany,* Harverd University Press. = 2005, 佐藤成基・佐々木てる監訳『フランス

とドイツの国籍とネーション』明石書店
Butler, J. 1990, *Gender Trouble: Feminism and the Subversion of Identity.* Routledge.＝1999, 竹村和子訳『ジェンダー・トラブル―フェミニズムとアイデンティティの攪乱』青土社
Burawoy, M. 2004, For Public Sociology, *American Sociological Review,* 70(1).

【C】

陳培豊（Chen Peifeng）2006「『多重植民のポストコロニアル状況』」高娜・西原和久訳『コロキウム：現代社会学理論・新地平』創刊号，新泉社
張茂桂（Zhang Mao Gui）ほか 2005「台湾社会学の歴史形成と制度発展」朱安新訳『現代社会理論研究』人間の科学社
張一兵（Zhang Yi Bing）2004「廣松渉―関係主義的存在論と事的世界観」中野英夫訳『情況』Ⅲ-5-6
Cicourel, A. V. 1964, *Method and Measurement in Sociology,* Free Press.＝1981, 下田直春監訳『社会学の方法と測定』新泉社
Comte, A. 1821, Plan des trvaux scientifiques nécessaries pour réorganizer la société.＝1970, 霧生和夫訳「社会再組織に必要な科学的作業のプラン」（『世界の名著36　コント・スペンサー』所収）中央公論社
Comte, A. 1844 Discours sur l'espri positif.＝1938, 田辺寿利訳『実証精神論』岩波書店
Cooley, C. H. 1909, *Social Organizations,* Chales Secribner's Sons.＝1970, 大橋幸・菊地美代志訳『社会組織論』青木書店
Crossley, N. 1996, *Intersubjectivity: The Fabric of Social Becoming,* Sage.＝2003, 西原和久訳『間主観性と公共性―社会生成の現場』新泉社
Crossley, N. 2001, *The Social Body: Habit, Identity and Desire,* Sage.＝西原和久・堀田裕子訳『社会的身体―習慣・アイデンティティ・欲望』新泉社（近刊）
Crossley, N. 2002, *Making Sense of Social Movement,* Open University Press.＝2009, 西原和久・郭基煥・阿部純一郎訳『社会運動とは何か―理論の源流から反グローバリズム運動まで』新泉社
Crossley, N. 2005, *Key Concept in Critical Social Theory,* Sage.＝2008, 西原和久監訳『社会学キーコンセプト―「批判的社会理論」の基礎概念57』

新泉社
Crowel, S. G. (ed.) 1995, *The Prism of The Self: Philosophical Essays in Honor of Maurice Natanson,* Kluwer Academic Publisher.

【D】

Derrida, J. 1994, *Force de loi,* Galilée. = 1999, 堅田研一訳『法の力』法政大学出版局
Derrida, J. 2001, *Papier machine,* Galilée. = 2005, 中山元訳『パピエ・マシン（下)』筑摩書房
Derrida, J. & Dufourmantelle, A. 1997, *De l'hospitalité,* Calman-Lévy. = 1999, 廣瀬浩司訳『歓待について』産業図書
Descartes, R. 1637, *Discours de la methode.* = 1967, 野田又夫訳「方法序説」(『世界の名著22　デカルト』所収）中央公論社
Durkheim, E. 1912, *Les formes élémentaires de la vie religieuse.* = 1975, 古野清人訳『宗教生活の原初形態（上/下)』岩波書店

【E】

Elias, N. 1939, *Über den Prozess der Zivilisation: Soziogenetishe und psychogenetische Untersuchungen,* 1/2. Suhrkamp.〔1997〕= 1977, 赤井彗爾ほか訳『文明化の過程（上)』= 1978, 波田節夫ほか訳『文明化過程（下)』法政大学出版局
Elias, N. 1969, *Die hofishe Gesellschaft,* Herrman Luchterhand. = 1981, 波田節夫ほか訳『宮廷社会』法政大学出版局
Elias, N. 1991, *Die Gessellschaft der Individuen,* Suhrkamp. = 2000, 宇京早苗訳『諸個人の社会』法政大学出版会

【F】

Foucault, M. 1975, *Surveiller et punir: naissance de la prison,* Gallimard. = 1977, 田村俶訳『監獄の誕生』新潮社
Foucault, M. 1982, The Subject and Power, in Dreyfus, H. and Rabinow, P. (eds), *Michel Foucault: Beyond Structuralism and Hermeneutics,* Harvester. = 1984, 渥海和久訳「主体と権力」『フーコー思考集成Ⅸ』藤原書店

藤田弘夫・西原和久編 1996『権力から読みとく現代人の社会学・入門』有斐閣
舩橋晴俊 2010『組織の存立構造と両義性論―社会学理論の重層的探究』東信堂

【G】

Galtung, J. 1977, Empiricism, Criticism, Constructivism: Three Aspects of Scientific Activity, in Gultung, J. *Methodology and Ideology,* Ejlers. = 2004, 矢澤修次郎・大森光太郎訳「経験主義・批判主義・構成主義」『グローバル化と知的様式―社会科学方法論についての七つのエッセー』東信堂
Garfinkel, H. 1967, *Studies in Ethnomethodology,* Prentice-Hall. = 1987, 山田富秋・好井裕明・山崎敬一編訳（部分訳）『エスノメソドロジー』せりか書房 =1989, 北澤裕・西阪仰編訳（部分訳）『日常性の解剖学』マルジュ社
Garfinkel, H., Lynch, M. & Livingston, E. 1981, The work of a discovering science construed with materials from the optically discovered pulsar, *Philosophy of Social Sciences,* 11(2).
現象学・解釈学研究会編 1997『理性と暴力』世界書院
Giddens, A. 1979, *Central Problems in Social Theory,* University of California Press. = 1989, 友枝敏雄・今田高俊・森重雄訳『社会理論の最前線』ハーベスト社
Giddens, A. 1985, *The Nation-State and Violence,* Polity Press. = 1999, 松尾精文・小幡正敏訳『国民国家と暴力』而立書房
Giddens, A. 1990, *The Consequences of Modernity,* Polity. = 1994, 松尾精文・小幡正敏訳『近代とはいかなる時代か』而立書房
Goffman, E. 1959, *The Presentation of Self in Everyday Life,* Doubleday Anchor. = 石黒毅訳『行為と演技』誠信書房
後藤吉彦 2007『身体の社会学のブレークスルー』生活書院
Grathoff, R. (ed.) 1985, *Alfred Schütz-Aron Gurwitsch·Briefwechsel 1939-1959,* Wilhelm Fink. = 1989, *Philosophers in Exile: The Correspondence of Alfred Schutz and Aron Gurwitsch, 1939-1959,* Indiana University Press. = 1996, 佐藤嘉一訳『亡命の哲学者たち』木鐸社

【H】

Habermas, J. 1973, *Legitimationsprobleme im Spätkapitalisms,* Frankfurt/M.＝1979, 細谷貞雄訳『晩期資本主義における正当化の諸問題』岩波書店

Habermas, J. 1981, *Theorie des kommunikativen Handelns,* Bd.1, 2, Suhrkamp.＝1986, 河上倫逸ほか訳『コミュニケイション的行為の理論（上)』未來社 ＝1987, 岩倉正博ほか訳『コミュニケイション的行為の理論（中)』未來社 ＝1985, 丸山高司ほか訳『コミュニケイション的行為の理論（下)』未來社

Habermas, J. 1990, *Strukturwandel der Öffentlichkeit,* Suhrkamp.＝1994, 細谷貞雄・山田正行訳『公共性の構造転換』未來社

浜渦辰二 1995『フッサール間主観性の現象学』創文社

Hammer, T. 1990, *Democracy and the Nation State,* Avebury.＝1999, 近藤敦監訳『永住市民と国民国家』明石書店

Hart, M. & Negri, A. 2004, *Multitude: War and Democracy in the Age of Empire,* Penguin Press.＝2005, 幾島幸子訳『マルチチュード―〈帝国〉時代の戦争と民主主義』日本放送出版会

Hegel, G. W. F. 1821, *Grundlinien der Philospphie des Rechts,* Hoffmeister.＝1967, 藤野渉・赤沢正敏訳『法の哲学』(『世界の名著35　ヘーゲル』所収）中央公論社

Heidegger, M. 1927, *Sein und Zeit* [Max Niemeyer 1967]＝1971, 原佑・渡辺二郎訳『存在と時間』(『世界の名著62　ハイデッガー』）中央公論社

Held, D. & McGrew, A. 2002, *Globalization/Anti-Globalization, Polity.*＝2003, 中谷義和・柳原克行訳『グローバル化と反グローバル化』日本経済評論社

平田清明 1969『市民社会と社会主義』岩波書店

廣松渉 1969『マルクス主義の地平』勁草書房

廣松渉 1996a『廣松渉著作集　第四巻　身心問題・表情論』岩波書店

廣松渉 1996b『廣松渉著作集　第五巻　役割存在論』岩波書店

廣松渉 1997a『廣松渉著作集　第六巻　社会的行為論』岩波書店

廣松渉 1997b『廣松渉著作集　第七巻　哲学・哲学史論』岩波書店

廣松渉 1997c『廣松渉著作集　第十六巻　存在と意味 第二巻』岩波書店

Hobsbawn E. & Ranger, T. (eds) 1983, *The Invention of Tradition,* Press of University of Cambridge.＝1992, 前川啓治ほか訳『創られた伝統』紀

伊國屋書店
Honneth, A. 1985, *Kritik der Macht,* Suhrkamp.＝1922, 河上倫逸監訳『権力の批判』法政大学出版局
Honneth, A. 1992, *Kampf um Anerkennung,* Suhrkamp.＝2003, 山本啓・直江清隆訳『承認をめぐる闘争』法政大学出版局
Horkheimer, M. 1937, Traditionelle und kritische Theorie.＝1974, 久野収訳「伝統的理論と批判的理論」『哲学の社会的機能』晶文社
Horkheimer, M. & Adorno, T. 1947, *Dialektik der Aufklärung,* Querido. Band 3 der Gesammelten Schriften Adornos, Suhrkamp [1981].＝1990, 徳永恂訳『啓蒙の弁証法』岩波書店
細谷昂 1985「行為と関係―見失われたマルクスの一視座」『社会学年報』14, 東北社会学会
Husserl, E. 1950, *Ideen zur einer reinen Phänomenologie und phänomenologischen Philosophie, Erstes Buch, Husserliana,* Bd.III, Nijhoff.＝1979/84, 渡辺二郎訳『イデーンⅠ（Ⅰ・Ⅱ）』みすず書房
Husserl, E. 1954, *Die Krisis der europäischen Wissenschaften und die transzendentale Phänomenologie, Husserliana,* Bd.VI.＝1995, 細谷恒夫・木田元訳『ヨーロッパ諸学の危機と超越論的現象学』中央公論新社
Husserl, E. 1963, *Cartesianische Meditationen und Pariser Vorträge, Husseliana,* Bd.I.＝1970, 舟橋弘訳『デカルト的省察』（『世界の名著51　ブレンターノ・フッサール』所収）中央公論社＝2001, 浜渦辰二訳『デカルト的省察』岩波書店
Husserl, E. 1966, *Zur Phänomenologie des innern Zeitbewußtseins, Husserliana,* Bd.X. ＝1967, 立松弘孝訳『内的時間意識の現象学』みすず書房
Husserl, E. 1968, *Logische Untersuchung,* Niemeyer.＝1968-76, 立松弘孝ほか訳『論理学研究（1－5）』みすず書房
Husserl, E. 1973, *Zur Phänomenologie der Intersubjectivität, 3. Husserliana* Bd.XV. Kern, I. (hrsg.), M. Nijhoff.
馮鋼（Feng Gang）2006「M・ヴェーバーにおける責任と信念」朱安新・西原和久訳『コロキウム：現代社会学理論・新地平』創刊号, 新泉社

【I】

市川浩 1975『精神としての身体』勁草書房

猪口孝編 2005『アジア学術共同体　構想と構築』NTT 出版
今村仁司 1994『近代性の構造』講談社
Islam, S. A. 2009, Social Change and Globalization: An Asian Perspective, presented paper in the lecture of sociology held in Kobe University.
伊豫谷登士翁 2002『グローバリゼーションとは何か』平凡社
伊豫谷登士翁編 2002『グローバリゼーション』作品社

【K】

加々美光行 2007『鏡の中の日本と中国―中国学とコ・ビヘイビオリズムの視座』日本評論社
Kant, I. 1781, *Kritik der reinen Vernunft,* Felix Meiner Verlag [1956].＝1970, 高峯一愚訳『純粋理性批判』河出書房新社
笠原清志・西原和久・宮内正編 1997『故下田直春教授追悼論文集・社会構造の探求―現実と理論のインターフェイス』新泉社
片桐雅隆 2000『自己と「語り」の社会学―構築主義的展開』世界思想社
加藤眞義 1999『個と行為と表象の社会学―マルクス社会理論の研究』創風社
加藤哲朗 2002『国境を越えるユートピア』平凡社
加藤義信・日下正一・足立自朗・亀谷和史 1996『ピアジェ×ワロン論争』(編訳著)、ミネルヴァ書房
萱野稔人 2005『国家とはなにか』以文社
Kazashi, N. 1993, Four Variations on the Phenomenological Theme of “Horizon”: James, Nishida, Merleau-Ponty, and Schutz, in A Dissertation presented to the Faculty of the Graduate School of Yale University (unpublished).
Kazashi, N. 1995, The Musicality of the Other: Schutz, Merleau-Ponty, and Kimura, in Crowell (1995)
木田元 1970『現象学』岩波書店
木田元 2000『現象学の思想』講談社
Kim, S. K. 2008, East Asian Community and East Asianism, Proceedings of the 6th East Asian Sociologists' Conference, held in Seoul National University.
木村敏 1988『あいだ』弘文堂

木村敏 1994『心の病理を考える』岩波書店
金泰昌編 2010『公共哲学を語りあう―中国との対話・共働・開新』東京大学出版会
金洪宇（Kim Hong Woo）2004「リスク社会に生きること―ウルリッヒ・ベックとフッサール、ハイデガーの影」李晟台訳『現代社会理論研究』第14号，人間の科学社
金光基（Kim Kwan Ki）2004「現代社会・両価性・グローバリゼーション―アルフレッド・シュッツにおける『類型性』概念の応用研究」郭基煥訳『現代社会理論研究』第14号，人間の科学社
高坂健次 2006「社会学における理論形成―いま、何が必要か」『社会学評論』57(1)
Kosik, K. 1967, *Die Dialektik des konkreten,* Suhrkamp.＝1977, 花崎皋平訳『具体的なものの弁証法』せりか書房
厚東洋輔 2006『モダニティの社会学―ポストモダンからグローバリゼーションへ』ミネルヴァ書房
子安宣邦 2003『「アジア」はどう語られてきたか』藤原書店
熊野純彦 2004『戦後思想の一断面』ナカニシヤ出版

【L】

Leferbre, H. 1966, *Sociologie de Marx,* Presses Universitaires France.＝1970, 山下淳志郎訳『マルクスの社会学』せりか書房
Lévinas, E. 1930, *La théorie dans la phénoménology de Husserl,* Férix Alcan.＝1991, 佐藤真里人・桑野耕三訳『フッサール現象学の直観理論』法政大学出版局
Luckmann, Th. 1967, *The Invisible Religion,* Macmillan.＝1976, 赤池憲明・ヤン・スウィンゲドー訳『見えない宗教』ヨルダン社
Luhmann, N. 1992, *Beobachtungen der Moderne,* Westdeutscher Verlag.＝2003, 馬場靖雄訳『近代の観察』法政大学出版局
Lyotard, J-F. 1979, *La condition postmoderne,* Minuit.＝1986, 小林康夫訳『ポスト・モダンの条件』風の薔薇・水声社
羅紅光（Luo Hong Guang）2004「交流する中国社会学：社会学／人類学分野」『現代社会理論研究』第14号，人間の科学社
呂炳強（Lui Ping Keung）2005 The Other, the I, and the Enigma of Soci-

ety, presented in The First Phenomenology for East-Asian Circle Conference. = 2005, 西原和久・堀田裕子訳「他者・私・社会の謎」『現代社会理論研究』第15号，人間の科学社
劉少傑（Lui Shao Jie）2005「社会学の近代・ポスト近代・プレ近代」高娜・西原和久訳『現代社会理論研究』第15号，人間の科学社

【M】

真木悠介 1993『自我の起源―愛とエゴイズムの動物社会学』岩波書店
Marshall, T. H. 1950 Citizenship and Social Class, in Marshall, T. H. and Bottomore, T. *Citizenship and Social Class,* Pluto Press. = 1994, 岩崎信彦・中村健吾訳『シティズンシップと社会的階級』法律文化社
Marx, K. 1844a, Zur Kritik der Hegelschen Rechtsphilosophie, Einleitung, *MEW*1. = 1974, 城塚登訳『ユダヤ人問題によせて　ヘーゲル法哲学批判序説』岩波書店
Marx, K. 1844b, *Ökonomisch-Philosophische Manuskript.* = 1964, 城塚登・田中吉六訳『経済学・哲学草稿』岩波書店
Marx, K. 1845, *Thesen über Feuerbach, MEW*3 = 1963「フォイエルバッハにかんするテーゼ」『マルクス＝エンゲルス全集３』大月書店
Marx, K. 1857-58, *Grundrisee der Kritik der politichen Ökonomie. MEW*42. = 1958, 高木幸二郎監訳『経済学批判要綱Ⅰ』大月書店
Marx, K. 1867, *Das Kapital,* Bd.1, *MEW*1. = 1965, 岡崎次郎訳『資本論（1-3)』大月書店
Marx, K. & Engels, F. 1845-6, *Die Deutsche Ideologie.* = 1974, 廣松渉編訳『ドイツ・イデオロギー』河出書房 = 2002, 廣松渉編訳，小林昌人補訳『新編輯版 ドイツ・イデオロギー』岩波書店
Marx, K. 1881, Brief an V. I. Sassulitsch, *MEW*19. = 1974，大内兵衛・細川嘉一監訳「マルクスからヴェラ・イヴァーノヴァナ・ザスーリチ（在ジュネーヴ）へ」『マルクス＝エンゲルス全集19』大月書店
正村俊之 2006「グローバル社会の編制論理」『社会学評論』56(2)
McGrew, A, G. 1998, The Globalisation Debate: Putting the advanced capitalist state in its place, *Global Society* 12(3), in Robertson, R. & White, K. E. (eds), *Globalization: Critical Concepts in Sociology,* Vol.1, Routledge, 2003.

Mead, G. H. 1934, *Mind, Self and Society.* University of Chicago Press. = 1974, 稲葉三千男・滝沢正樹・中野収訳『精神・自我・社会』青木書店

Merleau-Ponty, M. 1942, *La structure du comportment.* Presss de Universitaires de France =1964, 滝浦静雄・木田元訳『行動の構造』みすず書房

Merleau-Ponty, M. 1945, *Phénoménologie de la perception,* Gallimard. = 1967, 竹内芳郎・小木貞孝訳『知覚の現象学 1』みすず書房 =1974, 竹内芳郎・木田元・宮本忠雄訳『知覚の現象学 2』みすず書房

Merleau-Ponty, M. 1951, Le philosophe et la Sociologie, *Signes,* [Gallimard. 1960] = 1969, 竹内芳郎監訳「哲学者と社会学」『シーニュ 1』みすず書房

Merleau-Ponty, M. 1953, Les Relations avec autrui chez l'enfant, *L'oeil et l' esprit,* Gallimard, 1964. = 1966, 滝浦静雄・木田元訳「幼児の対人関係」『眼と精神』みすず書房

Merleau-Ponty, M. 1955, *Les Aventures de la dialectique,* Gallimard. = 1972, 滝浦静雄ほか訳『弁証法の冒険』みすず書房

Merleau-Ponty, M. 1964, *Le visible et L'invisible,* Gallimard. = 1987, 滝浦静雄・木田元訳『見えるものと見えないもの』みすず書房

Merleau-Ponty, M. 1988, *Merleau-Ponty à la Sorbonne: résumé de cours 1949-1952,* Cynara. = 1993, 木田元・鯨岡峻訳『意識と言語の獲得』みすず書房

Merton, R. K. 1949, *Social Theory and Social Structure,* Free Press (revised 1957). = 1961, 森東吾ほか訳『社会理論と社会構造』みすず書房

Meyer, J. W. 1999, The changing culture content of the nation-state, Steinmetz, G. (ed.), *State/Culture,* Cornell University Press.

Mills, C. W. 1959, *The Sociological Imagination,* Oxford University Press. = 1965, 鈴木広訳『社会学的想像力』紀伊国屋書店

Mitchell, G. D. (ed.) 1979, *A New Dictionary of Sociology,* Routledge. = 1983, 下田直春監訳『新社会学辞典』新泉社

三村洋明 2010『反障害原論—障害問題のパラダイム転換のために』世界書院

見田宗介 2006『社会学入門—人間と社会の未来』岩波書店

森元孝 1995『アルフレート・シュッツのウィーン』新評論

【N】

中村雄二郎 1991『共振する世界』青土社

中村雄二郎 1992『臨床の知とは何か』岩波書店

Natanson, M. 1956, *The Social Dynamics of George H. Mead,* Affairs Press. Reprinted by Martinus Nijhoff [1973]. = 1983, 長田攻一・川越次郎訳『G. H. ミードの動的社会理論』新泉社

Natanson, M. 1986, *Anonymity: A Study in the Philosophy of Alfred Schutz,* Indiana University Press.

Nietzsche, F. 1972, *Die Geburt der Tragödie, Friedrich Nietzsche: Gesammelte Werke,* 3. Musarion Verlag. = 1966, 秋山英夫訳『悲劇の誕生』岩波書店

Nishihara, K. 1992, Schutz in Japan: A brief history, *Human Studies,* 15(1).

西原和久 1994『社会学的思考を読む―社会学理論と「意味の社会学」へのプロレゴメナ』人間の科学社

西原和久 1998『意味の社会学―現象学的社会学の冒険』弘文堂

西原和久 2002「リアリティ」永井均ほか編『事典 哲学の木』講談社

西原和久 2003『自己と社会―現象学の社会理論と〈発生社会学〉』新泉社

西原和久 2004「現代社会と批判的思考」西原和久・宇都宮京子編『クリティークとしての社会学』東信堂

西原和久 2005a「廣松社会哲学の現代的意義―社会的行為論の射程」『情況』Ⅲ-6-7.

西原和久 2005b「廣松渉社会哲学的現代意義」李斌訳,『南京社会科学』Vol. 210

西原和久 2005c「グローバル化時代における社会・教育・文化への視点―理論社会学の視座から」『発信―日本語・日本文化教育の展望』今井雅晴編、筑波大学第二学群

西原和久 2006a「社会学の歴史 2　日本の社会学史」宇都宮京子編『よくわかる社会学』ミネルヴァ書房

西原和久 2006b「現象学的社会学」新睦人編『新しい社会学のあゆみ』有斐閣

西原和久 2006c「中国・アジアとの交流と社会学理論」『名大社会学会会報』第 8 号

Nishihara, K. 2006a, Philosophy and Methodology in Social Sciences in

Postwar Japan, presented in Conference of International Federation of Social Science Organizations, held in Development Academy of the Philippines.
Nishihara, K. 2006b, On 'Genetic' Thinking in Schutzian Phenomenological Sociology, *Colloquium: The New Horizon of Contemporary Sociological Theory,* No. 3.
Nishihara, K. 2006c, On the Discussions of Public Sphere in Contemporary Japan: From a viewpoint of 'inter-subjectivity,' *Colloquium: The New Horizon of Contemporary Sociological Theory,* No. 3.
西原和久 2007a「グローバル化時代の社会学理論―身体・暴力・国家―」『社会学評論』57(4)
西原和久　2007b「グローバル化と国家をめぐる問い」山岸健編『社会学の饗宴Ⅱ　逍遙する記憶』三和書籍
西原和久 2007c「廣松渉と―東アジアと―社会学」『情況』Ⅲ-8-3
西原和久 2008「現象学的社会学」野家啓一編『哲学の歴史10　危機の時代の哲学』中央公論新社
Nishihara, K. 2009, Social Theory and the Theory of Intersubjectivity in the Age of Globalization, *Colloquium: The New Horizon of Contemporary Sociological Theory,* No. 4.
西原和久 2010a「ポスト・グローバル化時代の社会学試論―間主観性と共生の問題への理論的視角」『名古屋大学社会学論集』第30号
西原和久 2010b「『共に生きること』と現象学的社会学―アジア・共生・制度への視線と間主観性」『社会志林』56(4)
西原和久編 1991『現象学的社会学の展開』青土社
西原和久編 2007『水・環境・アジア―グローバル化時代の公共性へ』新泉社
西原和久・張江洋直・佐野正彦・井出裕久編 1998『現象学的社会学は何を問うのか』勁草書房
西原和久・宇都宮京子編 2004『クリティークとしての社会学―現代社会を批判的にみる眼』東信堂
西原和久・保坂稔編 2007『入門・グローバル化時代の新しい社会学』新泉社
西原和久・岡敦 2006『聞きまくり社会学』新泉社

西原和久ほか 2010「知識人の位相・役割・責任・活動」金泰昌編『ともに公共哲学する』東京大学出版会
西阪仰 1988「行為出来事の相互行為論的構成」『社会学評論』39(2).
西阪仰 1997『相互行為分析という視点』金子書房
新田義弘 1978『現象学』岩波書店
野家啓一編 2008『哲学の歴史10　危機の時代の哲学：現象学と社会批判』中央公論新社

【O】

O'Neil, J. 1985, *Five Bodies: The Human Shape of Modern Society,* Cornell University Press. = 1992, 須田朗訳『語りあう身体』紀伊國屋書店
奥村隆 2001『エリアス・暴力への問い』勁草書房

【P】

Parsons, T. 1937, *The Structure of Social Action,* Free Press. = 1974-86, 稲上毅・厚東洋輔・溝部明男訳『社会的行為の構造（1～5）』木鐸社
Parsons, T. 1964, *Social Structure and Personality,* Free Press. = 1973, 武田良三監訳『社会構造とパーソナリティ』新泉社
Parsons, T. 1966, *Societies: Evolutionary and Comparative Perspectives,* Prentice-Hall. = 1971, 矢澤修次郎訳『社会類型—進化と比較』至誠堂
Pertierra, R. 2006, Globalism, Culture and Nation State (original version). = 2006, 阿部純一郎訳「グローバリズム・文化・国民国家」『コロキウム：現代社会学理論・新地平』第2号
Piccone, P. 1971, Phenomenological Marxism, *Telos,* 9. = 1981, 粉川哲夫訳「現象学的マルクス主義」『資本のパラドックス—ネオ・マルクス主義をこえて』せりか書房
Popper, K. 1934, *Logik der Forschung,* Julius Springer. = 1997/72, 大内義一・森博訳『科学的発見の論理（上/下）』恒星社厚生閣
Psathas, G. (ed.) 1973, *Phenomenological Sociology: Issues and Applications,* John Wiley and Sons.

【R】

Robertson, R. 1992, *Globalization: Social Theory and Global Culture,*

Sage. = 1997, 阿部美哉訳『グローバリゼーション』東京大学出版会
Rossi, I. 1983, *From the Sociology of Symbols to the Sociology of Sign*, Columbia University Press. = 1989, 下田直春ほか訳『弁証法的構造社会学の探求』勁草書房

【S】

Saint-Simon, C. 1823-24 *Catéchisme politique des industriels*. = 1975, 坂本慶一訳「産業者の教理問答」(『世界の名著』続 8 所収), 中央公論社
斎藤純一 2000『公共性』岩波書店
斎藤慶典 2002『フッサール　起源への哲学』講談社
作田啓一 1993『生成の社会学をめざして』有斐閣
Sartre, J.-P. 1943, *L'etre et le neant*, Gallimard. = 1956-60, 松浪信三郎訳『存在と無（Ⅰ-Ⅲ)』人文書院
Sassen S., 1996, *Losing Control?: Sovereignty in an Age of Globalization*, Columbia University Press. = 1999, 伊豫谷登士翁訳『グローバリゼーションの時代—国家主権のゆくえ』平凡社
佐藤俊樹 1996『ノイマンの夢・近代の欲望』講談社
佐藤慶幸 2002『NPO と市民社会』有斐閣
佐藤慶幸・那須壽編 1993『危機と再生の社会理論』マルジュ社
Scharping, M. & Görg, C. 1994, Nature in die Soziologie. = 1999 西原和久・菅原謙訳「エコロジー危機と社会学」『情況』Ⅱ-10-1
Scheler, M. 1923, *Wessen und Formen der Sympathie*, Gesammelte Werke, Bd.7, Francke. = 1977, 青木茂・小林茂訳『同情の本質と形式』(『シェーラー著作集 8』) 白水社
Scheler, M. 1927, *Die Stellung des Menschen im Kosmos*, Nymphenburger. = 1977, 亀井裕・山本達訳「宇宙における人間の地位」(『シェーラー著作集13』所収) 白水社
Schütz, A. 1932, *Der sinnhafte Aufbau der sozialen Welt*, Springer. = 1982, 佐藤嘉一訳『社会的世界の意味構成』木鐸社 = 1967, *The Phenomenology of the Social World*, trans. by Walsh G. & Friederick, L. E., Northwestern University Press.
Schutz, A. 1962, *Collected Papers, I: The Problems of Social Reality*, Nijhoff. = 1983, 渡部光・那須壽・西原和久訳『シュッツ著作集　第 1 巻　社

会的現実の問題Ⅰ』マルジュ社＝1985, 渡部光・那須壽・西原和久訳『シュッツ著作集　第2巻　社会的現実の問題Ⅱ』マルジュ社

Schutz, A. 1964, *Collected Papers, II: Studies in Social Theory,* Nijhoff.＝1991, 渡部光・那須壽・西原和久訳『シュッツ著作集　第3巻　社会理論の研究』マルジュ社

Schutz, A. 1966, *Collected Papers, III: Studies in Phenomenological Philosophy,* Nijhoff.＝1998, 渡部光・那須壽・西原和久訳『シュッツ著作集　第4巻　現象学的哲学の研究』マルジュ社

Schutz, A. 1970, *Reflections on the Problem of Relevance,* ed. by Zaner, M. Yale University Press.＝1996, 那須壽・浜日出夫・今井千恵・入江正勝訳『生活世界の構成』マルジュ社

Schutz, A. 1996, *Collected Papers, IV,* ed. by Wagner, H., Psathas, G. and Kersten, F., Kluwer Academic Publishes.

Schütz, A. & Luckmann, T. 1973, *Strukturen der Lebenswelt,* Bd.1, Suhrkamp.＝1974, *The Structure of the Life-World,* trans., by Zaner, R. & Engelhart, H. T., Northwester University Press.

Schütz, A. & Luckmann, T. 1984, *Strukturen der Lebenswelt,* Bd.2, Suhrkamp.＝1989, *The Structure of the Life-World,* trans., by Zaner, R. & Parent, D. J., Northwestern University Press.

Schutz, A. & Parsons, T. 1978, *The Theory of Social Action,* ed. by Grathoff, R. Indiana University Press.＝1980, 佐藤嘉一訳『社会理論の構成』木鐸社

成伯清（Cheng Boquing）2004「中国文化と社会学の中国化：中国社会学の発展史についての省察」伍国春訳『現代社会理論研究』第14号

Sen, A. 1999, Beyond the Crisis: Development Strategies in Asia, Institute of South Asian Studies.＝2002, 大石りら訳「危機を超えて―アジアのための発展戦略」『貧困の克服―アジア発展の鍵は何か』集英社

Sen, A. 2002, How to Judge Globalism, *The American Prospect,* 13(1), in Frank, J. and Boli, J. (eds.), *The Globalization Reader,* 2nd ed., Blackwell, 2004.

周暁虹（Zhou Xiao Hong）2006「中国の中産階級―現実か幻想か」王奕紅訳『コロキウム：現代社会学理論・新地平』創刊号, 新泉社

Simmel, G. 1908, *Soziologie: Untersuchungen über die Formen der Verge-*

sellshaftung, Dunker & Humbolt.＝1994, 居安正訳『社会学（上/下)』白水社
下田直春 1962「パースンズにおける社会体系の論理とその批判」『社会学評論』12(3/4)
下田直春 1964「社会成層論の経験的分析図式としての諸問題」『社会学評論』14(4)
下田直春 1978『社会学的思考の基礎―社会学基礎理論の批判的展望』新泉社（増補改訂版1981)
下田直春 1994『社会理論と社会的現実』新泉社
Spiegelberg, H. 1978, *The Phenomenological Movement,* 1, 2, Nijhoff.＝2000, 立松弘孝監訳『現象学運動（上/下)』世界書院
Spykman, N. J. 1925, *The Social Theory of Georg Simmel,* University of Chicago Press.＝1932, 山下覚太郎訳『ジンメルの社会学論』宝文堂
Sruber, I. 1977, Konstruktion sozialer Lebenswelten bei Marx, Waldenfels, B. et al. (eds), *Phänomenologie und Marxismus,* Bd.3. Suhrkamp＝1982, 杉田一郎訳「マルクスにおける社会的生活 = 世界」『現象学とマルクス主義 I』白水社
Sruber, I. 1997, Ist die Lebenswelt ein harmloser Ort?, Wicke, M. hersg., *Konfiguration lebensweltlicher Strukture Phänomene,* Opladen.＝2001, 森元孝訳「生活世界は、安全な場所か」情況編集部編『社会学理論の〈可能性〉を読む』情況出版
Stein, E. 1925, *Die Studien der State.*＝1997, 道躰章弘訳『国家研究』水声社
杉本学 2001「支配と多数決における個人と社会」居安正・副田義也・岩崎信彦編『21世紀への橋と扉―展開するジンメル社会学』世界思想社
杉本良夫／ロス・マオア 1995『日本人の方程式』筑摩書房
Suppakarn, P. 2005, Thai Silk and the Policy of Nation (original version).＝2005, 翁川景子訳「タイシルクと国家政策」『現代社会理論研究』第15号, 人間の科学社

【T】

高城和義 1992『パーソンズとアメリカ知識社会』岩波書店
高橋由典 1996『感情と行為―社会学的感情論の試み』新曜社

高橋由典 1999『社会学講義―感情論の視点』世界思想社
高橋由典 2007『行為論的思考―体験選択と社会学』ミネルヴァ書房
高橋洋児 1981『物神性の解読―資本主義にとって人間とは何か』勁草書房
竹内好 1993『日本とアジア』筑摩書房
田中義久 1990『行為・関係の理論―現代社会と意味の胎生』勁草書房
樽本英樹 2000「比較移民政策と社会学的市民権論」『人の国際移動と現代国家』(発行責任者・梶田孝道)
樽本英樹 2001「国際移民時代における市民権の問題」『社会学評論』51(4)
Tarumoto, H. 2002, Towards a theory of multicultural societies,『現代社会の社会学的地平』北海道大学社会システム講座
Thao, Trän Dúc, 1951, *Phénoménologie et matérialism dialedtique,* Minh Tran. = 1971, 竹内芳郎訳『現象学と弁証法的唯物論』合同出版
Thao, Trän Dúc, 1973, *Recherches sur l'origine du langage et de la conscience,* Editions Sociales. = 1979, 花崎皋平訳『意識と言語の起源』岩波書店
富永健一 1984『現代の社会科学者』講談社
Turner, B. S. 1993, Outline of a theory of human rights, *Sociology,* 27(3). in Robertson, R. and White, K. E. (eds.), *Globalization: Critical Concepts in Sociology,* Vol. III, Routledge, 2003.
ターナー, B. S. 2005「身体の社会学の過去そして未来―研究アジェンダの確立」後藤吉彦訳、大野道邦ほか編『身体の社会学』世界思想社
Turner, B. S. 2006a, *Vulnerability and Human Rights,* Pennsylvania State University Press.
Turner, B. S., 2006b, The religious roots of the right revolution (original version). = 2006, 西原和久訳「人権革命の宗教的基盤」『コロキウム：現代社会学理論・新地平』第2号, 新泉社

【U】

植村邦彦 2006『アジアは〈アジア的〉か』ナカニシヤ出版
上野直樹・西阪仰 2000『インターラクション』大修館書店
宇都宮京子編 2006『よくわかる社会学』ミネルヴァ書房
Urry, J. 2000, *Sociology Beyond Societies: Mobilities for the twenty-first century,* Routledge. = 2006, 吉原直樹監訳『社会を越える社会学』法政大

学出版局
Üxküll, J. von und Kriszat, G. 1970, *Streifzüge durch die Umwelten von Tieren und Menschen,* S. Fischer Verlag.＝1973, 日高敏隆・野田保之訳『生物から見た世界』思索社

【V】

Vaitkus, S. 1991, *How Is Society Possible? Intersubjectivity and the Fiduciary Attitude as Problem of the Social Group in Mead, Gurwitsch, and Schutz,* Kluwer Academic Publishers.＝1996, 西原和久・工藤浩・菅原謙・矢田部圭介訳『「間主観性」の社会学―ミード・グルヴィッチ・シュッツの現象学』新泉社

【W】

Wagner, H. 1983, *Alfred Schutz: An Intellectual Biography,* University of Chicago Press.
Wagner, H. & Srubar, I. 1984, *A Bergsonian Bridge to Phenomenological Psychology,* Center for Advanced Research in Phenomenology & University Press of America.
Wallerstein, I. 1974, *The Modern World-system,* Academic Press.＝1981, 川北稔訳『近代世界システム1/2』岩波書店
Wallerstein, I. 1983, *Historical Capitalism,* Verso Edition.＝1985, 川北稔訳『史的システムとしての資本主義』岩波書店
Wallon, H. 1946, Le rôle de《L'autre》dans la conscience du《moi》, J. Egypt. Psycho. ＝1983, 浜田寿美男訳「『自我』意識のなかで『他者』はどういう役割をはたしているか」浜田寿美男編訳『身体・自我・社会』ミネルヴァ書房
Weber, M. 1920, *Gesammelte Aufsätze zur Riligionssoziologie,* J.C.B.Mohr. ＝1972, 大塚久雄・生松敬三訳『宗教社会学論選』みすず書房＝1989, 大塚久雄訳『プロテスタンティズムの倫理と資本主義の精神』岩波書店
Weber, M. 1972, *Wirtschaft und Gesellschaft,* J. C. B. Mohr.＝1953, 阿閉吉男・内藤莞爾訳『社会学の基礎概念』角川書店 ＝1970, 世良晃志郎訳『支配の諸類型』創文社 ＝1960/62, 世良晃志郎訳『支配の社会学（Ⅰ・Ⅱ）』創文社 ＝1960, 石尾芳久訳『国家社会学』法律文化社

Weber, M. 1973, *Gesammmelte Aufsätze zur Wissenschaftslehre,* J. C.B.Mohr. = 1936, 尾高邦雄訳『職業としての学問』岩波書店 = 1955/56, 松井秀親訳『ロッシャーとクニース（1・2）』未来社 = 1936, 富永祐治・立野保男訳『社会科学方法論』岩波書店 = 1998, 富永祐治・立野保男訳・折原浩補訳『社会科学と社会政策にかかわる「客観性」』岩波書店

Wittgenstein, L. 1953, *Philosophischen Untersuchung,* Basil Blackwell. = 1976, 藤本隆志訳『哲学探究』(『ウィトゲンシュタイン全集 8』) 大修館書店

Wong, Dixon H. W. 2009, Farewell to Foucault: Reflections on the ways individual Japanese Expatriates live the Subjectivities of "The Japanese Expatriate," *Colloquium: The New Horizon of Contemporary Sociological Theory,* No.4.

【Y】

山岸健 1992『風景的世界の探求』慶應通信

山岸健編 2007『社会学の饗宴Ⅱ 逍遥する記憶―旅と里程標』三和書籍

山際寿一 1997『父という余分なもの』新書館

山口一郎 1985『他者経験の現象学』国文社

山田信行 2005「分野別研究動向（国際）―『国際化』から『グローバル化』へ：『国際社会学』に求められるもの」『社会学評論』56(2)

山本耕一 1982「協働・役割・国家」廣松渉『唯物史観と国家論』所収，論創社

山之内靖・伊豫谷登士翁 2002「グローバリゼーションとは何か」伊豫谷登士翁編（2002）

横塚晃一 2007『母よ！殺すなかれ』生活書院

米谷匡史 2006『アジア／日本』岩波書店

吉田民人 1990『情報と自己組織性の理論』東京大学出版会

吉田民人 1995「ポスト分子生物学の社会科学」『社会学評論』46(3)

油井清光 2002『パーソンズと社会学理論の現在―T・Pと呼ばれた知の領域について』世界思想社

油井清光 2003「ユートピアの知識社会学」パーソンズ，T.『知識社会学と思想史』解説」油井清光監訳『知識社会学と思想史』学文社

油井清光 2004「ホロコーストとユートピア―構造 - 機能主義の誕生とシュ

ッツ」『年報　社会科学基礎論研究』第3号，ハーベスト社
油井清光 2006a「市民権と人権の社会学」『神戸大学社会学雑誌』23
油井清光 2006b「比較近代化論とグローカル化論—理論形成へのエスキス」『社会学評論』57(1)

【Z】

Zaner, R. 1961, Theory of Intersubjectivity: Alfred Schutz, *Social Research,* vol. 28.
Znaniecki, F. 1934, *The Method of Sociology,* Farrar & Rinehart. = 1971, 下田直春訳『社会学の方法』新泉社

著者紹介

西原和久（にしはら・かずひさ）

東京都生まれ

名古屋大学大学院環境学研究科／文学部・社会学講座教授，博士（社会学），日本社会学理論学会会長・東京社会学インスティチュート代表，ほか

専門分野：社会学理論・現象学的社会学・グローバル化とアジア

著書：『現象学的社会学の冒険』青土社（編著），1991年／『社会学理論のリアリティ』八千代書房（編著），1991年／『社会学的思考を読む』人間の科学社（単著），1994年／『社会構造の探究』新泉社（編著），1995年／『権力から読みとく現代人の社会学入門』（編著），1996年／『意味の社会学』弘文堂（単著），1998年／『現象学的社会学は何を問うのか』勁草書房（編著），1998年／『自己と社会』新泉社（単著），2003年／『クリティークとしての社会学』東信堂（編著），2004年／『水・環境・アジア』新泉社（編著），2007年／『入門 グローバル化時代の新しい社会学』新泉社（編著），2007年，ほか

訳書：A. シュッツ『シュッツ著作集』（全4巻）マルジュ社（共訳），1983-1998年／S. ヴァイトクス『「間主観性」の社会学』新泉社（共訳），1996年／N. クロスリー『間主観性と公共性』新泉社，2003年／N. クロスリー『社会学キーコンセプト』新泉社（監訳），2008年／N. クロスリー『社会運動とは何か』新泉社（共訳），2009年，ほか

間主観性の社会学理論——国家を超える社会の可能性［1］

2010年11月20日　第1版第1刷発行

著　者＝西原和久

発行者＝株式会社　新　泉　社

東京都文京区本郷 2-5-12

振替・00170-4-160936番　TEL03(3815)1662　FAX03(3815)1422

印刷／太平印刷社　製本／榎本製本

ISBN978-4-7877-1020-8　C1036

社会運動とは何か　●理論の源流から反グローバリズム運動まで

ニック・クロスリー著　西原和久・郭基煥・阿部純一郎訳　4200円(税別)

社会運動はどうして起こるのか、それは社会に何をもたらすのか。社会学におけるこれまでの社会運動論（合理的行為者理論、資源動員論、政治過程論、新しい社会運動など）を批判的に吟味し、反企業闘争、反グローバリズム運動にも論及して、新たな社会運動論を提示する。

社会学キーコンセプト　●「批判的社会理論」の基礎概念57

ニック・クロスリー著　西原和久監訳　3800円(税別)

最新の社会学・社会理論を読み解くために、必要不可欠な基礎概念を徹底解説。正確な意味、理論家がその概念を用いる意図、論争点、関連概念がよくわかる。グローバル・スタンダードな社会学理論と社会理論の広範な基礎を批判的に学んでいくための新たな社会学用語集。

間主観性と公共性　●社会生成の現場

ニック・クロスリー著　西原和久訳　4200円(税別)

人間関係や個人の行動を、心理学的な“心”の問題としてではなく、関係のあり方や社会からとらえていく間主観性論の展開。間主観性概念の明解な整理と、この概念のもつ社会理論としての可能性を問う。イギリス社会学の若き俊英の初邦訳。ピエール・ブルデュー論も収録。